beck'sche
reihe

b sr

Gibt es einen islamischen Feminismus? Welche Rechte haben Frauen in den heutigen islamischen Staaten, und welche Menschenrechte werden ihnen vorenthalten? Welche Rolle spielen der Koran und seine Interpretation in den Auseinandersetzungen um die Rechte der Frau in Vergangenheit und Gegenwart? Diesen und weiteren Fragen geht Irene Schneider in ihrer kompakten und informativen Darstellung nach. Dabei macht sie anschaulich deutlich, dass sich die Lebensbedingungen von Frauen im Islam zu unterschiedlichen Zeiten und in unterschiedlichen Ländern sehr unterschiedlich gestalten. Ein besonderes Augenmerk gilt dem islamischen Recht, der Frauenbewegung in der islamischen Welt und nicht zuletzt der Situation von Musliminnen in Deutschland.

Irene Schneider, geb. 1959, ist Professorin für Arabistik und Islamwissenschaft an der Universität Göttingen. Ihr Forschungsschwerpunkt liegt auf der Geschlechterforschung und dem islamischen Recht.

Irene Schneider

Der Islam
und die Frauen

Verlag C.H.Beck

Originalausgabe

© Verlag C.H.Beck oHG, München 2011
Satz: Fotosatz Amann, Aichstetten
Druck und Bindung: Druckerei C.H.Beck, Nördlingen
Umschlaggestaltung: malsyteufel, willich
Umschlagabbildung: © Getty Images/Fuse
ISBN 978 3 406 62210 2

www.beck.de

Inhalt

Vorwort 9

1. Die Anfänge 15

Das vorislamische Arabien 15
  Terra incognita? 15
  Geschlechterrollen in der «Zeit der Unwissenheit» 19
Muhammad und die Frauen 24
  Die Prophetengenossinnen 24
  Ehefrauen und Töchter 27

2. Theologie und Recht 35

Koran und Hadīth 35
  Die koranischen Regeln zum Geschlechterverhältnis 35
  Veränderungen 43
  Religiöse Gleichheit? 47
Identifikationsfiguren und Deutungsmuster 53
  Frühe Frauenbilder 53
  Weibliche Koranexegese 57
Die rechtliche Situation im 20. und 21. Jahrhundert 69
  Der Weg in die Moderne 69
  Polygynie, Ehe- und Scheidungsrecht 74
  Peitschenhiebe, Steinigung und Blutgeld 86
  Gewohnheitsrecht 93
  Scharia und die Menschenrechte – unvereinbar? 99

3. Sexualität und Liebe 103

Vormoderne Vorstellungen 103

Zeugung und Verhütung 103

Beschneidung 105

Die Furcht vor Ausschweifungen 106

Homosexualität und Transsexualität 111

Die Frömmigkeit verdammt die Liebe nicht 113

Männlichkeit und Weiblichkeit in der Moderne 115

Von al-Ghazālī zu Fatima Mernissi 115

Jungfräulichkeit und Keuschheit 116

Sexuelle Tabuthemen 119

Männlichkeit und Macht 121

Wie ich Scheherazade tötete 123

4. Literarische Reflexionen 127

Fromme Frauen und Sklavenmädchen 127

Märchenerzählerin oder listige Figur? 127

«Ich umarmte sie, dann wollte meine Seele mehr» 132

Weibliche Sichtweisen 134

Vom Briefwechsel zum Roman 134

Autobiographie als Verarbeitung 137

Identitätssuche 140

Umm Kulthūm und Fairūz 145

5. Frauen und Macht 147

Herrschaft vor und hinter den Kulissen 147

Die Männer stehen über den Frauen 147

Frauen an der Macht 150

Einsatz für die Söhne 153

Das Zeitalter des Kolonialismus und die Suche nach einer
neuen Identität   157
Nicht nur Arroganz und Exotismus   157
Ein Blick nach Europa   162
Reformansätze   165
Feminismus in den Nationalstaaten   171
Drei Idealtypen   171
Ägypten: Vom karitativen Verein bis zum Islamismus   177
Iran: Rückschritt und Fortschritt   187
Marokko: Emanzipationsansätze   196

6. Bildung und Beruf   201
Ein Blick in die Geschichte   201
Gelehrte Frauen   201
Betätigungsfelder   206
Emanzipation durch Bildung?   212
Der Kampf gegen den Analphabetismus   212
Die Eroberung der Hochschulen   217
Der schwierige Weg in die Arbeitswelt   220
Frauen in der Politik   225

7. Musliminnen in Deutschland   229
Der Islam ist angekommen   229
Identität durch Religiosität?   229
Die Kopftuchdebatte   234
Engagement in Organisationen   239
Wünsche und Restriktionen   243
Scharia in Deutschland?   243
Ehrenmorde   246
Wer sind sie, was wollen sie?   249

Anhang

Anmerkungen 259
Literatur 270
Glossar 281
Personenregister 284

Vorwort

Kann man von einem islamischen Feminismus sprechen? Welche gesetzlichen Rechte haben Frauen in den heutigen islamischen Staaten, welche Menschenrechte werden ihnen vorenthalten? Welche Rolle spielen der Koran und seine Interpretation in den Auseinandersetzungen um die Rechte der Frau in Vergangenheit und Gegenwart? Diesen und weiteren Fragen gehe ich im vorliegenden Buch nach. Das ist kein leichtes Unterfangen. Bereits die erste Frage wird auf heftige Kritik stoßen: Wie kann man von Feminismus in Ländern sprechen, in denen Frauen massiv unterdrückt und ausgebeutet werden? Um eine Antwort zu geben, ist es nötig, einen differenzierten Blick auf die unterschiedlichen islamischen Länder und historischen Epochen zu werfen. Besonderes Augenmerk soll dabei auf die Situation von Musliminnen und Muslimen in Deutschland gerichtet werden, wo diese eine Minderheit bilden.

Ohne die historischen Voraussetzungen zu kennen, die zur Entstehung des Islams und seiner Kultur beigetragen haben, ist es nicht möglich, die modernen Gesellschaften in den islamischen Ländern zu verstehen. Die heutigen Diskussionen um Geschlechterrollen weisen schon allein durch den Rückgriff auf die relevanten Koranstellen und die Traditionen des Propheten einen deutlichen Vergangenheitsbezug auf. Darüber hinaus richtet gerade der Islamismus, der in den siebziger Jahren als politisch wirksame Kraft auf die Bühne der Weltpolitik trat, seinen Blick auf das erste islamische Gemeinwesen unter Muhammad in Medina (622–632) und nimmt dieses als ideales Orientierungspunkt für den im 21. Jahrhundert zu erstrebenden modernen Staat. Der Islamismus, auch «Fundamentalismus» genannt, ist dabei, was häufig verkannt wird, eine moderne ideologische Bewegung des 20. Jahrhunderts, deren zentrale Kennzeichen in der Politisierung der islamischen Religion, einer rückwärtsgewandten Utopisierung der islamischen Frühzeit und der Forderung nach der Wiedereinführung der Scharia bestehen. Gerade dies sehen die Vertreter dieser Bewegungen als nicht gewährleistet an, obwohl in den meisten heutigen islamischen Ländern ein Familienrecht auf Schariabasis gilt.

Zahlreiche Frauen sind in islamistischen und anderen politischen Bewegungen aktiv. Bereits zu Beginn des 20. Jahrhunderts, in der Kolonialzeit, wurden Frauenbewegungen und -organisationen gegründet, die sich im Kampf für weibliche Bildung und Rechte engagierten. Neben der Bildung galt ihre Aufmerksamkeit besonders dem «Herzstück» des Geschlechterdiskurses, dem Familienrecht. Ausgehend von einer breiten Definition des Feminismus als aktivem Einsatz für mehr Rechte der Frauen soll in diesem Buch die Vielfalt der Bewegungen und der Akteurinnen dargestellt werden.

Schließlich soll das weibliche muslimische Leben, Argumentieren und Agieren in Deutschland betrachtet werden. Gerade die Debatte um das Kopftuch verstellt dabei häufig die Sicht auf unterschiedliche Lebensentwürfe von Musliminnen in einem säkularen Staat.

Ich verbinde mit diesem Buch zwei Ziele: *Erstens* will ich die Vielfalt weiblicher Lebensentwürfe, Denkansätze und Aktivitäten in den islamischen Ländern der im Westen verbreiteten Vorstellung von «der» muslimischen Frau entgegensetzen, denn es gibt viele Möglichkeiten, sich als Muslimin zu definieren und zu verstehen. Gerade die Verschiedenheit der Frauen und Organisationen in ihrem gesellschaftlichen und politischen Kontext, unterschiedliche theologische, rechtliche und literarische Diskurse, verschiedene Zugänge zum Verständnis von Geschlecht und Sexualität sollen in den Blick genommen werden. Recht spielt dabei eine zentrale Rolle, weil es die Normen vorgibt, nach denen Staat, Gesellschaft und Familie sich organisieren. Islamisches Familienrecht in den heutigen muslimischen Ländern ist durch die klassische Scharia geprägt, jedoch nicht mehr mit ihr identisch.

Zweitens geht es mir darum, durch Beispiele und Zitate die aktive Rolle von Frauen in den islamischen Ländern in Politik und Gesellschaft deutlich zu machen und das noch weitgehend vorherrschende Bild von der passiven, apolitischen und die Öffentlichkeit meidenden muslimischen Frau zu korrigieren. Dabei reicht die Beschreibung von der islamistischen Aktivistin bis hin zur säkularen Verfechterin der Umsetzung der Menschenrechtskonventionen und der Trennung von Staat und Religion. Damit soll die Unterdrückung der Frauen in islamischen Ländern keinesfalls geleugnet und die Diskrepanz der Gesetzgebung zu den Internationalen Menschenrechtspakten nicht in Abrede gestellt werden. Dies wird im Gegenteil ausführlich in dem Abschnitt über die Entwicklung des Rechts thematisiert. Ich will jedoch zeigen, dass Frauen gerade vor dem Hintergrund der noch weitgehend repressiven politischen Systeme und der rechtlichen Benachteiligungen oft gegen erhebliche Widerstände, vielfach unter Bedrohung ihrer Freiheit und unter Einsatz ihres Lebens ihre Gesellschaften mitgestalten. Die Demonstrationen im Frühjahr 2011 in Tunesien, Ägypten, Libyen, Bahrain und im Jemen zeigen, dass Frauen zusammen mit Männern gegen die repressiven Regime auf die Straße gehen.

Angesichts der großen regionalen Ausdehnung islamisch geprägter Staaten und angesichts der kulturellen, spirituellen, gesellschaftlichen und politischen Vielfalt islamisch geprägten Lebens vom 7. bis ins 21. Jahrhundert ist dieses Buch kein leichtes Unterfangen. Es versteht sich von selbst, dass eine Auswahl getroffen, dass Schwerpunkte gesetzt werden mussten. Unter der muslimischen Welt soll hier die Kernregion des Islams verstanden werden, also die Länder des Nahen Ostens und Nordafrikas sowie die

12 Vorwort

Türkei, Iran und Afghanistan. Große Teile islamisch geprägter Regionen wie beispielsweise Süd- und Südostasien, Afrika südlich des Sahelgürtels und die zentralasiatischen Nachfolgestaaten der Sowjetunion konnten schon allein aus Platzgründen keine Berücksichtigung finden. In dem Abschnitt zur Frauenbewegung habe ich Ägypten exemplarisch behandelt und Iran und Marokko vergleichend hinzugezogen; rechtliche Entwicklungen werden insbesondere anhand einer Gegenüberstellung von klassischem Recht und dem marokkanischen Personalstatut aus dem Jahr 2004 aufgezeigt. Ich sehe keinen großen Sinn darin, eklektisch und aus dem historisch-politisch-gesellschaftlichen Zusammenhang gerissen, einzelne Punkte der Entwicklung der Frauenbewegung und des Rechts in vielen verschiedenen Ländern herauszugreifen. Hingegen scheint mir eine Darstellung vor dem Hintergrund der jeweils länderspezifischen Entwicklung am sinnvollsten.

Die Begriffe «Frau» und «Weiblichkeit» müssen immer in Beziehung zur Rolle von «Mann» und «Männlichkeit» gesehen werden. Geschlechterrollen erschließen sich nur aus dem Miteinander der Geschlechter, sei es auf der normativen oder auf der realen gesellschaftlichen und politischen Ebene. Über die vorherrschende Vorstellung von der Zweigeschlechtlichkeit hinaus spielt in Recht, Literatur und Gesellschaft der islamischen Länder die Transsexualität eine wichtige, wenn auch vom herrschenden Diskurs tabuisierte Rolle. Auch sie soll hier zur Sprache kommen. Der Begriff «islamisch» bezieht sich auf Gesellschaften und Kulturen, die durch den Islam geprägt sind, beschränkt sich aber nicht auf deren durch die Religion beeinflusste rechtliche Seite, sondern schließt das gesamte Spektrum der Kultur und Geschichte ein.

Zur Wiedergabe der arabischen Buchstaben verwende ich eine vereinfachte Transkription, die nur die Längungszeichen sowie die Buchstaben 'Ain (') und Hamza (') angibt. Die wissenschaftliche Transkription der Deutschen Morgenländischen Gesellschaft findet sich bei den arabischen und persischen Begriffen im

Vorwort 13

Glossar. Namen und Begriffe, die im Deutschen bekannt sind, sowie Namen von Autoren, die in europäischen Sprachen publiziert haben, erscheinen in deren europäisierter Schreibweise.

Ich möchte allen herzlich danken, die zur Entstehung des Buches beigetragen haben. An erster Stelle ist meine Freundin und Kollegin Angela Schwarz zu nennen, mit der ich viele anregende Diskussionen führen durfte und die das Manuskript kritisch Korrektur gelesen und mir zahlreiche wertvolle inhaltliche Hinweise zur Verbesserung des Textes gegeben hat. Meine Mitarbeiterinnen und Mitarbeiter am Seminar für Arabistik/Islamwissenschaft der Universität Göttingen, Hanane El Boussadani und Kathrin Zeiss, Naseef Naeem und Mohsen Zakeri, daneben Nadjla Al-Amin und Mehdi Vazirian, haben zu einzelnen Teilen des Buches Beiträge geleistet, wofür ich ihnen sehr verbunden bin. Fritz Schulze und Thomas Weische haben sich der mühevollen Aufgabe unterzogen, den Text insgesamt Korrektur zu lesen.

Ich freue mich sehr, dass das Buch in der Beck'schen Reihe erscheinen kann, und bin meinem Lektor Ulrich Nolte, der mir stets mit Rat und Tat zur Seite stand, für seinen Einsatz sehr verbunden. Sabine Höllmann hat dankenswerterweise das Lektorat des Manuskripts übernommen.

Docendo discimus. Ich danke den Teilnehmerinnen und Teilnehmern meiner Seminare «Frauenbewegung und Kolonialismus in Ägypten» im Sommersemester 2010 und «Schlüsseltexte der Moderne» im Wintersemester 2010/11 für fruchtbare Diskussionsbeiträge und eine konstruktive Arbeitsatmosphäre.

Mein Mann und meine beiden Söhne haben in der Endphase die fast ständige Abwesenheit der Ehefrau und Mutter verständnisvoll ertragen – wofür ich ihnen herzlich danke.

Göttingen, im Mai 2011   *Irene Schneider*

1. Die Anfänge

Das vorislamische Arabien

Terra incognita?

In seiner Biographie des Propheten Muhammad beschreibt der Historiker Ibn Isḥāq (gest. 767),[1] wie sich ʿAbdallāh, der zukünftige Vater des Propheten, mit seinem Vater auf den Weg zur Familie Āminas machte, um ihr vorgestellt und mit ihr verheiratet zu werden. Unterwegs ging er an einer Frau vorbei, die ein Licht von ihm ausgehen sah und ihm ein Geschenk anbot, wenn er sogleich mit ihr Geschlechtsverkehr habe. ʿAbdallāh lehnte mit Blick auf seinen Vater, den er begleitete, ab. Als er am nächsten Tag, nachdem er Āmina geehelicht und mit ihr den Propheten gezeugt hatte, zu jener Frau zurückkehrte, um auf ihr Angebot zurückzukommen, zeigte sie sich ihrerseits nicht mehr interessiert. Auf seine Frage nach dem Grund der Ablehnung sagte sie: «Das Licht, das dich gestern begleitete, hat dich verlassen. Ich brauche dich deshalb nicht mehr.» Ibn Isḥāq berichtet weiterhin, dass diese Frau die Schwester eines Christen namens Waraqa gewesen sei und durch ihn um die erwartete Ankunft eines neuen Propheten gewusst habe.

Die Frage der Historizität dieser Überlieferung einmal beiseitegelassen, reflektiert die Geschichte ein auf der Erzählebene offenbar als nicht anstößig empfundenes Angebot einer Frau an einen Mann zum Geschlechtsverkehr und belegt zugleich die Vorstellung einer Lichtmetaphorik, also eines mit der männlichen Abstam-

16 Die Anfänge

mungslinie Muhammads verbundenen, offenbar im Sperma verankert gedachten Lichts als Ausdruck der göttlichen Erwähltheit. Nach der Empfängnis trug nun Āmina das Licht in sich.

Kann aus dieser Geschichte abgeleitet werden, dass in der vorislamischen Gesellschaft Mekkas, in die hinein Muhammad um das Jahr 570 geboren wurde, eine sexuelle Initiative einer Frau als akzeptabel galt? Oder ging es der Frau nur darum, den Samen, in dem das «Licht Muhammads» schlummerte, aus selbstsüchtigen Zwecken zu ergattern, um zur Prophetenmutter zu avancieren? Wie war die soziale Stellung der Frauen in jener Zeit, welche Rechte hatten sie? Zwei gegensätzliche Positionen werden häufig vertreten: Zum einen wird argumentiert, die Stellung der Frau sei in vorislamischer Zeit besser gewesen, Frauen hätten eine größere Bewegungs- und Handlungsfreiheit gehabt; zum anderen wird behauptet, der Islam habe zahlreiche Verbesserungen gebracht und der Frau Rechte gegeben, die sie in vorislamischer Zeit nicht hatte. Tatsächlich erlaubt die schwierige und sehr magere Quellenlage nur in wenigen Punkten einigermaßen gesicherte Aussagen.

Fest steht, dass der Prophet Muhammad um das Jahr 570 in der Stadt Mekka auf der Arabischen Halbinsel geboren wurde. Sein Vater war zu diesem Zeitpunkt bereits gestorben, seine Mutter starb wenige Jahre nach seiner Geburt. Muhammad wuchs als Waise bei seinem Onkel Abū Tālib auf, der zum Clan der Hāschim und zum Stamm der Quraisch gehörte. Dieser ernährte das Waisenkind und bot ihm Schutz, ein in der damaligen tribalen Gesellschaft überlebensnotwendiger Akt. Das Leben auf der Arabischen Halbinsel war durch teils nomadisierende Stämme geprägt, die untereinander häufiger in Fehde als in Frieden lebten. Familie, Clan und Stamm bestimmten den Platz des Individuums in der Gesellschaft und gaben ihm Rechtssicherheit. Zugleich gab es städtische Zentren von überregionaler wirtschaftlicher, religiöser und politischer Bedeutung: beispielsweise Mekka, die Geburtsstadt Muhammads, aber auch Yathrib, das spätere Medina, wohin

Muhammad im Jahr 622 emigrierte. Blutfehden der Stämme wurden an bestimmten Orten, beispielsweise Mekka, zu festgesetzten Zeiten ausgesetzt, so dass die Menschen in einer konfliktfreien Atmosphäre zu kulturellen und religiösen Anlässen zusammenkommen konnten. Mekka war durch seine Lage an den Handelswegen von Südarabien in die Levante nicht nur eine Handels- und Wirtschaftsmetropole ersten Ranges, sondern durch das Heiligtum der Ka'ba auch religiöses Zentrum. Diese Stätte, die später zum Ziel der islamischen Pilgerfahrt werden sollte, galt schon in vorislamischer Zeit als heiliger Ort.

Zwar wurden in Mekka und den umliegenden Siedlungen mehrere Götter und Göttinnen angebetet, jedoch zeichnen sich schon für diese Zeit Tendenzen zum Monotheismus ab, zur Verehrung eines Gottes, der einfach den Namen al-Lāh, «der Gott», trug, welcher im Koran zum islamischen Gottesnamen (arab. *Allāh*) wurde. Die Arabische Halbinsel lag zwischen den damaligen Großmächten des Byzantinischen Reiches in Kleinasien und des sassanidischen Reiches im Gebiet des heutigen Iran, und die Existenz christlicher und jüdischer Gemeinden ist verbürgt. So soll der Bruder der Frau, die sich 'Abdallāh angeboten hatte, beispielsweise Christ gewesen sein, und jüdische Gruppierungen siedelten in Medina.

Die historischen Quellen stammen aus den folgenden Jahrhunderten. In diesen islamischen Überlieferungen wird die Zeit vor Muhammad als «Zeit der Unwissenheit» (arab. *djāhilīya*) gesehen, womit aus religiöser Perspektive die Zeit vor der göttlichen Offenbarung gemeint ist; die Bezeichnung impliziert jedoch einen Bruch in der geschichtlichen Kontinuität, so dass vorislamische Sitten und Bräuche aus der Perspektive der neu entstandenen Religion betrachtet wurden. Viele die vorislamische Zeit betreffende Nachrichten sind daher unzuverlässig, lückenhaft und widersprüchlich, und Historiker kommen in vielen Fällen nicht über Hypothesen hinaus. Seit den siebziger Jahren hat sich in der islamischen Welt verstärkt die Vorstellung durchgesetzt, die Ent-

18 Die Anfänge

stehungszeit des Islams im 7. Jahrhundert sei auch für heutige Muslime als politisch maßgeblich zu betrachten. Dadurch setzte eine rückwärtsgewandte Idealisierung ein, eine aus der Perspektive des 20. oder 21. Jahrhunderts kommende Überformung der historisch ohnehin schwierig zu rekonstruierenden Vergangenheit. Die Biographie Muhammads von Ibn Ishāq ist uns beispielsweise in der Überlieferung von Ibn Hischām (gest. 830) erhalten, der mithin zweihundert Jahre nach dem Propheten lebte.

Die grundlegende Quelle für diese Zeit ist und bleibt der Koran, der nach muslimischer Vorstellung die Offenbarungen Gottes an Muhammad und die gesamte Menschheit enthält. Nach dem weitgehenden Konsens der westlichen wissenschaftlichen Forschung wurde er bereits wenige Jahrzehnte nach dem Tod des Propheten aufgezeichnet. Er ist die Hauptquelle islamischer Spiritualität, Ethik, Religiosität, aber auch rechtlicher und sozialer Normen, besonders was die Geschlechterstellung und einige strafrechtliche Bereiche betrifft. Daneben bildet der «Brauch» (arab. *sunna*) im Sinne des «Brauchs des Propheten» (arab. *sunnat an-nabī*) die zweite große Quelle von Theologie und Recht. Dieser umfasst seine zu gesetzlich verbindlichen Präzedenzfällen erhobenen Aussagen und Handlungen, die in Traditionen (arab. *hadīth*, pl. *ahādīth*) überliefert sind. Diese Traditionen wurden erst im 9. Jahrhundert in kanonischen Werken gesammelt, von denen aus muslimisch-sunnitischer Sicht die beiden wichtigsten das des al-Bukhārī (gest. 870) und das des Muslim (gest. 875) sind. Die Schiiten, die zweite große religiöse Gruppe des Islams, erkannten andere Werke als zentral an, beispielsweise das des Ibn Bābūya (gest. 991). Muslimische Gelehrte halten diese Werke für authentische, tatsächlich auf den Propheten zurückgehende Überlieferungen, während die westliche Islamwissenschaft zurückhaltender ist und aufgrund historisch-kritischer Analysen diese Quellen nicht ohne weiteres als Ausdruck der historischen Realität des 7. Jahrhunderts anerkennt. Dennoch sind hier, neben dem Koran, zahlreiche Aussagen zur Geschlechterstellung gesammelt, die die Frage der sozialen, wirtschaftlichen und politischen Rolle von Frauen in der vorislamischen Zeit reflektieren.

Geschlechterrollen in der «Zeit der Unwissenheit»

Khadīdja, eine verwitwete Frau vom Stamm der Quraisch, dem auch Muhammad angehörte, betrieb im ausgehenden 6. Jahrhundert ein florierendes Handelsunternehmen in Mekka. Die Quellen berichten, dass ihre Angestellten Karawanen bis in das heutige Syrien begleiteten. Sie stellte den jungen und mittellosen Muhammad als Verwalter ihrer Handelswaren ein und schickte ihn vermutlich im Jahr 595 nach Bosra in Syrien. Nachdem er seine Aufgabe zufriedenstellend erfüllt hatte, bot sie ihm die Ehe an. Muhammad soll zu diesem Zeitpunkt 25 Jahre alt gewesen sein, Khadīdja 40, nach anderen Quellen 28 Jahre. Ein weiteres Mal also wird von der Initiative einer Frau gegenüber einem Mann in der vorislamischen Zeit berichtet.

Zeit ihres Lebens blieb Khadīdja die einzige Frau, mit der Muhammad verheiratet war. Die Ehe brachte ihm materielle und emotionale Sicherheit, und dem Paar wurden mindestens fünf Kinder geboren, vier Mädchen und ein oder zwei Jungen. Nur eine der Töchter, Fatima (gest. 632), wurde als Mutter der beiden einzigen überlebenden Enkel Muhammads, Hasan (geb. 624) und Husain (geb. 625), für die islamische Geschichte bedeutsam. Verheiratet war sie mit ʿAlī b. Abī Tālib, dem Cousin des Propheten und Sohn seines Onkels Abū Tālib, der Muhammad als Waisenkind aufgezogen hatte. Ruqaiya (gest. 624), eine andere Tochter, heiratete den späteren dritten Kalifen ʿUthmān (reg. 644–656), während ihre älteste Schwester Zainab noch zu Lebzeiten Muhammads im Jahr 629 starb.

Die Eheschließung mit Khadīdja ist nicht nur unter dem Gesichtspunkt der sozialen Sicherheit und eines geregelten Familienlebens als Wendepunkt in Muhammads Leben zu sehen, sondern

20   Die Anfänge

auch deshalb, weil Khadīdja ihren Mann unterstützte, sein Selbst-
vertrauen stärkte und an ihn glaubte, als er mit etwa vierzig Jahren
im Monat Ramadan des Jahres 610 seine erste Offenbarung durch
den Erzengel Gabriel erhielt. Wie Ibn Ishāq berichtete, ging er,
noch völlig erschüttert vom Eindruck der Offenbarung, zunächst
zu ihr und erzählte, was ihm geschehen war. Sie soll darauf gesagt
haben: «Freue dich, Sohn meines Oheims, und sei standhaft! Bei
dem, in dessen Hand meine Seele liegt, wahrlich, ich hoffe, du
wirst der Prophet dieses Volkes sein.»[2] Khadīdja war offenbar
wohlhabend sowie finanziell unabhängig und deshalb gesellschaftlich in der Lage, ihren Ehemann selbst zu wählen. Ihre wirtschaftliche und soziale Position erlaubte es ihr, zu ihrem Mann zu
stehen, als er mit allen religiösen Vorstellungen der mächtigen
mekkanischen Elite brach und eine neue Religion verkündete.

Die vorislamische arabische Religion wies ein reich gefächertes
Spektrum an Göttinnen und Göttern samt den zugehörigen Kult-
ritualen auf, der Koran selbst nennt namentlich die weiblichen
Gottheiten al-Lāt, al-ʿUzza und al-Manāh (53:19–20),[3] deren Kulte
auch archäologisch belegt sind und die eine prominente Rolle im
mekkanischen, mit der Kaʿba verbundenen religiösen Leben
spielten. In einer als vom Satan eingegeben bezeichneten Offenbarung soll Muhammad die drei Göttinnen zu Fürsprecherinnen
der Menschen vor Gott ernannt haben. Die Offenbarung dieser
Verse wurde zurückgenommen, sie wurden aus dem Koran getilgt
und als Irrtum bezeichnet, jedoch berichten mehrere historiographische Quellen davon. Dies sind die sogenannten «satanischen»
Verse, die der britisch-indische Autor Salman Rushdie 1988 in seinem gleichnamigen Roman aufgriff und literarisch verarbeitete.
Für die mekkanische Elite hätte die Einbindung der bei ihnen
hoch angesehenen Göttinnen eine Integration ihres traditionellen
Kultes in die neue Religion bedeutet, an der sie schon aus rein
wirtschaftlichen Gründen interessiert gewesen sein dürfte, brachten doch die Pilgerströme Geld nach Mekka und hoben nicht nur
den Wohlstand der Kaufleute, sondern den der gesamten Stadt.

Das vorislamische Arabien 21

Bei einer Abwendung von den traditionellen Kulten drohte diese Einkommensquelle zu versiegen. Muhammad erkannte jedoch, dass es in seinem strikt monotheistischen Weltbild für diese Göttinnen keinen Platz geben konnte.

Dem theologischen Bereich vergleichbar gab es auf gesellschaftlicher Ebene unterschiedliche Eheformen. Die bei der Schia, nicht aber bei den Sunniten geduldete «Zeitehe» (arab. *mutʿa*) wird auf den Koranvers 4:24 zurückgeführt. Dabei geht es um einen zeitlich begrenzten Ehevertrag zwischen einem Mann und einer unverheirateten Frau, dessen Gültigkeit zwischen wenigen Stunden und mehreren Jahrzehnten liegen kann. Diese Form der Ehe ist heute noch im Familienrecht des schiitisch geprägten Iran zulässig.

In dem Traditionswerk des Bukhārī findet sich zur Ehe in der vorislamischen Zeit eine Aussage ʿĀʾischas, der Ehefrau des Propheten nach Khadīdjas Tod:

ʿUrwa Ibn az-Zubair berichtet, ʿĀʾischa, die Frau des Propheten, habe erzählt: In vorislamischer Zeit gab es vier verschiedene Formen der Heirat und Ehe.

Eine von ihnen entspricht der heutigen Heirat. Ein Mann hält bei einem anderen Mann um dessen Tochter oder Schutzbefohlene an. Das Brautgeld wird festgelegt, und dann heiratet er sie.

Eine andere Art der Ehe war folgende: Der Mann sagte zu seiner Frau, wenn ihre Menstruation vorüber war: «Halte dich an den Soundso und geh eine Beziehung mit ihm ein!» In der Folgezeit blieb der Ehemann ihr fern und rührte sie nicht an, bis sie von jenem anderen Mann ein Kind erwartete. Wenn Sicherheit über ihre Schwangerschaft bestand, konnte er ihr wieder beiwohnen. Dieser Art der Ehe lag der Wunsch nach einem Kind von besonders edlem und vornehmem Blut zugrunde.

Bei der dritten Kategorie von Ehe hatte eine Gruppe von nicht mehr als zehn Männern sexuelle Beziehungen zu einer Frau. Oft wurde sie schwanger und brachte ein Kind zur Welt. Einige Tage nach der Entbindung rief sie ihre Liebhaber zusammen, und keiner von ihnen hatte das Recht, dieser Zusammenkunft fernzubleiben. Sobald alle versammelt waren, sagte sie: «Ihr wisst, warum ihr hier

seid! Ich habe ein Kind geboren, und es ist dein Kind, Soundso!»
Dabei nannte sie nach Belieben den Namen eines der Männer. Das
Kind war damit diesem Mann zugewiesen, und er hatte nicht die
Möglichkeit, die Vaterschaft zurückzuweisen.

Bei der vierten Art von Ehe verkehrten viele Männer mit einer
Frau. Diese Frauen waren Prostituierte, sie verweigerten sich kei-
nem. Über den Türen ihrer Häuser befestigten sie Fahnen als Zeichen für die Männer, und wer mit ihnen schlafen wollte, begab sich
zu ihnen. Wenn eine solche Frau ein Kind zur Welt brachte, wurden
alle Liebhaber zusammengerufen und die Physiognomen eingeladen. Diese Gelehrten ordneten das Kind jenem Mann zu, den sie als
den Vater erkannten. Ihm wurde das Kind zugesprochen, und es galt
als sein Kind, ohne dass er etwas dagegen unternehmen konnte.

Als Muhammad gesandt wurde, um die göttliche Wahrheit zu
verkünden, schaffte er diese Bräuche aus vorislamischer Zeit ab. Es
blieb nur die Art von Heirat und Ehe, die heute üblich ist.»[4]

Zwar ist es fraglich, ob 'Ā'ischa die Formen der Ehe in vorislamischer Zeit erschöpfend und korrekt beschrieb, jedoch liegt damit
ein von anderen Quellen bestätigtes Indiz dafür vor, dass es verschiedene Eheformen gegeben hat. Auffallend ist, dass 'Ā'ischa
viel Gewicht auf die Frage der Vaterschaft legt. In der zweiten
Kategorie wird die Frau einem anderen Mann ausgeliehen, damit
ein Kind von guter Abstammung gezeugt werden kann. Diese Eheform ist auch aus dem vorislamischen Iran bekannt. In der dritten
Kategorie hat eine Frau, die sexuelle Beziehungen zu mehreren
Männern unterhält, das Recht, den Vater ihres Kindes zu
bestimmen und damit über die genealogische Zuordnung und Abstammung zu entscheiden. Diese Eheform ist in 'Ā'ischas Bericht
deutlich von der Prostitution abgehoben, bei der die Vaterschaft
durch unabhängige Gelehrte festgelegt wird. 'Ā'ischa schweigt zur
Rolle der Geschlechter in der Ehe, zur Frage der Arbeitsaufteilung,
der wirtschaftlichen Versorgung, des Erbes und sozialer und fami-
liärer Verpflichtungen beider Partner. Sie verweist aber mit der
dritten Kategorie auf eine Eheform, in der Frauen offenbar das
Recht hatten, über ihren Körper, ihre Sexualität und die Abstam-

mung ihres Kindes selbst zu bestimmen. Diese scheint diametral der zweiten gegenüberzustehen, nach der die Frau «verliehen» wurde.

Die Existenz verschiedener Eheformen ist indes nicht gleichzusetzen mit einer dominanten politischen oder gesellschaftlichen Rolle der Frau oder gar einem Matriarchat. Illustrativ, wenn auch unter dem Gesichtspunkt der Historizität unsicher, ist eine Äußerung des zweiten Kalifen, 'Umar (reg. 634–644). Danach hätten die Quraisch in Mekka gegenüber ihren Frauen immer das Sagen gehabt, während bei den Medinensern, in der Folgezeit «Helfer» genannt (arab. *ansār*), die Frauen dominiert hätten. Die Quraisch-Frauen hätten dann, so klagt 'Umar, diese Sitte nachgeahmt.[5] Dem widerspricht indes sowohl das schon erwähnte selbstbewusste Angebot der Frau an Muhammads Vater als auch die wirtschaftlich und sozial unabhängige Position, wie sie für Muhammads erste Ehefrau Khadīdja aus Mekka belegt ist. Andererseits lassen Hinweise im Koran auf Frauen diskriminierende Sitten in vorislamischer Zeit schließen, die durch den Islam eingeschränkt beziehungsweise verboten wurden. Dazu gehören das Verbot, neugeborene Mädchen zu töten (81:8) und die Ehefrau nach dem Tod des Ehemannes gegen ihren Willen mit dem Bruder des Verstorbenen zu verheiraten (4:19), sowie die Einschränkung der Zahl der Verstoßungen der Frau durch den Mann (2:229). Es zeigt sich die Widersprüchlichkeit der Quellenaussagen, und es wird deutlich, vor welchen Problemen der Historiker bei der Rekonstruktion der frühislamischen Geschichte insgesamt und der Geschlechterbilder im Besonderen steht. Gleiches gilt für die Frage der Charaktere und Rolle islamischer Persönlichkeiten wie beispielsweise der Prophetengenossinnen und -genossen und der Ehefrauen Muhammads.

Muhammad und die Frauen

Die Prophetengenossinnen

Als Prophetengenossinnen und -genossen werden seine Anhängerinnen und Anhänger bezeichnet, die in direktem Kontakt zu ihm standen. Aufgrund dieser Nähe und der damit verbundenen Kenntnis des Denkens und Handelns des Propheten erlangten sie große praktische und symbolische Bedeutung in der islamischen Geschichte und wurden durch die von ihnen überlieferten Aussagen des Propheten zu Teilen der Überlieferungskette (arab. *isnād*), die die Glaubwürdigkeit dieser Nachrichten verbürgen sollte. Ihre Namen, Lebensdaten und Lebensumstände wurden in biographischen Lexika gesammelt, um ihre Zuverlässigkeit bezüglich der tradierten Aussagen belegen zu können. Durch ihre Nähe zum Propheten verfügten sie über beträchtliches Prestige, das bis in die Moderne reicht, vielfach sind sie zu Identifikationsfiguren und Vorbildern für religiös und ethisch richtiges und gutes islamisches Verhalten geworden. Dabei galten die von den Prophetengenossinnen überlieferten Aussagen als gleichermaßen zuverlässig wie die ihrer männlichen Kollegen.

Der Autor eines biographischen Lexikons, Ibn Sa'd (gest. 845), führte 117 Frauen auf, die sich Muhammad unterstellten, darunter Umm Aiman (*Umm* steht für «Mutter», *Abū* für «Vater» in arabischen Namen), seine ehemalige Amme, die er als Teil seiner Familie betrachtete, und weitere Frauen. 359 weibliche Personen nennt der Autor darüber hinaus als Konvertitinnen in Medina. Ibn Sa'd beginnt die Lebensbeschreibungen der Frauen mit einer Diskussion über den sogenannten «Eid der Frauen», den Ibn Ishāq als eine Unterstützungserklärung für Muhammad auf der Grundlage religiös-sozialer Vorstellungen interpretiert: Dazu gehörte zum Beispiel der Verzicht, Gott einen Partner beizugesellen, also das Bekenntnis zum absoluten Monotheismus, die Erklärung, keine Unzucht zu begehen, neugeborene Mädchen nicht zu töten oder auch nicht zu lügen. Damit enthielt der Eid grundlegende religiös-spirituelle und rechtlich-soziale Regelungen, wie sie sich im Koran finden. Der «Eid der Frauen» schloss jedoch im Gegensatz zum Eid der Männer die Unterstützung im Kampf aus. Ein solcher Treueid von Frauen ist in Koran 60:12 erwähnt, einem Vers, in dem Gott Muhammad folgendermaßen anspricht:

> Prophet! Wenn gläubige Frauen zu dir kommen, um sich dir gegenüber zu verpflichten, Gott nichts (als Teilhaber an seiner Göttlichkeit) beizugesellen, nicht zu stehlen, keine Unzucht zu begehen, ihre Kinder nicht zu töten, keine von ihnen aus der Luft gegriffene Verleumdungen vorzubringen und sich dir in nichts zu widersetzen, was recht und billig ist, dann nimm ihre Verpflichtung (in aller Form) entgegen und bitte Gott für sie um Vergebung! Gott ist barmherzig und bereit zu vergeben.

Muhammad hatte bereits einige Anhänger um sich gesammelt, als im Jahr 619 Khadīdja und Abū Tālib starben und er die wichtigsten Personen aus der Familie verlor, die ihn unterstützt und geschützt und zu ihm gestanden hatten. Da damit seine Lage in Mekka prekär wurde und er sich zunehmender Feindseligkeit der Mekkaner gegenübersah, entschloss er sich im Jahr 622, ein Angebot anzunehmen und sich nach Medina zu begeben. Mit dieser Auswanderung (arab. *hidjra*) beginnt die islamische Zeitrechnung, damit bricht für die Anhänger des neuen Glaubens eine neue Epoche an, denn in Medina veränderte sich Muhammads Rolle grundlegend: Hier wurde er von den Bewohnern anerkannt und war nicht nur spiritueller, sondern auch politischer Führer einer jungen Gemeinde, die sich aus einigen Gefolgsleuten, welche ihm aus Mekka gefolgt waren, und den «Helfern» in Medina (arab. *ansār*) zusammensetzte. Der Grundstein für ein politisches Gemeinwesen religiöser Prägung wurde gelegt, neue Aushandlungsprozesse bezüglich politischer und sozialer Themen, aber auch

26 Die Anfänge

bezüglich der Geschlechterrollen lassen sich erkennen. Der Charakter der göttlichen Verkündigungen änderte sich. Hatten in mekkanischer Zeit religiöse und eschatologische Themen, der Verweis auf Gottes Barmherzigkeit, aber auch die Androhung des Jüngsten Gerichts im Vordergrund gestanden, finden sich nun zahlreiche konkrete Regeln für das Zusammenleben der Menschen. Der Philosoph und Menschenrechtler Abdullahi an-Na'im (geb. 1946), der in den USA lebt und lehrt, zieht hier die Scheidelinie für das Verständnis der Offenbarung: Während der «Geist» des Korans, d. h. die Religiosität und Spiritualität, in den frühen Versen zu finden sei, spiegelten die medinensischen Suren und Verse vor allem die soziale, politische und wirtschaftliche Realität der Arabischen Halbinsel im beginnenden 7. Jahrhundert wider. Die medinensischen Verse, die vielfach auch das Geschlechterverhältnis betreffen, sind seiner Meinung nach vor diesem historischen Hintergrund zu interpretieren und können nicht mehr für das Zusammenleben der Gläubigen im 21. Jahrhundert maßgeblich sein.

Umm Kulthūm, eine Mekkanerin, emigrierte als erste Frau nach Medina und bat den Propheten um Hilfe, als ihre Brüder sie nach Mekka zurückholen wollten. Daneben gab es offenbar eine nicht geringe Anzahl von Frauen, die bei den zahlreichen Schlachten, die nach Muhammads Weggang aus Mekka zwischen Medinensern und Mekkanern geschlagen wurden, zugegen waren. Sie dienten als Krankenschwestern, waren aber nach einigen Berichten durchaus auch in Kämpfe verwickelt. So soll die Medinenserin Umm Umāra bei verschiedenen kriegerischen Auseinandersetzungen dabei gewesen sein und in der Schlacht von Uhud im Jahr 625, als die Muslime eine herbe Niederlage erleben mussten, gekämpft haben und auch verwundet worden sein.[6] Umayya bt. Qais,[7] ein junges Mädchen, soll in Medina den Propheten um Erlaubnis gefragt haben, bei der Schlacht von Khaibar im Jahr 628 die Verwundeten pflegen zu dürfen. Dabei soll sie nach Ibn Sa'd aus der Kriegsbeute ein Halsband erhalten haben, das ihr der Prophet selbst anlegte, während Kuʿaiba bt. Saʿd sich dem Propheten unterstellte und in einem Zelt in der Moschee in Medina die Verwundeten eines Feldzuges versorgte.[8] Auch Ehefrauen des Propheten scheinen ihn in den Kampf begleitet zu haben. Dem entgegen stehen Berichte, denen zufolge er einer Frau die Beteiligung an der Schlacht mit der Begründung verbot, er wolle nicht, dass man über ihn sage, er habe mit einer Frau an seiner Seite gekämpft.[9]

Die Prophetengenossinnen verfügen über großes Prestige, galten sie doch als die Ersten, die Muhammad als Propheten sahen und den Islam annahmen, die seine Aussagen hörten und ihn in bestimmten Situationen auch befragten. Die auf sie zurückgeführten Traditionen erläutern zahlreiche Details des Religionsgesetzes, der Riten und kultischen Praktiken, des Miteinanders der Geschlechter, der sozialen und rechtlichen Vorgaben. Gleiches gilt auch für die Ehefrauen, die einen noch prominenteren Rang einnehmen.

Ehefrauen und Töchter

Sowohl Khadīdja, seine erste Frau, als auch ʿĀischa, seine Lieblingsfrau, sowie Fatima, seine Tochter, wurden in der Moderne zu Identifikationsfiguren und Rollenmodellen erhoben, denen moderne Musliminnen folgen sollten. Dabei konnten die Interpretationen der Charaktere und Handlungen der Frauen durchaus unterschiedlich ausfallen. Die marokkanische Soziologin Fatima Mernissi[10] beschrieb beispielsweise die Frauen Muhammads als dynamische, einflussreiche und aktive Mitglieder der Gemeinschaft, die eine regelrechte Protestbewegung initiiert hätten. Fast erhält man den Eindruck, sie seien Vorläuferinnen der Frauenbewegungen des ausgehenden 19. und beginnenden 20. Jahrhunderts gewesen. Solche und andere sehr weitreichende Interpretationen sind allerdings vor dem Hintergrund der ja bereits mehrfach er-

28   Die Anfänge

wähnten dürftigen Quellenlage eher als Projektionen gegenwärtiger Vorstellungen in die Vergangenheit denn als historisch gesicherte Fakten zu sehen.

Noch in Mekka, nach dem Tod Khadīdjas im Jahr 619, heiratete Muhammad erneut und nun zwei Frauen zugleich: Sauda und ʿĀʾischa, wobei die Tradition betont, dass ʿĀʾischa die einzige Jungfrau gewesen sei, die er heiratete. In Medina kamen dann weitere Ehefrauen hinzu, so dass die islamische Tradition von 13, manchmal 14 Ehefrauen ausgeht. Die genaue Zahl ist auch deshalb nicht zu eruieren, da Muhammad darüber hinaus Konkubinatsverhältnisse unterhielt. So ist beispielsweise nicht geklärt, ob die Jüdin Raihāna mit Muhammad verheiratet oder nur seine Konkubine war. Sie und Safīya bt. Huyayy, mit der er die Ehe einging, traten zum Islam über. Die Koptin Maria, die nur seine Konkubine war, gebar ihm einen Sohn namens Ibrāhīm, der jedoch im Alter von etwa zwei Jahren verstarb. Safiya al-ʿAnbarīya, einer Kriegsgefangenen, stellte er frei, ihn zu heiraten oder zu ihrem Stamm zurückzukehren. Sie entschied sich für die Rückkehr. Verschiedene Quellen berichten, dass zudem Frauen dem Propheten die Heirat anboten, darunter soll nach einigen Quellen Umm Salama Hind bt. Abī Umaiya gewesen sein,[11] die mit ihrem früheren Ehemann zu den ersten Anhängern des Propheten gehörte. Vier Kinder brachte sie in die Ehe mit, sie überlieferte zahlreiche Aussagen des Propheten und galt nach manchen Quellen als Rechtsgelehrte unter den Prophetengenossinnen und Ehefrauen Muhammads. Als letzte der Ehefrauen des Propheten starb sie im Jahr 679 oder 680.

Einige dieser Ehen dürften politisch motiviert gewesen sein, denn Muhammad heiratete beispielsweise die Töchter seiner engsten Vertrauten, Kampfgefährten und Weggenossen Abū Bakr und ʿUmar, nämlich ʿĀʾischa, die Tochter Abū Bakrs, und Hafsa, die Tochter ʿUmars. Beide Männer folgten dem Prophet in der Position des politischen und militärischen Führers des jungen islamischen Staates als Kalifen. Abū Bakr herrschte von 632 bis 634 und ʿUmar von 634 bis 644.

Da nach einer koranischen Offenbarung gläubige Muslime nur vier Frauen heiraten dürfen, wird die höhere Anzahl im Fall Muhammads mit einem Sonderrecht begründet (33:50). In der 33. Sure wird seinen Ehefrauen der Beiname «Mutter der Gläubigen» gegeben (33:6). Dieser Rang war jedoch auch mit besonderen, an ihren Status geknüpften Bedingungen verbunden. In Sure 33:32–33 heißt es:

> Ihr Frauen des Propheten! Ihr seid nicht wie (sonst) jemand von den Frauen. Wenn ihr gottesfürchtig sein wollt (wörtl.: Wenn ihr gottesfürchtig seid), dann seid nicht unterwürfig im Reden (mit fremden Männern), damit nicht (etwa) einer, der in seinem Herzen eine Krankheit hat, (nach euch) Verlangen bekommt! Sagt (vielmehr nur) was sich geziemt! Und bleibt in eurem Haus (Variante: benehmt euch in eurem Haus mit Würde und Anstand), putzt euch nicht heraus, wie man das früher im Heidentum zu tun pflegte, verrichtet das Gebet, gebt die Almosensteuer und gehorchet Gott und seinem Gesandten!

Ein mit den Prophetenfrauen in enger Verbindung stehendes Problem ist, wie aus diesem Vers hervorgeht, die Seklusion und Verschleierung. So heißt es in Sure 33:59:

> Prophet! Sag deinen Gattinnen und Töchtern und den Frauen der Gläubigen, sie sollen (wenn sie austreten) sich etwas von ihrem Gewand (über den Kopf) herunterziehen. So ist es am ehesten gewährleistet, dass sie (als ehrbare Frauen) erkannt und daraufhin nicht belästigt werden.

Weiter heißt es in Sure 33:53:

> Wenn ihr die Gattinnen des Propheten (wörtl.: sie) um (irgend) etwas bittet, das ihr benötigt, dann tut das hinter einem Vorhang!

Das arabische Wort für «Vorhang» (arab. *hidjāb*) wurde später mit der Kleidung gleichgesetzt, so dass «Schleier», ob er nun das Gesicht verdeckt oder nur Haare und Nacken, heute im Arabischen im Allgemeinen *hidjāb* heißt.

30   Die Anfänge

In der Tradition erscheinen die Frauen des Propheten vielfach als Vorbilder für aufrechtes Verhalten, als Auserwählte, manchmal aber überdies als sehr menschlich, wie ʿĀischas folgende Aussage über Khadīdja zeigt:

> Auf keine Frau des Gesandten Gottes war ich so eifersüchtig wie auf Khadīdja! Denn er sprach sehr oft von ihr, er schwärmte von ihr! Und es ist offenbart worden, dass ihr im Paradies ein Schloss aus Gold und Edelsteinen als Lohn für ihre guten Taten gegeben wird.[12]

Fatima wird häufig der Zuname «az-Zahra», «die Scheinende», verliehen. Sie hatte das engste Verhältnis zu ihrem Vater, und über ihre Söhne Hasan und Husain entwickelte sich der Stammbaum der prophetischen Abkömmlinge (Scherifen, arab. *schurafāʾ*, sg. *scharīf*), die bei der Schia Imame heißen (arab. *imām*, pl. *aʾimma*) und gemäß schiitischer Lehre nach ʿAlī allein zur Leitung der Gemeinde berechtigt waren. Dieser Anspruch der Schia wurde jedoch nicht eingelöst, da zunächst Abū Bakr und dann ʿUmar das Kalifat innehatten, bis ʿAlī schließlich mit Verzögerung, im Jahr 656, dann doch zum Führer der muslimischen Gemeinde bestimmt wurde. Die Quellen berichten von den ursprünglich sehr ärmlichen Verhältnissen, in denen Fatima mit ʿAlī lebte. Fatima soll keine Helferin im Haushalt gehabt und ihr Korn selbst gemahlen haben, Muhammad war nicht bereit, ihr nach einem Eroberungszug einen Sklaven dafür zu geben. Diese Armut betraf allerdings viele Haushalte der frühen Muslime und verbesserte sich später nach etlichen kriegerischen Auseinandersetzungen. Neben Hasan und Husain hatte das Paar noch zwei Töchter, Umm Kulthūm und Zainab. Fatima soll sich oft über das harsche Verhalten ihres Mannes bei ihrem Vater beklagt haben, und Muhammad soll sie in ihrem Bestreben unterstützt haben, eine Zweitehe ʿAlīs zu verhindern. Muhammad soll anlässlich dieses ehelichen Disputs seiner Tochter mit ʿAlī gesagt haben, Fatima sei ein Teil von ihm und wer sie verletze, verletze ihn. Sie wird als zurückhaltende Frau beschrieben, die sich vor dem Tod des Propheten niemals in

politische Angelegenheiten einmischte. Nach dessen Tod, der ihr
sehr zu Herzen ging, soll sie sich gegen die Wahl ʿUmars als Nachfolger Muhammads ausgesprochen haben. Sie starb nicht allzu
lang nach ihrem Vater. Es gibt die Vorstellung, dass sie am Jüngsten Tag die Erste sein wird, die nach der Auferstehung das Paradies
betritt. Alle werden den Blick senken müssen, wenn sie, geleitet
von sieben Paradiesjungfrauen, über die Brücke schreitet, die über
die Hölle zum Paradies führt.[13]

ʿĀʾischa war die unumstrittene Lieblingsfrau des Propheten.
Einigen Quellen zufolge wurde sie mit dem Propheten bereits im
Alter von sechs Jahren verheiratet, die Ehe wurde nach der Auswanderung in Medina vollzogen, als ʿĀʾischa ungefähr neun Jahre
alt gewesen sein soll. Frühe Eheschließungen waren im vorisla-
misch-frühislamischen Kontext offenbar üblich und galten nicht
als anstößig. Das islamische Recht hat später diese frühe Eheschließung als beispielhaft angesehen und neun Jahre als untere
Grenze des Heiratsalters angesetzt. Selbst in den Diskussionen
um das moderne Personalstatut im 20. Jahrhundert wurde von
traditionellen Gelehrtenkreisen auf ʿĀʾischas Beispiel verwiesen.
Dennoch geben viele moderne Familiengesetzbücher ein Heirats-
mindestalter an, das weit höher liegt. In Marokko zum Beispiel
liegt es seit dem Jahr 2004 für beide Geschlechter bei 18 Jahren.

Im Jahr 627 wurde ʿĀʾischas Ehe einer ernsten Belastung ausgesetzt, als sie ihren Mann auf einer militärischen Expedition begleitete und in die als «Lügengeschichte» (arab. *hadīth al-ifk*) bekannte
Affäre verwickelt wurde. Nach den in vielen Details variierenden
Überlieferungen lassen sich nichtsdestotrotz einige übereinstim-
mende Punkte der Geschichte feststellen: Beim Aufbruch der
Karawane wurde ʿĀʾischa am Lagerplatz zurückgelassen, jedoch
von einem jungen Muslim gefunden und auf seinem Kamel zur
Gruppe zurückgebracht. Vor dem Hintergrund der für die Frauen
des Propheten verschärften Form der Absonderung und latenter
Feindseligkeiten Muhammad gegenüber erhoben sich sofort Ver-
dächtigungen gegen ʿĀʾischa. Ehre und Entehrung galten dabei

32 Die Anfänge

nicht als private Angelegenheiten, sondern hatten öffentliche Relevanz, betrafen sie doch Muhammads Position in der Gemeinschaft. In einem noch stark durch öffentliche Kontrolle geprägten Gemeinwesen war ein solches Verhalten nicht durch die schlichte Vergebung des Propheten aus dem Weg zu räumen. In diesem Zusammenhang erging eine göttliche Offenbarung (24:11), durch die ʿĀʾischa vom Vorwurf des Fehlverhaltens respektive des vermuteten Ehebruchs freigesprochen wurde. Zudem wurde festgelegt, dass Ehebruch oder außerehelicher Geschlechtsverkehr immer durch vier männliche Personen bezeugt werden müsse, wodurch die im Koran vorgesehene strenge Bestrafung dieses Sexualvergehens an einen strikten Nachweis gebunden wurde. Ist die Tat nicht nachweisbar, wird der Verleumder mit achtzig Peitschenhieben bestraft.

Die Geschichte hat nach sunnitischer Überlieferung nicht dazu geführt, die Zuneigung des Propheten zu seiner Lieblingsfrau abkühlen zu lassen, Muhammad soll sogar in den Armen ʿĀʾischas gestorben sein. Mit seinem Tod wurde ʿĀʾischa im Jahr 632 mit 18 Jahren zur kinderlosen Witwe, die, wie alle Frauen des Propheten, nicht wieder heiraten durfte. Als im Jahr 656 der dritte Kalif, ʿUthmān (reg. 644–656), ermordet wurde, kritisierte sie dies öffentlich und zog mit tausend Quraisch gegen ʿAlī, den vierten Kalifen (656–661), der zur Zielscheibe der Kritik geworden war, weil er sich nicht genügend von dem Geschehen distanziert hatte. In der sogenannten Kamelschlacht (656), deren Name sich davon ableitete, dass der heftigste Kampf um das Kamel tobte, das ʿĀʾischas Sänfte trug, siegte ʿAlī, während ʿĀʾischas Ansehen beschädigt wurde. Sie kehrte nach Medina zurück und enthielt sich danach offenbar aller politischen Aktivitäten, bis sie im Jahr 678 mit 66 Jahren starb.

Mit aller gebotenen Vorsicht kann man aus den Quellen gewisse Unterschiede zwischen beiden Frauen, ʿĀʾischa und Fatima, ableiten. Fatima war beispielsweise politisch insgesamt eher passiv, wohingegen ʿĀʾischas Teilnahme an der Kamelschlacht und

Muhammad und die Frauen 33

mithin jedenfalls eine gewisse politische Aktivität bezeugt ist.
Beide Frauen standen dem Propheten sehr nahe und beide genießen heute in der islamischen Welt hohes Ansehen und gelten in
dem ihnen zugeschriebenen Verhalten als vorbildhaft.

2. Theologie und Recht

Koran und Hadīth

Die koranischen Regeln zum Geschlechterverhältnis

In seiner vorliegenden Form umfasst der Koran 114 Suren. Suren sind größere, mit Namen versehene Textabschnitte, die wiederum in einzelne Verse (arab. *āya*, pl. *āyāt*) unterteilt sind. Von den 6238 Versen betreffen rund hundert rechtliche Regelungen, von denen viele in ihrer juristischen Auslegung kontrovers diskutiert wurden und werden. Die koranischen Offenbarungen richten sich manchmal direkt an «die gläubigen Männer und Frauen», häufig jedoch grammatisch und thematisch nur an Männer.

Im Allgemeinen handelt es sich um Detailfragen wie zum Beispiel die Position der Prophetenfrauen und ihr Verhalten gegenüber anderen Männern. Häufig lassen diese konkreten Beispiele einen vorislamischen Hintergrund erkennen, zeigen jedoch ein neues Rechtsdenken und eine neue Ethik. Die Regelungen betreffen das Zusammenleben der Gruppe und damit auch Fragen der Geschlechterrollen und des Familienrechts, einzelne Punkte des Strafrechts und in geringem Maße das Prozess- oder Wirtschaftsrecht. Andere Rechtsbereiche wie etwa die Frage, wie ein islamischer Staat auszusehen habe, bleiben dagegen weitgehend ausgespart. Schwierig für Koran und Hadīth gleichermaßen ist die Auslegung der Texte. Viele Aussagen dieser beiden grundlegenden Quellen des islamischen Rechts erschließen sich nicht unmittelbar, sondern bedürfen der Interpretation und sind auch

36 Theologie und Recht

seit Beginn der Kommentarliteratur umstritten gewesen. Vor diesem Hintergrund entwickelten sich die Disziplinen der Koraninterpretation (arab. *tafsīr*) und der Rechtswissenschaft (arab. *fiqh*).

Die Korankommentatoren haben für die Exegese ein reiches methodisches Instrumentarium entwickelt. Dies umfasst neben den «Anlässen der Offenbarung» (arab. *asbāb an-nuzūl*), deren Bedeutung am Beispiel von 'Ā'ischas Geschichte gezeigt wurde, auch die Einordnung des Verses als allgemeingültig oder nur auf eine spezielle Gruppe von Menschen bezogen. Ferner gehört dazu die Frage, ob bestimmte Verse durch andere, spätere aufgehoben wurden und damit ihre Gültigkeit verloren. Im Koran selbst ist dieser Weg einer Aufhebung oder Einschränkung erwähnt (2:106). So wurde beispielsweise die Möglichkeit der testamentarischen Vererbung (2:180) durch festgelegte Erbteile eingeschränkt (4:12).

Um die Auslegung zentraler das Geschlechterverhältnis betreffender Verse wird gerade in der Moderne in spannender Weise gerungen. Feministische Koraninterpretinnen kritisieren, dass jahrhundertelang Männer als Vertreter einer patriarchalisch strukturierten Gesellschaft die Verse in für sie vorteilhafter Form ausgelegt hätten. Während einerseits moderne Gesetzgeber, beispielsweise in Tunesien, Marokko und Ägypten, durch Neuinterpretationen das Geschlechterverhältnis zeitgemäß zu definieren begonnen haben, bestehen andererseits traditionelle Interpretationen, basierend auf der Annahme einer Hierarchie der Geschlechter, weiter.

Das Geschlechterverhältnis im Koran beruht auf der Ehe als wichtigster Institution. Grundlegend für die Eheschließung war die Zahlung des Brautgeldes (arab. *mahr*) an die Braut selbst, nicht an ihren Vater (4:4). Auch nach dem späteren islamischen Recht hatte diese das Verfügungsrecht darüber, es durfte ihr nicht von ihrem Ehemann genommen werden. Verstieß der Mann die Frau noch vor dem Vollzug der Ehe, so stand ihr die Hälfte des Brautgeldes zu (2:237). Dies gab Frauen eine gewisse finanzielle Unabhängigkeit. Die Leviratsehe, offenbar eine vorislamische Sitte, der

Koran und Hadīth 37

zufolge nach dem Tod eines Mannes die Witwe mit seinem überlebenden Bruder verheiratet wurde, wurde verboten (4:19).

Verboten war darüber hinaus – nicht nach dem Koran, aber
nach der Tradition – der Austausch von Frauen, beispielsweise
Schwestern, durch den offenbar die Zahlung des Brautgeldes umgangen worden war.[1] Das Brautgeld ist vielmehr unverzichtbarer
Bestandteil eines islamischen Ehevertrages bis heute. Muslimische Männer durften nichtmuslimische Ehefrauen aus der Kategorie der Schriftbesitzer, also Christinnen und Jüdinnen, nach
späterem Recht auch Zoroastrierinnen, heiraten (5:5), während
für Musliminnen die Ehe mit Nichtmuslimen ausgeschlossen war
(2:221). Adoption war nach dem Koran nicht erlaubt (33:4–5).

Nicht geheiratet werden durften: die eigene Mutter, Frauen aus
vorherigen Ehen des Vaters und die engen weiblichen Verwandten; darüber hinaus die Ammen wie auch die Kinder, die von derselben Amme gestillt wurden, so dass die Blutsverwandtschaft in
diesem Punkt der Milchverwandtschaft, die durch das gemeinsame Stillen der Kinder entsteht, gleichgesetzt wurde. Verboten
war zudem die gleichzeitige Ehe zweier Schwestern mit demselben Mann (4:22 ff.). Alle diese Vorschriften legten die Grenze im
Verwandtschaftsgrad zwischen Personen, die für die Ehe verboten
(arab. *mahram*), und denen, die für die Ehe «erlaubt» (arab.
halāl) sind, fest. Sie wurden zur Grundlage für den Umgang der
Geschlechter untereinander und definieren die Regeln der Geschlechtertrennung. Die Tötung neugeborener Mädchen wurde
verboten (81:8) und die Ablehnung eines neugeborenen Mädchens (16:57) zu einer schlechten Sitte erklärt.

Neben der Zahlung von Brautgeld (4:24, 5:5, 33:50) wurde es
im Recht üblich, dass dem Ehemann der Unterhalt der Frau (arab.
nafaqa) oblag (65:7, 2:233). Zum Verhältnis zwischen Eltern und
Kindern findet sich in Sure 2:233 die Aussage, dass die Mütter ihre
Kinder zwei volle Jahre stillen sollen und der Vater auch im Fall
einer Scheidung in dieser Zeit Unterhalt zu leisten hat.

Eine rechtliche Hierarchie der Geschlechter geht nach traditio-

38 Theologie und Recht

neller Sicht der Korankommentatoren aus Vers 2:228: «... und die Männer stehen (bei alledem) eine Stufe über ihnen» und aus 4:34 hervor:

> Die Männer stehen über den Frauen, weil Gott sie (von Natur vor diesen) ausgezeichnet hat und wegen der Ausgaben, die sie von ihrem Vermögen (als Morgengabe für die Frauen?) gemacht haben. Und die rechtschaffenen Frauen sind (Gott) demütig ergeben und geben acht auf das, was (den Außenstehenden) verborgen ist, weil Gott (darauf) acht gibt (d. h. weil Gott darum besorgt ist, dass es nicht an die Öffentlichkeit kommt). Und wenn ihr fürchtet, dass (irgendwelche) Frauen sich auflehnen, dann vermahnt sie, meidet sie im Ehebett und schlagt sie! Wenn sie euch (daraufhin wieder) gehorchen, dann unternehmt (weiter) nichts gegen sie! Gott ist erhaben und groß.

Aus diesen und weiteren Versen ist in der Geschichte der Koraninterpretation eine wirtschaftliche Verantwortlichkeit des Mannes gegenüber der Frau abgeleitet worden. Darüber hinaus kann je nach Verständnis Sure 4:34 auch eine generelle physisch-psychische Hierarchisierung implizieren.

Der Polygynie-Vers (4:3) legt die maximale Anzahl der Ehefrauen auf vier fest:

> Und wenn ihr fürchtet, in Sachen der (eurer Obhut anvertrauten weiblichen) Waisen nicht recht zu tun, dann heiratet, was euch an Frauen gut ansteht (oder: beliebt?), (ein jeder) zwei, drei oder vier. Wenn ihr aber fürchtet, (so viele) nicht gerecht zu (be)handeln, dann (nur) eine, oder was ihr (an Sklavinnen) besitzt! So könnt ihr am ehesten vermeiden, Unrecht zu tun.

Traditionellerweise las man daraus das Recht des Mannes, maximal vier Frauen zu heiraten und auch Sklavinnen als Konkubinen zu nehmen, wobei die Aussage «Wenn ihr aber fürchtet, (so viele) nicht gerecht zu (be)handeln ...» als moralische Empfehlung, nicht aber rechtliche Verpflichtung zur Gleichbehandlung der Ehefrauen gesehen wurde. Darunter verstand man vor allem eine

Koran und Hadīth 39

finanzielle Gerechtigkeit und mithin gleiche Beträge, was den Lebensunterhalt und das Brautgeld anging.

ʿĀʾischa, zur Deutung des Verses befragt, erklärte, dieser sei zu einem bestimmten «Offenbarungsanlass» herabgesandt worden:

> ʿUrwa berichtet: Ich fragte ʿĀʾischa nach der Offenbarung Gottes des Erhabenen: «Und wenn ihr fürchtet…». ʿĀʾischa sagte: «O mein Neffe, dieser Vers wurde im Zusammenhang mit einer Waise offenbart, die der Vormundschaft eines Mannes unterstand. Dieser Vormund begehrte sie wegen ihres Besitzes und ihrer Schönheit und wollte sie heiraten, aber nur ein geringeres Brautgeld als üblich bezahlen. Dieser Vers nun untersagt es solchen Schutzherrn, ihre Schutzbefohlenen zu heiraten, und macht es ihnen zur Pflicht, andere Frauen zu heiraten, die nicht ihrer Vormundschaft unterstehen – es sei denn, sie handeln gerecht und entrichten das vollständige Brautgeld.[2]

Die Verstoßung (arab. *talaq*) als Scheidungsform ging in vorislamischer Zeit offenbar vom Mann aus. Er hatte die Formel auszusprechen und konnte sie in der Wartezeit (arab. *ʿidda*) rückgängig machen (2:228), was Missbrauch hervorgerufen zu haben scheint: Der Mann verstieß die Frau, nahm sie vor Ablauf der Wartezeit wieder zu sich, um sie gleich wieder zu verstoßen und die Frau zur Rückzahlung des Brautgeldes zu zwingen. In Sure 2:229 wird die mehrmalige Verstoßung eingeschränkt:

> Die Entlassung (mit dem Recht, die Frau zurückzunehmen) ist zweimal (erlaubt). Dann (d. h. nach zweimaliger Entlassung) (sind die Frauen entweder) in rechtlicher Weise (zu) behalten oder auf ordentliche Weise frei(zu)geben. Und es ist euch (im letzteren Fall) nicht erlaubt, etwas von dem, was ihr ihnen (vorher als Morgengabe) gegeben habt, (wieder an euch) zu nehmen – außer wenn die beiden (d. h. Mann und Frau) fürchten, dass sie (hinsichtlich der Ehegemeinschaft) die Gebote Gottes nicht einhalten werden. Wenn aber zu befürchten ist, dass die beiden (im Fall der Aufrechterhaltung der Ehegemeinschaft) die Gebote Gottes nicht einhalten werden, ist es für sie keine Sünde, wenn die Frau sich mit einem gewissen Betrag loskauft.

40 Theologie und Recht

Mit dem letzten Satz wird der sogenannte «Loskauf» der Frau (arab. *khul'*) gerechtfertigt, der in den neuesten Familiengesetzen wie zum Beispiel dem Ägyptens aus dem Jahr 2000 den Frauen das Scheidungsrecht auch gegen den Willen des Mannes zubilligt, allerdings unter finanziellem Verlust. Das spätere schiitische Recht beruft sich auf Sure 65:2, in der es heißt, dass bei der Scheidung zwei Zeugen anwesend sein müssen.

Eine Frau hatte nach der Scheidung eine Wartefrist von drei Menstruationsperioden einzuhalten, um eine Schwangerschaft auszuschließen (2:228). War sie schwanger, durfte sie nicht vor Ablauf von vierzig Tagen nach ihrer Niederkunft eine neue Ehe eingehen. Die Trauerzeit einer Witwe vor ihrer Wiederverheiratung wurde durch Sure 2:234 auf vier Monate und zehn Tage festgesetzt.

Sklavinnen als Konkubinen werden im Koran häufig erwähnt (4:3, 24–25, 23:6, 33:50, 70:30), war doch Sklaverei zur Zeit des Propheten üblich und wurde nach dem islamischen Recht nur insofern eingeschränkt, als ein Muslim beziehungsweise eine Muslimin nicht versklavt werden durfte. Das Kind eines freien Muslim mit einer Sklavin galt als rechtlich frei, die Mutter, die sogenannte «Mutter des Kindes» (arab. *umm al-walad*), erlangte nach dem Tod des Besitzers die Freiheit. Auch Kriegsgefangene waren Sklaven. Die Konversion eines christlichen oder jüdischen Sklaven bedeutete jedoch nicht seine Freilassung. Allerdings waren Sklavenhalter in der islamischen Gesellschaft angehalten, Sklaven gut zu behandeln (4:36), und eine Freilassung galt als religiös empfehlenswert (90:12–13). Heute ist die Sklaverei in allen islamischen Staaten rechtlich abgeschafft, die entsprechenden internationalen Konventionen wurden angenommen. Dies ist bemerkenswert vor dem Hintergrund, dass im familienrechtlichen Bereich wie auch beim Erbrecht, gerade was die Position der Frau, die Polygynie und die Verstoßung angeht, zwar vielerorts Korrekturen vorgenommen wurden, jedoch außer in der Türkei keine Geschlechtergleichheit erreicht wurde. Eine mögliche Erklärung ist, dass

Geschlechterverhältnisse und ihre Regelungen als inhärenter und zentraler Teil der kulturellen Authentizität gesehen werden, die aufzugeben einer Aufgabe der Identität gleichkommen würde.

Im Bereich des Strafrechts wurde die Blutrache der vorislamischen Zeit nicht generell abgeschafft, sondern eingeschränkt. Nur noch die genaue Wiedervergeltung (arab. *qiṣāṣ*) sollte demnach erlaubt sein, die jedoch nach Sure 2:178 geschlechts- und statusgebunden war:

> Ihr Gläubigen! Bei Totschlag ist euch die Wiedervergeltung vorgeschrieben: ein Freier für einen Freien, ein Sklave für einen Sklaven und ein weibliches Wesen für ein weibliches Wesen.

Die im Koran verankerten Strafen, die die Sexualität und einige andere Bereiche betreffen, heißen auf Arabisch «Grenzen» (arab. *ḥudūd*, sg. *ḥadd*), weil die ihnen zugrunde liegenden Delikte die von Gott gesetzte Grenze überschreiten. Unerlaubter Sexualverkehr (arab. *zinā'*) etwa wurde für Männer und Frauen (24:2) gleichermaßen mit hundert Peitschenhieben geahndet, die entsprechende unbewiesene Beschuldigung (arab. *qadhf*) mit achtzig Peitschenhieben (24:4). Nicht im Koran, jedoch in der Tradition enthalten ist die Steinigung als Strafe für unerlaubten Sexualverkehr. Das sunnitische klassische Recht bestraft damit diejenigen Personen, die bereits eine Ehe geschlossen hatten, egal, ob sie zum Zeitpunkt des Vergehens verheiratet oder beispielsweise verwitwet oder geschieden sind, das schiitische Recht hingegen ahndet nur den Ehebruch. Die entsprechende koranische Offenbarung erging, wie oben bemerkt, im Zusammenhang mit der Verleumdung 'Ā'ischas.

Das Erbrecht gesteht Frauen festgelegte Anteile zu. Diese betrugen und betragen allerdings auch heute noch fast durchweg nur die Hälfte des Anteils der Männer (4:11–12). Im Prozessrecht zählen nach dem Koran Frauen als Zeuginnen nur zur Hälfte (2:282), eine Regelung, die in vielen modernen Familiengesetzen noch enthalten ist.

42 Theologie und Recht

Und nehmt zwei Männer von euch zu Zeugen! Wenn es nicht zwei Männer sein können, dann sollen es ein Mann und zwei Frauen sein, solche, die euch als Zeugen genehm sind, (zwei Frauen) damit (für den Fall), dass die eine von ihnen sich irrt, die eine (die sich nicht irrt) die andere (die sich irrt, an den wahren Sachverhalt) erinnere.

Mit Verschleierung und Geschlechtertrennung beschäftigt sich eine Anzahl von Koranversen, die wiederum verschieden ausgelegt wurden. So heißt es zum Beispiel in Sure 24:30–31:

Sag den gläubigen Männern, sie sollen (statt jemandem anzustarren, lieber) ihre Augen niederschlagen, und sie sollen darauf achten, dass ihre Scham bedeckt ist (wörtl.: sie sollen ihre Scham bewahren). So halten sie sich am ehesten sittlich (und rein) (wörtl.: das ist lauterer für sie). Gott ist wohl darüber unterrichtet, was sie tun. Und sag den gläubigen Frauen, sie sollen (statt jemanden anzustarren, lieber) ihre Augen niederschlagen, und sie sollen darauf achten, dass ihre Scham bedeckt ist (wörtl.: sie sollen ihre Scham bewahren), den Schmuck den sie (am Körper) tragen, nicht offen zeigen, soweit er nicht (normalerweise) sichtbar ist, ihren Schal sich über den (vom Halsausschnitt nach vorne heruntergehenden) Schlitz (des Kleides) ziehen und den Schmuck, den sie (am Körper) tragen, niemand (wörtl.: nicht offen) zeigen außer ihrem Mann, ihrem Vater, ihrem Schwiegervater, ihren Söhnen, ihren Stiefsöhnen, ihren Brüdern, den Söhnen ihrer Brüder und ihrer Schwestern, ihren Frauen (d. h. den Frauen, mit denen sie Umgang pflegen?), ihren Sklavinnen (wörtl.: dem, was sie (an Sklavinnen) besitzen), den männlichen Bediensteten (wörtl.: Gefolgsleuten), die keinen (Geschlechts)trieb (mehr) haben, und den Kindern, die noch nichts von weiblichen Geschlechtsteilen wissen. Und sie sollen nicht mit ihren Beinen (aneinander)schlagen und damit auf den Schmuck aufmerksam machen, den sie (durch die Kleidung) verborgen (an ihnen) tragen (wörtl.: damit man merkt, was sie von ihrem Schmuck geheim halten).

In diesem Vers sind Männer und Frauen angesprochen, Letztere jedoch werden ausführlicher zu zurückhaltendem Verhalten ermahnt. Der zweite Teil des Verses scheint davon auszugehen, dass gewisse Stellen des Körpers ohnehin sichtbar waren.

Veränderungen

Von islamischer und vor allem islamistischer Seite wird häufig argumentiert, der Islam habe gegenüber der «Zeit der Unwissenheit» eine entscheidende Verbesserung gebracht. In diesem Zusammenhang wird auf die Koranverse verwiesen, die die Tötung neugeborener Mädchen verbieten, die Erbteilung, die die Frauen überhaupt erst berücksichtige, sowie die Einschränkung der Verstoßung. Andererseits stellt beispielsweise Leila Ahmed[3] den größeren Freiheiten der vorislamischen Frauen restriktivere Sexualregeln in islamischer Zeit gegenüber. Khadīdja und ʿĀʾischa beschreibt sie als Protagonistinnen zweier Epochen, in denen Frauen verschiedene rechtliche und gesellschaftliche Positionen innegehabt hätten.[4] Während Khadīdja sich ihren Ehemann als wohlhabende Kauffrau selbst ausgesucht, ihm die Ehe angetragen und ihn finanziell, spirituell und psychologisch nach seiner für ihn zunächst erschütternden Erfahrung der Offenbarung unterstützt habe, sei ʿĀʾischa dem Propheten in einem Alter zur Frau gegeben worden, in dem sie nach den Quellenberichten noch mit Puppen gespielt habe. Monogamie und Autonomie für die Frauen Muhammads in der Zeit nach Khadīdja sei nicht mehr zu finden gewesen. Die Gegenüberstellung zweier Frauen quasi als Personifikationen der vorislamischen und islamischen Zeit erscheint unter dem Aspekt der genannten Problematik widersprüchlicher und nicht zeitgleicher Quellen als zu vereinfachend.

Ein Beispiel aus dem Bereich von Freiheit und Sklaverei, Sexualität und Geschlechterordnung mag dies verdeutlichen und die schwierige Interpretierbarkeit der Quellen einerseits sowie die Komplexität des vorislamischen Hintergrunds andererseits vor Augen führen:

Im klassischen islamischen Recht wurde der Verkauf eines freien Muslims oder einer freien Muslimin in die Sklaverei ebenso verboten wie die Versklavung eines Findelkindes. Dies kann aus

44   Theologie und Recht

heutiger Sicht als Fortschritt gelten. Dabei sind Formen des Kinderverkaufs für verschiedene spätantike Rechtssysteme, die in den dann islamisierten Gebieten galten und die Rechtspraxis prägten, beispielsweise im byzantinischen und jüdischen Recht nachgewiesen.[5] Im spätrömischen Recht musste der byzantinische Kaiser Justinian (reg. 527–565) aufgrund des großen sozialen Drucks diese Sitte, die ihre Verankerung in der weitreichenden väterlichen Gewalt des römischen Rechts hatte (lat. *patria potestas*), zeitweilig legalisieren. Kinderverkauf wurde vermutlich schon aufgrund von Armut und besonders in Zeiten von Naturkatastrophen wie etwa Dürren praktiziert. Wie reagierten die ersten muslimischen Rechtsgelehrten auf die vorgefundene Praxis?

Dies soll am Beispiel eines Dictums des medinensischen Juristen Zuhrī aufgezeigt werden:

> Zuhrī (gest. 742) berichtete, dass ein Mann seine Tochter verkaufte, woraufhin der Käufer mit ihr schlief. Ihr Vater (begründete es folgendermaßen): «Die Not hat mich dazu gezwungen, sie zu verkaufen!» Er (Zuhrī, IS) entschied: «Der Vater und das Mädchen werden mit jeweils hundert Peitschenhieben bestraft, wenn das Mädchen volljährig ist. Dann wird dem Käufer der Preis zurückerstattet, aber er muss Brautgeld bezahlen wegen (der Beziehung, IS), die er mit ihr hatte. Der Vater soll (das Brautgeld) wieder (an den Käufer) zurückgeben als Geldstrafe. Dies gilt nicht, wenn der Käufer wusste, dass sie eine Freie ist. Dann muss er das Brautgeld bezahlen und der Vater hat es ihm nicht als Geldstrafe zurückzugeben und (der Käufer) wird (auch) hundert Mal gepeitscht. Wenn das Mädchen nicht volljährig ist, wird nur der Vater exemplarisch bestraft.[6]

Es wird also eine Tochter verkauft, und der Käufer hat Geschlechtsverkehr mit ihr. Zuhrī spielt verschiedene Szenarien durch: Je nachdem, ob das Mädchen volljährig war oder nicht, wird es bestraft oder nicht. Und je nachdem, ob der Käufer um ihren freien Status wusste oder nicht, wird er ebenfalls bestraft oder nicht. Der Verkauf wird nachträglich durch die Zahlung des Brautgeldes als Ehe legitimiert. Die Strafe, die den Vater, das volljährige Mädchen und den um ihren Status wissenden Käufer trifft, beträgt hundert

Koran und Hadīth 45

Peitschenhiebe und verweist damit auf die im Koran festgelegte Strafe für illegitimen Sexualverkehr, ohne dass Zuhrī dies deutlich macht. Bestraft wird mithin offenbar das Sexualvergehen, das heißt der Geschlechtsverkehr des Käufers mit dem Mädchen. Der Vater kann nicht für illegitimen Sexualverkehr bestraft werden, da im Koran diese Strafe nur für die beiden am Geschlechtsverkehr beteiligten Personen vorgesehen ist. Er erhält die hundert Peitschenhiebe offenbar für den Verkauf der Tochter, aber auch hier begründet Zuhrī sein Strafmaß nicht. Außerdem muss er den Brautpreis an den Käufer zurückgeben, was einer Geldstrafe gleichkommt, obwohl er doch laut Koran den Brautpreis seiner Tochter hätte ausbezahlen müssen. Diese verliert nicht nur ihren Brautpreis, sie wird darüber hinaus wie der um ihren Status wissende Käufer für den Geschlechtsverkehr bestraft.

Aus der Perspektive eines modernen Rechtsverständnisses heraus wäre einzuwenden, dass zwar der Verkauf eines Menschen als kriminelle Handlung anerkannt wird, aber darüber hinaus die Tochter für eine Sexualbeziehung bestraft wird, für die sie nicht verantwortlich ist, da sie ja verkauft wurde. Auch die römischrechtliche Verfügungsgewalt des Vaters über das Kind wird in Zuhrīs Argumentation nicht thematisiert, Zuhrī berücksichtigt sie ebenso wenig wie die Notlage. Die Strafe entfällt nur, wenn die Tochter nicht volljährig war, was späterem Recht bei *hadd*-Strafen entspricht, die nicht an Strafunmündigen vollstreckt wurden. Wie bereits im Koran stehen mithin strenge Strafen für illegitimen Sexualverkehr im Vordergrund, die das Bedürfnis einer rechtlichen Regelung von Sexualverhältnissen zeigen. Dies trifft in diesem Fall das Mädchen, das, obwohl es als Opfer der Not und der väterlichen Gewalt gelten kann, wegen des illegitimen Sexualverkehrs bestraft wird. Die Neuformung einer spezifisch islamischen patriarchalischen Familienstruktur geht andererseits nicht so weit, die römischrechtliche Konstruktion der weitgehenden väterlichen Gewalt oder doch die Rechtspraxis mit dem Recht des Tötens oder Verkaufens zu übernehmen.

46 Theologie und Recht

Für die Diskussion über die Frage, ob sich die Situation im Islam gegenüber der «Zeit der Unwissenheit» «verbessert» hat, ist mit dieser Überlieferung nichts gewonnen; Werturteile, wie sie seit Beginn des 21. Jahrhunderts vom Standpunkt der Geschlechtergleichheit aus eingefordert werden, können nicht zurückprojiziert werden.

Mit der aufgrund der schwierigen Quellenlage gebotenen Vorsicht lässt sich zum Geschlechterverhältnis in vor- und frühislamischer Zeit Folgendes sagen:

– Die in vorislamischer Zeit bestehenden verschiedenen Arten der Eheschließung wurden durch eine Form der patriarchalischen Familie unter der Leitung des Mannes und mit Vorrechten für ihn ersetzt, wobei die neue islamische Ehe nicht die römischrechtliche Verfügungsgewalt des Vaters gegenüber den Kindern umfasst.

– Einige vorislamische Eheformen gaben offenbar Frauen eine größere Freiheit des Handelns und die Möglichkeit, wie im Falle Khadīdjas, den Ehemann selbst zu wählen, sich zu schenken oder auch gleichzeitig mit mehreren Männern sexuelle Beziehungen zu unterhalten. Zugleich deuten das Verbot der Leviratsehe im Koran, der zufolge der Bruder des verstorbenen Mannes dessen Witwe erbte, und das von ʿĀʾischa beschriebene «Verleihen» von Frauen darauf hin, dass daneben patriarchalisch ausgerichtete Eheformen bestanden, in denen die Frau als Objekt gesehen wurde. Auch sie erfuhren eine Einschränkung.

– Damit entstand eine Rechtssicherheit, die dem vorislamischen Arabien unbekannt war.

– Strenge Strafen für illegitime Sexualbeziehungen sowie eine Wartezeit für Frauen nach der Scheidung beziehungsweise dem Tod des Ehemanns hatten offenbar den Sinn, die Zuordnung der Kinder zum Haushalt des Vaters und die patrilineare Abstammung zu sichern.

– Geschlecteregalitäre und geschlechterhierarchische Regelungen finden sich gleichermaßen im Koran. Während die strengen Strafen für illegitimen Sexualverkehr für Männer und Frauen in derselben Weise gelten, sind Ehen mit mehreren Partnern und Konkubinatsverhältnisse sowie die Verstoßung und volle Erbteile dem Mann vorbehalten.

Aus den koranischen Aussagen und den von den Prophetengenossinnen und Prophetengenossen überlieferten Traditionen entwickelte sich in den auf Muhammads Tod folgenden Jahrhunderten das islamische Recht in einem komplexen Prozess, der immer noch unvollständig erforscht ist und aufgrund der Quellenlage vermutlich auch nicht in allen Details jemals rekonstruierbar sein wird. Es entstand die Theologie (arab. *kalām*), die für die Frage der Rollenbilder der Geschlechter zwar wichtig geworden ist, nie jedoch denselben Rang wie die islamische Rechtswissenschaft (arab. *fiqh*) erreichte, die ja konkrete Regeln für die Menschen aus den heiligen Texten ableitete.

Religiöse Gleichheit?

Ist die rechtliche Ungleichheit, die sich aufgrund der Koranverse zur Polygynie und zur Verstoßung der Frau abzeichnet, auch auf den religiösen Bereich übertragbar? Oder kann hier, im Gegensatz dazu, von einer Gleichstellung der Geschlechter gesprochen werden? Die Vorstellung, im religiösen Bereich seien Mann und Frau gleichberechtigt, wird häufig geäußert, ist jedoch zu differenzieren. Die religiöse Dimension besteht aus theologischen Konzepten und Glaubensvorstellungen einerseits und der rituellen Praxis andererseits. Wie auch in den Bereichen des Rechts fiel die Auslegung der koranischen Aussagen häufig unterschiedlich aus, und die Aussagen des Propheten liefern zusätzlich ein teilweise widersprüchliches, für den Historiker nur schwer zu interpretierendes Bild.

Die Gottesvorstellung im Koran ist männlich. Die Gottheit

wird, wie in der jüdisch-christlichen Tradition, durch männliche Attribute charakterisiert; das Wort für Gott (arab. *al-Lāh*) ist ein Maskulinum; *al-Lāt*, die weibliche Form, eine der drei verehrten Göttinnen in der «Zeit der Unwissenheit», wurde verdrängt. Auch die Heils- und Unheilsgeschichte der Menschheit, die Muhammad propagierte, stellt eine Kette wiederholter Offenbarungen Gottes an Männer, seine Gesandten und Propheten, dar wie beispielsweise Adam, Noah, Abraham, Moses, Jakob.

Sure 4, Vers 1 hingegen besagt, dass die gesamte Menschheit, Männer wie Frauen, aus einer Seele geschaffen wurde. Eine generelle Gleichheit der Geschlechter ist zudem in Sure 49:13 impliziert:

> Ihr Menschen! Wir haben euch geschaffen (indem wir euch) von einem männlichen und einem weiblichen Wesen (abstammen ließen).

In den Versen 2:187, 30:21 und 42:11 werden Männer und Frauen als Paare und als füreinander bestimmt beschrieben. An anderen Stellen sind die Frauen für die Männer geschaffen (26:166). Vers 4:32 verweist auf die ökonomische Gleichstellung der Geschlechter:

> Und wünscht euch nicht das, womit Gott die einen von euch vor den anderen ausgezeichnet hat! Den Männern steht ein (bestimmter) Anteil zu von dem, was sie erworben haben. Ebenso den Frauen. Und bittet Gott (um etwas) von seiner Huld (statt einander zu beneiden)! Gott weiß über alles Bescheid.

Eine Gleichheit der religiösen Rechte und Pflichten besteht ebenso wie die Möglichkeit für beide Geschlechter, das Paradies zu erreichen. Die Pflicht, zu glauben, zu beten, Gott zu gehorchen und Neugeborene nicht zu töten, wurde Männern und Frauen gleichermaßen auferlegt. Desgleichen gelten für beide die muslimischen Tugenden der Demut, Aufrichtigkeit, Geduld, Bescheidenheit und Keuschheit. Die Strafe für Übertretungen vor allem der

Keuschheitsgebote betrifft beide Geschlechter genauso wie die Belohnung und Strafe Gottes (9:71–72, 33:35–36, 58, 73, und weitere).

Die Sittsamkeit von Frauen im Sinne eines Schutzes vor illegitimer Sexualität wird indes häufiger und detaillierter thematisiert als die von Männern (u. a. 24:30). Entweder wurde die weibliche Sexualität als bedrohlicher empfunden oder man glaubte, dass Frauen mehr Leitung bräuchten, um ihre sexuelle Reinheit zu schützen. Allerdings sind Frauen dort, wo sich Sakralität und Sexualität berühren, in einer schwierigeren Position, weil sie ihre rituellen Pflichten zu bestimmten Zeiten nicht ausüben können, da Gebet und Fasten während der Menstruation und im Kindbett nicht erlaubt sind.

In der prophetischen Tradition findet sich folgender Bericht:

> Abū Saʿīd al-Khudrī berichtet:
> Anlässlich des Opferfestes – oder es kann auch das Fest des Fastenbrechens gewesen sein – begab sich der Gesandte Gottes zum Gebetsplatz. Als er bei den Frauen vorüber kam, blieb er stehen und sagte zu ihnen: «Ihr Frauen, ich rate euch, Almosen zu geben! Denn ich habe gesehen, dass die Mehrzahl der Höllenbewohner Frauen sind!» Die Frauen fragten ihn: «Wie kommt das, oh Gesandter Gottes?» «Frauen fluchen häufig und sind oft undankbar gegenüber ihren Ehemännern. Auch sah ich nie jemanden mit weniger Verstand und geringerer Religiosität als manche von euch! Und ihr könnt selbst einen einsichtigen Mann betören!» Die Frauen fragten: «Aber warum ist unsere Religiosität und unser Verstand mangelhaft, oh Gesandter Gottes?» Er erwiderte: «Ist es nicht so, dass der Zeugenaussage einer Frau nur das halbe Gewicht derselben eines Mannes zukommt?» «Doch, natürlich!» «Der mangelnde Verstand der Frauen ist der Grund dafür! Und ist es nicht so, dass eine Frau während ihrer Menstruation nicht betet und nicht fastet?» «Doch.» «Das ist die mangelhafte Religiosität.»[7]

Hier ermahnt Muhammad nicht nur die Frauen, Almosen zu spenden, er äußert gleichermaßen einen Generalverdacht gegen ihr gesamtes Geschlecht, das er in der Hölle schmoren gesehen hatte.

50 Theologie und Recht

Neben konkreten sozialen und familiären Verfehlungen wie zum Beispiel Fluchen und Undankbarkeit wirft er ihnen mangelnden Verstand und ungenügende Religiosität vor. Die Frauen konzentrieren sich denn auch in ihren Nachfragen auf diese beiden letzten Punkte, wobei die Antwort für sie einigermaßen ernüchternd ist. Denn die mangelhafte Religiosität ist auf die zeitweise körperlich bedingte Unreinheit während der Menstruation oder im Kindbett zurückzuführen, gegen die sie machtlos sind. Die intellektuelle Unvollkommenheit begründet Muhammad nicht, sondern er verweist auf den Koranvers 2:282, nach dem die Zeugenaussage einer Frau nur halb so viel wert ist wie die eines Mannes.

Die Frage der Reinheit ist zentral, und beide Geschlechter müssen sich vor dem Gebet reinigen. Eine große Reinigung ist nach Geschlechtsverkehr nötig. Sexualität und Sakralität sind eng verbunden: Sexualität wirkt desakralisierend, die Reinigung bereitet den Muslim und die Muslimin dann wieder auf das Sakrale vor. Die Waschung hat demnach nicht nur eine physische, sondern primär auch eine metaphysische Implikation. Reinheit (arab. *tahāra*) kann verlorengehen und wiederhergestellt werden. Die Reinigungstechniken sind genau vorgeschrieben, wobei alle Körperausscheidungen als unrein gelten. Dazu zählen nicht nur Urin und Kot, sondern auch das Menstruationsblut, die Blutung im Kindbett und das Sperma. Einigen Gelehrten zufolge kann Verunreinigung bereits durch das Berühren des anderen Geschlechts hervorgerufen werden. Der generelle Unterschied zwischen den Geschlechtern besteht darin, dass Männer diese Verunreinigung sofort durch die entsprechenden vor dem Gebet vorgeschriebenen Waschungen entfernen können, Frauen dies aber nur bedingt möglich ist. Während der Menstruation und des Kindbetts müssen sie abwarten, bis diese ihrem Körper inhärente Verunreinigung beendet ist und sie sich dann der Waschung unterziehen können.

Eine andere Tradition lautet:

Koran und Hadīth 51

> Wenn eine Frau ihre Gebete fünfmal am Tag sagt, einen Monat fastet und ihre Keuschheit bewahrt und ihrem Ehemann gehorcht, wird ihr gesagt: Tritt ein in den Paradiesesgarten, von welcher Tür du auch willst.[8]

Diese Worte klingen versöhnlicher, ist in ihnen doch nicht die Rede von geringerer weiblicher Religiosität und ritueller Unreinheit, sondern von der Keuschheit, der sexuellen Enthaltsamkeit, als Kriterium, das sehr wohl in der Macht der Frau steht. Die Glück verheißende Vision des Paradieses wird allerdings an das Wohlverhalten der Frau gegenüber dem Ehemann gebunden, so wie dies auch in dem oben zitierten, von Saʿīd al-Khudrī überlieferten Prophetendictum zum Ausdruck gekommen war.[9]

Sexualität und Vorstellungen von Reinheit spielen auch im Zusammenhang mit den Endzeitvorstellungen, genauer: den Visionen des Paradieses, eine große Rolle. So werden Frauen für ihre Sünden bestraft, können sich jedoch nach den Kommentatoren auch ihre eigenen Verdienste für das Jenseits erwerben. Nach Sure 66:10 werden die Frauen Noahs und Lots, die sich gegenüber ihren Ehemännern unrecht verhalten hatten, in das Feuer geschickt. In Sure 4:124 heißt es dagegen:

> Diejenigen aber, die handeln, wie es recht ist, (gleichviel ob) männlich oder weiblich, und dabei gläubig sind, werden (dereinst) in das Paradies eingehen, und ihnen wird (bei der Abrechnung) nicht ein Dattelkerngrübchen (?) Unrecht getan.

Einer anderen Aussage des Propheten zufolge liegt das Paradies zu Füßen der Mütter, was bedeuten würde, dass Frauen aufgrund ihrer biologischen Funktion als Gebärerin, nicht jedoch aufgrund guter Taten ins Paradies eintreten. Im Zusammenhang mit der Schilderung der Apokalypse, die als eine völlige Umkehrung der Natur gesehen wird, heißt es, dass nun ein Mann gezwungen sein soll, seiner Frau zu gehorchen, eine Vorstellung, die man offenbar als unnatürlich empfand.

52 Theologie und Recht

Wie Männer werden auch rechtgläubige Frauen in den Himmel kommen. Ihr Schicksal im Jenseits indes ist im Koran an das ihrer Ehemänner gebunden. So steht in Sure 36:55–56:

> Die Insassen des Paradieses sind heute (auf ihre Weise) beschäftigt und lassen es sich dabei wohl sein: Sie und ihre Gattinnen liegen im Schatten (behaglich) auf Ruhebetten.

Die Gläubigen sitzen auf Seidendiwanen, tragen elegante Kleidung, essen Früchte und trinken den im Diesseits verbotenen Wein. Wie aber sieht es mit dem Geschlechterverhältnis aus? Kann auch hier «Verbotenes» erlaubt werden? Muhammad soll auf die Frage, welchem Mann eine Frau im Paradies angehören würde, wenn sie auf Erden mit mehreren nacheinander verheiratet war, geantwortet haben, sie könne sich für den entscheiden, dessen Wesen ihr am meisten zusage. Dennoch bleibt sie in einer konventionellen Sexualbeziehung gefangen.

Anders die männliche Sexualität: Sie kann sich im Paradies voll entfalten, jedenfalls dann, wenn «Mann» als Erdenbewohner fromm war und sich an die Gebote hielt. In diesem Fall wird jeder Mann im Paradies mit Paradiesjungfrauen (arab. pl. *hūr*) verheiratet (44:54, 52:20, 55:72, 56:22), nach dem Theologen Suyūtī (gest. 1505) erhält er sogar siebzig davon. Diese bleiben trotz ihrer sexuellen Aktivität immer Jungfrauen, sie menstruieren nicht und scheiden mithin keine unreinen Körperflüssigkeiten aus. Sie werden als «großäugig» geschildert, was ihre erotische Ausstrahlungskraft betonen soll, und dienen voll und ganz dem Vergnügen der männlichen Paradiesbewohner, dem, wie der tunesische Soziologie Bouhdiba es formuliert hat, «unbegrenzten Orgasmus».[10] Dies ist sicher eine sehr männlich geprägte Vorstellung des Paradieses, und nicht nur moderne Koraninterpretinnen wie Amina Wadud verstehen diese Aussagen metaphorisch.

Von einer Gleichheit der Geschlechter im Sinne gemeinsamer Verpflichtungen, Verbote und persönlicher geschlechtsunabhängiger Verantwortung kann mithin nur begrenzt die Rede sein.

Besonders in Bereichen, die die rituelle Reinheit berühren, sind Frauen, körperlich bedingt, nicht gleichgeordnet. Während der Koran gläubigen Frauen versichert, dass sie in den Himmel kommen werden, haben sie keine Vorstellung, wo ihr Platz im Paradies sein wird.[11]

Identifikationsfiguren und Deutungsmuster

Frühe Frauenbilder

Im Koran genannte Personen, auch weibliche, spielen von jeher eine wichtige Rolle in theologischen Diskursen. Als Identifikationsfiguren haben die koranischen Frauengestalten eine ebenso große Bedeutung erlangt wie die Prophetengenossinnen und die Ehegattinnen Muhammads. Neben der Erwähnung zahlreicher männlicher Vorläufer des Propheten und Gestalten des islamischen Heilslebens finden sich Erzählungen[12] zu Eva und Maria, zur Frau des Pharao, also Moses' Stiefmutter, und zur Königin von Saba. Diese Geschichten reflektieren verschiedene Rollen und Bilder.

Eva wird im Koran im Gegensatz zu Adam nicht namentlich genannt. Die Schöpfung der ersten Frau geschieht zeitgleich und ähnlich zu der des Mannes (4:1), so dass sich die Vorstellung ihrer Schaffung aus der Rippe Adams im Koran nicht findet. Auch die christliche Geschichte, nach der Eva für die Verführung Adams verantwortlich war, indem sie ihm vom Baum die verbotene Frucht zu essen gab, ist so nicht im Koran enthalten, vielmehr ist der Text offen für Interpretationen. Der Vers (2:35–36) lautet:

> Und wir sagen: «Adam! Verweile du und deine Gattin im Paradies, und esst uneingeschränkt von seinen Früchten (wörtl.: von ihm) wo ihr wollt! Aber naht euch nicht diesem Baum, sonst gehört ihr zu den

54 Theologie und Recht

> Frevlern!» Da veranlasste sie der Satan, einen Fehltritt zu tun, wodurch sie des Paradieses verlustig gingen, und brachte sie so aus dem (paradiesischen) Zustand heraus, in dem sie sich befunden hatten.

Mithin ist Satan, nicht Eva, wie im Christentum, für die Erbsünde verantwortlich. Die spätere Auslegung hat dann aber christliche und jüdische Traditionen aufgegriffen und Eva als die Verführerin Adams dargestellt. In der späteren Interpretation soll sie für ihr Vergehen durch die Schmerzen der Geburt, die Menstruation und die weiblichen Pflichten wie Weben, Spinnen und Brotbacken bestraft worden sein. Allerdings wird die Verführung des Mannes durch die Frau im Koran anhand einer anderen Gestalt erzählt, deren Name ebenfalls nicht erscheint. Es handelt sich um Zulaikha, die Ehefrau Potiphars, des Ägypters, der den von seinen Brüdern verlassenen und in die Sklaverei geratenen Josef kaufte. Zulaikha wollte den pubertierenden Josef verführen, der sie jedoch zurückwies, wobei er durch göttliche Intervention die Stärke erhielt, ihr zu widerstehen (12:24). Als beide zur Tür liefen, zerriss Zulaikha sein Hemd von hinten, worauf Potiphar die schlechte Absicht seiner Frau erkannte (12:28):

> Als er (d. h. ihr Herr) nun sah, dass sein Hemd hinten zerrissen war, sagte er: «Das ist (wieder einmal) eine List von euch (Weibern). Ihr seid voller List und Tücke (wörtl.: Eure List ist gewaltig).

In der Tradition findet die Geschichte eine Fortsetzung. Zulaikha lädt die Frauen der Stadt ein und gibt ihnen Messer, um Obst zu schneiden. Dann lässt sie Josef auftreten. Durch seine Schönheit geblendet, schneiden sich alle Frauen bei seinem Erscheinen in die Hand. Die Geschichte erscheint ausführlich in den Korankommentaren sowie Traditionssammlungen und populären Erzählungen der Propheten, wobei die im Koran genannte «List» (arab. *kaid*) der Frauen in den Mittelpunkt tritt, die sprichwörtlich mit dem weiblichen Geschlecht und der weiblichen Sexualität verknüpft wird . Zulaikha möchte ja Josef verführen, sie spielt die

Rolle einer aktiven Sexualpartnerin, die ihre Wünsche indes auch mit Gewalt umsetzt. In manchen Versionen erhielt diese Geschichte eine Fortsetzung, der zufolge Zulaikha nach ihrer Bestrafung Josefs Frau und die Mutter seiner Kinder wurde. Damit wurde die gefährlich verführerische Frau durch das Korsett der Ehe und der Mutterschaft gebändigt und zur idealen Gefährtin umgedeutet.

In der sufischen Tradition und hier beispielsweise in der Erzählung des Mystikers Djāmī (1414–1492) wird Zulaikha zur eigentlichen Heldin der Geschichte. Während Josef, ausgestattet mit himmlicher Schönheit, Gott repräsentiert, steht sie für die Seele des Mystikers, die nach der Vereinigung mit Gott verlangt.[13] Körperliche Liebe zwischen Josef und Zulaikha, die sich am Ende der Geschichte erfüllt, wird als Gleichnis der Liebe zu Gott verstanden.

Im Gegensatz zur Verführerin Zulaikha im Koran ist die jungfräuliche Mutter Jesu, Maria (arab. *Maryam*), für die Muslime (43:57) wegen ihres Glaubens und ihrer Reinheit vorbildhaft. Sie wurde als Ideal gesehen und war «gewählt unter den Frauen» (3:42). Obwohl sie ein uneheliches Kind geboren hatte (66:12), wurde sie als makellos betrachtet. Maria ist die einzige weibliche Figur im Koran, die namentlich genannt ist. Sie hat das Privileg, persönlich von Gott durch einen Engel angesprochen worden zu sein (19:16–33). Da nach islamischer Vorstellung Jesus ein Mensch war und nicht gekreuzigt wurde, musste sie ihren Sohn nicht leiden sehen. Der Prototyp der leidenden Frau ist im Islam vielmehr Fatima, die sehr um ihren Vater trauerte und kurz nach ihrem Vater starb. Sie spielt eine aktive Rolle am Ende der Zeit, wenn es ihr, wie ihrem Vater und den Imamen, also den direkten Nachfolgern Muhammads über Fatima, erlaubt sein wird, für die wirklich Gläubigen Fürbitte bei Gott einzulegen.[14] Einige Korankommentatoren und Theologen wollten Maria und Sara, die Mutter Isḥāqs, sowie die Mutter Moses' und die Frau des Pharao, Āsiya, als Propheten betrachtet sehen, weil diese das Wort Gottes von Engeln

56 Theologie und Recht

oder durch Inspiration erhalten hätten. Āsiya, deren Name ebenfalls nur in den Kommentaren zu finden ist, überredete ihren Mann, das Kind Moses nicht zu töten. Sie wird als eine rechtschaffene Frau beschrieben, die Gott diente (28:9, 66:11).

Die Königin von Saba tritt im Koran als souveräne Herrscherin auf, die von Salomon ein Schreiben mit der Aufforderung zur Unterwerfung erhielt (27:22–44). Nachdem sie sich mit ihren Ratgebern abgesprochen hatte, versuchte sie, Salomon mit Geschenken zu besänftigen, was dieser jedoch nicht akzeptierte. Vielmehr befahl Salomon einem Geist, ihren Thron zu bringen, und die Königin begab sich zu ihm. Nachdem Salomon ihr den Thron gezeigt hatte und nach einer Konfrontation unterstellte sie sich schließlich mit Salomon zusammen Gott. Letztendlich siegt nach der koranischen Geschichte nicht die Königin von Saba, sondern Salomon, der für seine Weisheit und seine Gerechtigkeit gepriesen wird.

In der frühen islamischen Theologie, in der es um spannende Auseinandersetzungen, beispielsweise um die Handlungsfreiheit des Menschen und das Gottesbild, ging, spielten Frauen als Theologinnen und Gelehrte offenbar keine große Rolle. Nur im Bereich der frühen islamischen Mystik (Sufismus), die jenseits oder neben den formalen kultischen Praktiken den direkten Zugang zu Gott in einer inneren Spiritualität sucht, gelangte eine Frau mit Namen Rābiʿa al-ʿAdawīya (gest. 801) zu Berühmtheit. Sie wurde in vielen Berichten und Erzählungen als ihren männlichen Zeitgenossen intellektuell und spirituell überlegen dargestellt. Zum Ausdruck ihres mystischen Erlebens benutzte sie – und hierin unterschied sie sich von den Zeitgenossen – Verse. Eine Geschichte berichtet, dass al-Hasan al-Basrī (gest. 728), ein berühmter Theologe aus Basra im Irak, sich Rābiʿa näherte, die in Kontemplation versunken war. Mit männlichem Imponiergehabe warf al-Hasan seinen Teppich auf das Wasser, setzte sich darauf und lud Rābiʿa ein, zu ihm zu kommen und mit ihm zu diskutieren. Daraufhin

Identifikationsfiguren und Deutungsmuster 57

warf sie ihren Gebetsteppich in die Luft und lud ihrerseits Hasan ein, hinaufzukommen zu ihr. Als dieser schwieg, da er nicht fliegen konnte, sagte Rābi'a zu ihm: «Al-Hasan, was du getan hast, kann ein Fisch tun, was ich getan habe, kann eine Fliege tun. Das wirkliche Tun (eines Heiligen) liegt hinter diesen beiden Akten verborgen.» Sie wies ihren Kollegen damit auf die eigentlichen inneren Werte mystischer Frömmigkeit hin, jenseits großspuriger und angeberischer Wundertaten. Die Geschichte kann als Beispiel einer weiblichen Überlegenheit gelesen werden, aber auch als Beispiel der überlegenen Spiritualität Rābi'as.[15]

Die im Koran enthaltenen Frauenbilder oszillieren mithin zwischen der verführerischen und sexuell aktiven, aber nicht erfolgreichen Zulaikha und der heiligen und reinen Maria; sie zeigen die Bandbreite verschiedener Vorstellungen von Frauen und von der Rolle der Sexualität, ohne indes das weibliche Geschlecht mit der Erbsünde zu belasten. Damit ist zumindest im Koran, weniger in der späteren Theologie, keine explizite Herabsetzung der Frau zu finden. Das Bild erscheint vielmehr ambivalent und lässt verschiedene Interpretationen zu, die in der Moderne dann auch zunehmend zugunsten einer größeren Geschlechtergleichheit aufgegriffen wurden.

Weibliche Koranexegese

Die Frage, welches Geschlechterbild, welche Geschlechterrollen im Koran verankert, also religiös legitimiert sind, steht sowohl für die islamische Theologie als auch, wie im nachfolgenden Abschnitt zu zeigen sein wird, für das islamische Recht im Mittelpunkt, wenn es um die Stellung der Geschlechter geht. Im 20. und 21. Jahrhundert haben Interpreten – Männer und zunehmend auch Frauen – argumentiert, dass gerade die zentralen die Geschlechterstellung betreffenden Verse lange Zeit vor diesem Hintergrund durch Gelehrte ausgelegt worden seien, die selbst durch

58 Theologie und Recht

ihre patriarchalische Prägung ein entsprechendes Vorverständnis in die Texte hineingelesen hätten. Es sei nun an der Zeit, diese Lesung zu korrigieren. Im Folgenden soll anhand des Koranverses 4:34 die Diskussion um die Textauslegung exemplarisch vorgeführt werden, um einen Einblick in die Form und Inhalte der Debatten zu geben, die sich aktuell in der islamischen Welt abspielen.

Wie oben[16] schon angegeben, lautet der Vers in der Übersetzung von Rudi Paret:

> Die Männer stehen über den Frauen, weil Gott sie (von Natur vor diesen) ausgezeichnet hat und wegen der Ausgabe, die sie von ihrem Vermögen (als Morgengabe für die Frauen?) gemacht haben. Und die rechtschaffenen Frauen sind (Gott) demütig ergeben und geben acht auf das, was (den Außenstehenden) verborgen ist, weil Gott (darauf) acht gibt (d. h. weil Gott darum besorgt ist, dass es nicht an die Öffentlichkeit kommt). Und wenn ihr fürchtet, dass (irgendwelche) Frauen sich auflehnen, dann vermahnt sie, meidet sie im Ehebett und schlagt sie! Wenn sie euch (daraufhin wieder) gehorchen, dann unternehmt (weiter) nichts gegen sie! Gott ist erhaben und groß.

Hingegen lautet die Übersetzung der gleichen Stelle bei Theodor Khoury:

> Die Männer haben Vollmacht und Verantwortung gegenüber den Frauen, weil Gott die einen vor den anderen bevorzugt hat und weil sie von ihrem Vermögen (für die Frauen) ausgeben. Die rechtschaffenen (Frauen) sind demütig ergeben und bewahren das, was geheim gehalten werden soll, da Gott (es) bewahrt. Ermahnt diejenigen, von denen ihr Widerspenstigkeit befürchtet, und entfernt euch von ihnen in den Schlafgemächern und schlagt sie. Wenn sie euch gehorchen, dann wendet nichts Weiteres gegen sie an. Gott ist erhaben und groß.

Anhand dieser beiden Übersetzungen ins Deutsche lassen sich Tendenzen eines unterschiedlichen Textverständnisses erkennen, ist doch Übersetzung immer bereits Interpretation. Umso mehr differieren die Auslegungen der arabischen und muslimischen Korankommentatoren in zahlreichen Bereichen. In der zweiten Übersetzung ist von «Verantwortung gegenüber» die Rede statt, wie bei Paret, von «stehen über (von Natur aus)». Es geht nicht deutlich hervor, wem die Frauen eigentlich demütig ergeben sein sollen; denn dass dieses Verhalten Gott gegenüber sein soll, ist bei Paret in Klammern gesetzt, bei Khoury offengelassen. Somit kann auch eine demütige Ergebenheit gegenüber dem Ehemann gemeint sein, oder die Stelle sollte doppeldeutig bleiben. Unterschiedlich ist zudem das Verständnis von «meidet sie im Ehebett» beziehungsweise «entfernt euch von ihnen in den Schlafgemächern». Wenig Interpretationsspielraum besteht freilich bei «schlagt sie», da das im Text stehende arabische Verb *daraba* im Allgemeinen «körperliche Züchtigung» beziehungsweise «schlagen» bedeutet.

Abweichend werden in der klassischen und modernen Exegese mithin folgende zentralen Textpassagen interpretiert:

1. «stehen über» (arab. *qawwamūna ʿalā*): Wie ist es gemeint? Physisch, geistig oder den Status betreffend? Als finanzielle Verantwortung?
2. «auszeichnen»: (arab. *faddala*) Wer wird wodurch vor wem ausgezeichnet?
3. «Gehorsame» (arab. *qānitāt*): Wem gegenüber? Dem Ehemann? Gott?
4. «Widerspenstigkeit» (arab. *nuschūz*): Was genau bedeutet dies?
5. «meidet sie» (arab. *wa-hdjurūhunna*): Wo genau? Im Bett?
6. «schlagt sie» (arab. *wa-dribūhunna*): Wirklich schlagen? Wie kann/darf eine Frau geschlagen werden?

Während at-Tabarī (gest. 926) in seinem dreißigbändigen Kommentar den ersten Punkt offenbar vor allem als finanzielle Verantwortung der Männer verstand, interpretierten Djalāladdīn al-Mahallī (gest. 1459) und sein Schüler Djalāladdīn as-Suyūtī (gest. 1505) das «stehen über» als Vormachtstellung aufgrund

60   Theologie und Recht

von Wissen, Verstand und Herrschaftsgewalt bzw. Vormundschaft.[17]

Selbst moderne Korankommentatoren, allen voran Muhammad 'Abdūh (gest. 1905) und Raschīd Ridā (gest. 1935), die
häufig als Vorkämpfer für eine größere Geschlechtergleichheit angeführt werden, vertraten in ihrem Korankommentar *al-Manār*
(publiziert ab 1900 bis 1935) noch eine solche Meinung:

> Der Grund (für ungleiche Bestimmungen, vor allem die Aufsicht
> über die Frau) dafür ist, dass Gott die Männer den Frauen in der Er-
> schaffung selbst vorzog und (Männern) mehr Macht und Stärke gab
> als (Frauen). Also waren die Verschiedenheiten in den Belastungen
> und Bestimmungen eine Auswirkung der Verschiedenheiten in den
> grundlegenden Eigenschaften (arab. *fitra*) und Veranlagungen.[18]

Die erste Frau, die sich in der Moderne an der Koranexegese versuchte, war 'Ā'ischa 'Abdarrahmān (1913–1969), bekannt als Bint
asch-Schāti'. Sie studierte bei ihrem Ehemann Amīn al-Khūlī, der
als einer der herausragenden Experten auf dem Gebiet der Ko-
ranauslegung galt. Ihre Exegese kann jedoch nicht feministisch
genannt werden.

Dagegen bezeichnet sich Amina Wadud (geb. 1952), Professorin für Islamwissenschaft an der US-amerikanischen Virginia
Commonwealth University von Richmond, zwar nicht als feministische Koraninterpretin, strebt aber eine Lesung des Korans
aus der weiblichen Erfahrung und ohne die Stereotypen an, die
den Interpretationsrahmen vieler männlicher Interpreten gebil-
det haben.[19] Amin Wadud ist nicht nur Wissenschaftlerin, sondern
auch Aktivistin für eine exponierte Stellung von Frauen im
islamisch-amerikanischen Kontext. Im Jahr 2005 leitete sie ein
Freitagsgebet in New York vor einer gemischtgeschlechtlichen
Gemeinde. Dies galt als Novum und wurde in der islamischen
Welt kritisch aufgenommen.

Wadud will eine Koranexegese entwickeln, die für Frauen in
der modernen Welt eine Bedeutung hat, wobei sie sich auf den

pakistanischen Gelehrten Fazlur Rahman (1919–1988) bezieht. Die Sprache des Korans hat für sie eine geschlechtliche Konnotation, da das Arabische zwischen weiblichen und männlichen Verbformen unterscheidet. Dabei stellt sie die Frage, weshalb der Koran an manchen Stellen zwischen männlichen und weiblichen Formen unterscheidet, an anderen nicht. Ihrem Verständnis nach ist der maskuline Plural auf Frauen und Männer gleichermaßen anzuwenden, es sei denn, im Text findet sich ein Hinweis darauf, dass die Stelle exklusiv für Männer zu lesen sei.

Einige Diskussionen, die bis dato als geschlechtsspezifisch aufgefasst worden seien, liest sie geschlechtsneutral, andere Diskussionen, die zuvor universal verstanden wurden, möchte sie als Ausdruck der Umstände Arabiens im 7. Jahrhundert begreifen.[20] Es gelte, die Implikationen der koranischen Ausdrücke in der Entstehungszeit herauszuarbeiten, um die tatsächliche Bedeutung zu verstehen.

Amina Wadud spricht in diesem Zusammenhang von dem «Geist» (engl. *spirit*) des Korans. Ihren Zugang nennt sie «holistisch». Dabei wird der Koran unter modernen sozialen, moralischen, wirtschaftlichen und politischen Gesichtspunkten – einschließlich der Punkte, die Frauen betreffen – analysiert. Sie ist sich dabei bewusst, dass keine Methode der Auslegung völlig objektiv sein kann. An der traditionellen Exegese orientiert sich die Zielsetzung der Interpretation des «Korans durch den Koran». Anders als traditionelle Koranexegeten geht sie dabei jedoch nicht Vers für Vers vor, sondern thematisch. Dabei legt sie besonderen Wert auf den Kontext, den Vergleich mit der Diskussion ähnlicher Themen im Koran, die grammatikalische Komposition, also wie der Text etwas sagt, und die «Weltanschauung» – sie verwendet diesen deutschen Begriff –, die dem Koran inhärent sei.

Ihrer Auslegung zufolge erkennt der Koran den biologischen Unterschied zwischen Männern und Frauen an und akzeptiert ebenfalls, dass jedes Geschlecht nach kulturell festgelegten Regeln funktioniert.[21] In Bezug auf die Schöpfung gibt es ihrer Interpreta-

62 *Theologie und Recht*

tion nach keine Unterschiede zwischen den Geschlechtern. Die Schöpfung deutet sie auf der Basis des Verses 42:10:

> Er hat euch (Menschen) und auch die Herdentiere zu Paaren gemacht und dadurch bewirkt, dass ihr euch (auf der Erde) verbreitet.

Das Wort für «Paar» (arab. *zaudj*) untersucht sie an verschiedenen Stellen des Korans, beispielsweise auch in Sure 4:1:

> Ihr Menschen! Fürchtet euren Herrn, der euch aus einem einzigen Wesen (d. h. aus dem ersten Menschen, nämlich Adam) geschaffen hat, und aus ihm das ihm entsprechende andere Wesen (arab. *zaudjahā*).

Paret hat in der deutschen Übersetzung hinter «aus einem einzigen Wesen» erklärend geschrieben «d. h. aus dem ersten Menschen, nämlich Adam». Im arabischen Text steht «aus einer Seele» (arab. *nafs*). Wadud würde ihm deshalb hier widersprechen und argumentieren, dass weder aus dieser noch aus anderen koranischen Stellen hervorgeht, dass zuerst der Mann geschaffen wurde, sondern dass beide Partner in der Schöpfung essentiell gleich sind.[22] Männer und Frauen wurden aus derselben «Seele» erschaffen, *zaudj* übersetzt sie als «Partner» und leitet gerade in theologischer Hinsicht eine Gleichheit der Geschlechter ab. Dafür zieht sie unter anderem den Koranvers 53:45 heran:

> Und dass er (die Menschen in) beiderlei Geschlecht erschafft, männlich und weiblich, ...

In der Schöpfungsgeschichte, der Vertreibung aus dem Paradies und in der Frage der Verführung des Menschen, die im Koran nicht auf Eva zurückgeführt wird, findet sie die generellen Konzepte der Rechtleitung des Menschen, der Versuchung und Täuschung, der göttlichen Vergebung sowie schließlich der individuellen Verantwortung. Vor allem Rechtleitung, Gleichheit, individuelle Verantwortung sowie Einheit (arab. *tauhīd*) sind für sie die grundlegenden Themen der koranischen Weltanschauung.

Identifikationsfiguren und Deutungsmuster 63

Was die Vorstellungen vom Leben nach dem Tod und von der Hölle betrifft, so lassen sich ihrer Exegese zufolge keinerlei geschlechtsspezifische Unterschiede erkennen. Die Paradiesschilderungen mit den Paradiesjungfrauen beurteilt sie jedoch vor dem Hintergrund der zeitgebundenen vorislamischen Vorstellungen der Araber, welche daher nicht wörtlich zu verstehen seien. Der größte Wert des Paradieses liege vielmehr in der Nähe zu Gott, welche die Menschen unabhängig von ihrem Geschlecht erreichen könnten.[23]

Was die weibliche Position im Diesseits angeht, so argumentiert sie, könne man nicht von einem vorgegebenen System der Geschlechterhierarchie ausgehen, der Koran schreibe die Rollen von Mann und Frau nicht bis ins Detail vor. Gottesfurcht indes sei verpflichtend für beide.

Das «sich auszeichnen» (s. o. Punkt 2) in Vers 4:34 interpretiert sie als Bevorzugung «einiger vor einigen» und legt dar, dass damit nicht generell die Bevorzugung der Männer vor den Frauen gemeint sei. Vielmehr stünden einige Männer über einigen Frauen in einigen Punkten. Andererseits stünden einige Frauen über einigen Männern in anderen Fällen. Vor allem aber zeichneten sich Männer dadurch aus, dass sie Geld für Frauen aufwendeten. So übersetzt sie den Vers denn auch folgendermaßen:

> Männer sind «qawwamun» über Frauen in Angelegenheiten, in denen Gott einigen der Männer mehr gegeben hat als einigen Frauen, und in dem, wofür die Männer ihr Geld aufwenden.[24]

Sie wendet sich dann dem Verständnis von «stehen über» (s. o. Punkt 1) zu. Hier geht sie auf die biologische Rolle der Frau als Gebärerin von Kindern ein und sieht die Männer in ihrer Verantwortung gegenüber den Frauen und einer «ausbalancierten» Gesellschaft. Diese Verantwortlichkeit betrachtet sie weniger als biologisch oder inhärent, sondern vielmehr als «wertvoll». Was die «Widerspenstigkeit» (s. o. Punkt 4) und das darauf eventuell erfolgende «Schlagen» (s. o. Punkt 6) angeht, so argumentiert

64 Theologie und Recht

sie, dass das Nomen *nuschūz*, «Widerspenstigkeit», an anderer Stelle im Koran auch für Männer benutzt werde und deshalb nicht mit «Ungehorsam gegenüber dem Ehemann» übersetzt werden könne; es drücke vielmehr eine Disharmonie, eine Uneinigkeit zwischen Mann und Frau gleichermaßen aus. Dafür sehe der Koran eine stufenweise Lösung vor: die verbale Ermahnung, die räumliche Trennung und schließlich das Schlagen. Sie fährt fort, dass das arabische Wort für «schlagen» (arab. *daraba*) zudem in anderen Bedeutungen benutzt werden könne, und führt als Beispiel die idiomatische Redewendung *daraba mathalan* an, die so viel heißt wie «ein Beispiel geben». Auch trete die Verbform hier, so schreibt sie, ja nicht in der Intensivform auf, weshalb unter Berücksichtigung anderer Regelungen im Koran, beispielsweise des Verbots der Tötung von neugeborenen Mädchen, eine Beschränkung der Gewalt gegenüber Frauen gemeint sein müsse. Vor diesem Hintergrund möchte sie «schlagen» im Gegensatz zur traditionellen Exegese, die hier nach der Ermahnung und dem Meiden im Ehebett eine Steigerung erblickte, als Einschränkung interpretieren, als Ermahnung, eben nicht stark zu schlagen.

Ob man vom Verbot der Tötung eines neugeborenen Mädchens auf ein generelles Gewaltverbot gegenüber Frauen schließen kann, scheint fraglich. Allerdings wird auch in vielen klassischen Kommentaren häufig von Schlägen gesprochen, die nicht stark sein dürften, sondern wie mit einer «Zahnbürste», das heißt wie mit einem Hölzchen, das zum Reinigen der Zähne benutzt wurde.

Ähnlich argumentieren die Frauen des Zentrums für Islamische Frauenforschung und Frauenförderung (ZIF) in Köln. Was das «schlagen» betrifft, gehen die Autorinnen von unterschiedlichen Ausführungsbestimmungen aus und meinen, dass physische Gewalt keine Lösung für eine Ehekrise sein könne. Eine Erniedrigung der Frau zur – ohnehin durch Schlagen nicht möglichen – Rettung einer Ehe widerspreche zudem dem koranischen Ehekonzept. Sowohl Tradition als auch Koran verlangten eine Ehe, die durch

Gewaltlosigkeit, gegenseitigen Beistand und Respekt geprägt sei. Sie sehen die Lösung in der koranischen Ehemediation. Eine solche Argumentation verfährt in gewisser Weise nach dem Prinzip, dass nicht sein kann, was nicht sein darf: Physische Gewalt könne keine Lösung für eine Ehekrise sein, also könne dies an dieser Stelle nicht gemeint sein. Ein «koranisches Ehekonzept»wird a priori angenommen und nicht durch die entsprechenden Stellen belegt. Es dürfte schwierig sein, von einem solchen «Ehekonzept» zu sprechen, wenn in Sure 4:34 beim Verb «schlagen» eine Auslegung im physischen Sinn zumindest möglich und bei der zugrunde liegenden Wortbedeutung übrigens auch das übliche Verständnis ist. In jedem Fall ist die Stelle für Koranexegeten, die an Geschlechtergleichheit interessiert sind, stets eine Herausforderung gewesen.

In ihrem Buch *Sexual ethics and Islam* kommt Kecia Ali in der Neuinterpretation von Sure 4:34 einerseits zu ähnlichen Ergebnissen wie Amina Wadud. Von zentraler Bedeutung ist, so fasst sie die moderne Koranhermeneutik der Feministinnen zusammen, die Konzentration auf die finanzielle Unterstützung: Wenn Männer nur dann über den Frauen stehen, wenn sie für sie zahlen beziehungsweise für Unterhalt und Brautgeld aufkommen, so wird dies im Fall der ökonomischen Unabhängigkeit der Frauen durch Berufstätigkeit oder Besitz hinfällig, wie sie de facto heute in weiten Teilen der islamischen Welt zunehmend der Fall sind. Andererseits gesteht sie zu, dass das arabische Wort für «schlagen», *daraba*, allgemein in diesem Sinn, als physische Gewaltausübung, verstanden wird. Obwohl im Koran an vielen Stellen die individuelle Verantwortung betont werde, so lautet ihr abschließendes Votum, hätten Männer einen größeren Spielraum in Bezug auf Handlung und moralische Verantwortung, vor allem in den Fragen, die Ehe und Sexualität beträfen.[25]

Die bisher genannten Verfasserinnen neuer Auslegungen publizieren in der nichtislamischen Welt: Amina Wadud und Kecia Ali leben in den USA, die Frauen des ZIF in Deutschland. In den

66 Theologie und Recht

islamischen Ländern steht Autoren und Autorinnen, die eine modernere und an einer größeren Geschlechtergleichheit orientierte Auslegung der heiligen Texte anstreben, das patriarchalisch und stark konservativ geprägte Gelehrtenestablishment gegenüber. Die Freiräume, die den Intellektuellen in westlichen Ländern eingeräumt werden, führen daher zu Weiterentwicklungen in den zentralen theologischen Diskursen, die in so vielen arabischen und islamischen Ländern bisher nicht stattfinden können. Dies sollte man bedenken, wenn in Europa islamische Diskurse ängstlich beäugt und mit Vorbehalt verfolgt werden. Gerade die bevorstehende Implementierung einer islamischen Theologie an bundesdeutschen Hochschulen kann hier Impulse geben, die eventuell auf die islamischen Länder zurückwirken.

Das sicher bekannteste Opfer des noch sehr traditionellen exegetischen Diskurses war der Ägypter Nasr Hāmid Abū Zaid (1943–2010), der sich, als er auf der Basis moderner literaturwissenschaftlicher Theorien den Koran vor dem Hintergrund seiner Zeit lesen wollte, mit dem Vorwurf der Apostasie, das heißt des Abfalls vom Islam, und mit der Zwangsscheidung von seiner Frau konfrontiert sah, die später allerdings rückgängig gemacht wurde. Nachdem seine Berufung auf eine ordentliche Professur vereitelt worden war, verließ er seine Heimat und lehrte danach lange als Professor für Islamwissenschaft in den Niederlanden.

Umso größere Hochachtung verdienen diejenigen Wissenschaftlerinnen und Wissenschaftler, die in ihren jeweiligen Ländern wirken. Eine von ihnen ist zum Beispiel Sadīqa Vasmaqī (geb. 1962), Theologieprofessorin und Rechtswissenschaftlerin an der Universität Teheran, die im Dezember 2008 ihr Buch *Frau, Recht, Islam* (pers. *Zan, Fiqh, Islam*) veröffentlichte, als die Proteste gegen den Entwurf eines neuen Familiengesetzes gerade ihren Höhepunkt erreicht hatten. Ein Kapitel wurde als Vorabdruck verteilt und von den Frauenorganisationen des Landes sofort für ihre Argumentation aufgegriffen. Dies ist symptomatisch für die Diskurse in Iran, die nur «islamisch» geführt werden können, weil ein Bezug auf die Menschenrechte und Menschenrechtskonventionen nicht möglich ist. Die grundlegende Frage im vorliegenden Fall war, ob, wie in Art. 23 des neuen Gesetzentwurfes von 2008 vorgesehen, ein Mann zwar die Erlaubnis des Gerichts für eine Zweitheirat benötigt, darüber hinaus aber nicht mehr die Zustimmung der ersten Ehefrau, wie sie noch im Familiengesetz von 1975 vorgesehen war. Auf der Grundlage von koranischen Versen und Aussagen des Propheten legte Vasmaqī dar, dass es durchaus möglich sei, staatlicherseits die Erlaubnis der ersten Frau verpflichtend zu machen und damit den Mann an einer zweiten Eheschließung zu hindern.

Vom tunesischen Gesetzgeber ist im Familiengesetz von 1957 der Zusatz in Sure 4:3 «Wenn ihr aber fürchtet, (so viele) nicht gerecht zu (be)handeln, dann (nur) eine ...» als juristisch bindend eingestuft worden. Mit dem Argument, dass eine solche Gleichbehandlung in einer modernen Gesellschaft nicht möglich sei, wurde in Tunesien die Monogamie gesetzlich verankert, und polygame Ehemänner werden strafrechtlich verfolgt.

Raga' El-Nimr, Ägypterin und studierte Islamwissenschaftlerin, Hochschullehrerin an der Universität London und an der König-Fahd-Akademie in London, steht hingegen auf dem Standpunkt, dass im Islam Männer wie Frauen spezifische Rechte hätten, es aber fundamentale Unterschiede zwischen den Geschlechtern gebe, die nicht ignoriert werden könnten. Eine Verkennung dieser Tatsachen hätte westliche Feministinnen zur falschen Annahme geführt, Männer und Frauen hätten dieselben Verantwortlichkeiten. Der Islam habe die Stellung der Frau gegenüber der vorislamischen Zeit erheblich verbessert, sie sei gleichermaßen Adressat der göttlichen Botschaft. Die Gleichwertigkeit der Geschlechter impliziere jedoch keine Gleichheit, vielmehr gebe es geschlechtsspezifische Verantwortlichkeiten. Vers 4:34 sei so zu verstehen, dass die Männer die Verantwortung für die Frauen hätten, da diese als Mütter eine eminent wichtige Rolle in der Familie spielten. Nichts im Islam verbiete es den Frauen, Arbeit zu suchen,

68   Theologie und Recht

aber eben eine solche, die ihrer Natur und ihren Fähigkeiten entspreche. El-Nimr bejaht die noch heute in vielen Gesetzbüchern verankerte Ungleichheit bei der Zeugenaussage, der zufolge die Aussage zweier Männer derjenigen eines Mannes und zweier Frauen entspricht, die Aussage einer Frau mithin nur halb so viel wert ist wie die eines Mannes. Sie begründet dies mit der stärkeren Emotionalität der Frauen, einen allgemeinen Topos in der Geschlechterrelation aufgreifend, der Frauen unterstellt, nicht rational, sondern emotional zu sein.[26] Dies war im oben genannten Hadīth[27] zum Ausdruck gekommen, in dem der Prophet ja die Frauen vor dem Höllenfeuer aufgrund ihres mangelnden Verstandes gewarnt hatte. El-Nimr ist zwar der Meinung, Frauen sollten ihren Männern gehorchen, im Mittelpunkt ihres Handelns habe jedoch das Befolgen von Gottes Befehlen zu stehen, so dass ein Ungehorsam gegenüber dem Ehemann dann legitim sei, wenn dieser Ungehorsam gegenüber Gott fordere.

Letztlich ist es die Textauslegung vor allem des Korans, weniger der Tradition des Propheten, die in den heutigen islamischen Gesellschaften einen zentralen Stellenwert hat, wenn es um die Stellung der Frauen in der Gesellschaft und das Geschlechterverhältnis geht. Gerade im «Herzstück» des Geschlechterdiskurses, im Familienrecht, fordert die zunehmende Ausbildung von Frauen auf diesem Gebiet daher zwangsläufig das klassische Gelehrtenestablishment heraus. Anders als im Falle der Menschenrechtskonventionen jedoch muss dieses Establishment die Auslegungen weiblicher Gelehrter zur Kenntnis nehmen, wenn sie auf den anerkannten Grundlagen des islamischen Rechts beruhen, und es tut dies in zunehmendem Maße.

Die rechtliche Situation im 20. und 21. Jahrhundert

Der Weg in die Moderne

Das Familien- und Erbrecht in den heutigen islamischen Staaten basiert, anders als das Strafrecht oder das Wirtschafts- und Arbeitsrecht beispielsweise, in einer modernisierten Form auf dem klassischen islamischen Recht. Nur die Türkei verzichtete 1926 völlig auf die Kodifizierung islamischen Rechts und übernahm das Schweizer Zivilrecht.

Da neben einigen strafrechtlichen Vorschriften gerade familien- und erbrechtliche Regelungen im Koran erwähnt sind, steht hier die Auslegung des heiligen Textes im Sinne einer Anpassung an die sich ändernden Verhältnisse von Staat und Gesellschaft vor einer besonderen Herausforderung.

Familienrecht ist heute in allen islamischen Ländern außer Saudi-Arabien kodifiziert, die neueste Kodifikation wurde in Bahrain im Jahr 2009 vorgenommen. Damit sind die vormodernen Regelungen der Scharia in Gesetzesform überführt worden. Eine solche Festlegung konkreter gesetzlicher Regelungen auf der Grundlage der vielen einzelnen Rechtsschulmeinungen oder neuer Interpretationen stellte die Jurisprudenz in den islamischen Ländern vor große Herausforderungen: Welche Rechtsmeinung sollte kodifiziert werden – aus welcher Rechtsschule? Aus jeder Rechtsschule je nach Region jeweils die herrschende Rechtsmeinung? Oder sind Minderheitenmeinungen zu berücksichtigen? Ist es möglich, auf die Rechtsmeinung der Juristen aus der Zeit vor der Entstehung der Rechtsschulen im 8. und 9. Jahrhundert zurückzugreifen? Oder sollte man Koran und Tradition durch «eigenständige Textinterpretation» (arab. *idjtihād*) neu auslegen? Dies forderten seit den siebziger Jahren verstärkt Islamisten, aber auch muslimische Modernisten.

70 Theologie und Recht

Vor allem zwei Fragen standen indes im Mittelpunkt: Welches sollten die Kriterien für die Auswahl der Rechtsmeinungen sein? Und welche Instanz sollte über die gültige Auslegung entscheiden? Die erste Frage ist am schwersten zu beantworten, hat sie doch zu einem andauernden Ringen in den islamischen Ländern um die Interpretation der Texte geführt. Die Auseinandersetzung um die Frage der «richtigen» Auslegung zieht sich wie ein roter Faden durch Geschichte und Gegenwart der islamischen Länder. Die zweite Frage, welche die autoritative Instanz der Auslegung betrifft, muss für Vormoderne und Moderne unterschiedlich beantwortet werden. In der vormodernen Zeit lag das Monopol der Textauslegung nicht etwa beim Herrscher, sondern bei den Gelehrten, die an den großen wissenschaftlichen Zentren wie der Azhar-Universität in Kairo, der Qarawiyīn-Universität in Fes, der Zaitūna in Tunis und den schiitischen Hochschulen im irakischen Nadjaf ausgebildet wurden. Bereits im Osmanischen Reich (15.–20. Jahrhundert) jedoch hatte der Sultan und damit die zentrale politische Instanz diese wichtige Aufgabe an sich gezogen. Nach dem Zusammenbruch des Osmanischen Reiches und der Entstehung moderner Nationalstaaten auf islamischem Gebiet übernahmen diese Aufgabe nun verschiedene Organe und legislative Instanzen wie Parlamente oder Nachfolgeinstitutionen des Sultanats, zum Beispiel Könige. Das traditionelle Gelehrtenestablishment sah sich daraufhin zwar in seiner Monopolstellung bedroht und verlor an Ansehen, blieb jedoch in vielen Ländern einflussreich.[28] Am Diskurs über die Einführung des neuen Familienrechts in Marokko wird weiter unten noch zu zeigen sein, dass die Gelehrten ihre vermeintliche Interpretationshoheit gegen Interventionen von verschiedenen Seiten, gegen die Ansprüche nicht ausgebildeter Personen oder zivilgesellschaftlicher Organisationen vehement verteidigten.

Im 20. Jahrhundert kamen darüber hinaus konkurrierende islamistische Interpretationen hinzu, die die traditionelle Auslegung der Gesetze durch die Gelehrten kritisierten und sich für eine

Neuauslegung der heiligen Texte aussprachen. In der zweiten Hälfte des vergangenen Jahrhunderts wandten sich viele Frauen der Aufgabe einer neuen Textinterpretation in Theologie und Recht zu, und an den traditionellen Hochschulen wie etwa der Azhar-Universität in Kairo wurden eigene Frauenfakultäten geschaffen; in Iran gibt es seit mehreren Jahren in Qom eine reine Frauenhochschule.

Gesetzgebung und politischer Diskurs sind heute in den islamischen Ländern – das wurde an dem Aufruhr im Frühjahr 2011 deutlich – keine Angelegenheiten mehr, die die meist autoritären Staaten oktroyieren können. Vielmehr sind neben dem traditionellen Gelehrtenestablishment zivilgesellschaftliche Organisationen, darunter Frauen- und Menschenrechtsorganisationen sowie die islamistischen Bewegungen, wichtige Player im politischen und rechtlichen Aushandlungsprozess geworden. Die Frage ist nicht, ob islamisches Recht gelten soll; denn darüber sind sich die islamischen Länder mit Ausnahme der Türkei zu Beginn des 21. Jahrhunderts einig. Die Frage ist, welches «islamische» Recht in Gesetzesform gegossen werden soll. In diesen Prozess sind die genannten gesellschaftlichen Akteure involviert und fordern zusehends ihr Recht auf Beteiligung. Einen nicht unerheblichen Einfluss haben dabei die internationalen Abkommen, die die Länder unterzeichnet haben und durch die sie zur Umsetzung der in den Konventionen festgelegten Normen innerhalb der nationalen Gesetzgebung verpflichtet sind.

Wie solch komplexe Diskussionen und Abläufe sich konkret vollziehen können, welche Argumente angeführt werden, welche Institutionen beteiligt sind, lässt sich anhand eines Urteils des ägyptischen Verfassungsgerichts beispielhaft vorführen:

1994 erließ das ägyptische Erziehungsministerium ein Dekret,[29] in dem die Schuluniform geregelt und der Gesichtsschleier (arab. *niqāb*) verboten wurde. In Ägypten gab es seit den siebziger Jahren einen «neuen Schleier», der die Trägerinnen als zur islamistischen Strömung zugehörig kennzeichnete und eine Opposi-

72 Theologie und Recht

tionshaltung gegenüber dem Staat ausdrücken sollte. Die Vermutung, das Verbot des Gesichtsschleiers durch das Erziehungsministerium sei politisch begründet, ist deshalb nicht von der Hand zu weisen.

Dem Verfassungsgericht wurde folgender Fall vorgetragen: Der Kläger, dessen beide Töchter wegen des Gesichtsschleiers von der Schule ausgeschlossen worden waren, wandte sich gegen die Entscheidung der Schule und bezeichnete das Dekret als verfassungswidrig. Erstens widerspreche es Artikel 2 der Verfassung, wonach der Islam die Religion des Staates und die Prinzipien der Scharia die Hauptquelle der Gesetzgebung seien. Zweitens verletze es Artikel 46 der ägyptischen Verfassung, der die Religionsfreiheit garantiere. Gesetzgebung, so eine Vorgabe des Verfassungsgerichts, ist nur da möglich, wo keine festen unveränderlichen Regeln der Scharia vorliegen, das heißt nur in dem Fall, in dem «eigenständige Textinterpretation» (arab. *idjtihād*) angewandt werden kann. *Idjtihād* muss allerdings im Rahmen der Quellen des islamischen Rechts, also auf der Grundlage von Koran und Tradition, vorgenommen werden. In der Gesichtsschleierfrage entschied das Verfassungsgericht folgendermaßen: Im Islam hätten sich Frauen in einer bestimmten Art zu kleiden, sie seien in der Wahl ihrer Kleidung nicht völlig frei, sondern müssten Regeln des Anstands beachten. Allerdings gebe es unter den islamischen Gelehrten Meinungsverschiedenheiten darüber, wie weit die Verschleierung gehen müsse. Daraus sei zu schließen, dass es keine feste Regelung gebe, das Dekret des Erziehungsministers sei mithin verfassungskonform. Das Verfassungsgericht wandte also selbst *idjtihād* an, eine Methode, die früher den Rechtsgelehrten klassischer Prägung vorbehalten war.[30] An diesem Beispiel zeigt sich die Verschränkung islamrechtlicher Normen und Argumente mit modernen Institutionen und Legitimationsmechanismen. Die Scharia soll nicht ersetzt, sondern behutsam modernisiert werden, und zwar im Rahmen neuer Institutionen.

Die Modernisierung bzw. methodische Anpassung des islami-

Die rechtliche Situation im 20. und 21. Jahrhundert 73

schen vormodernen materiellen Rechts an aktuelle Verhältnisse und die Überführung in Kodifikationen, wie sie heute für viele Länder vorliegen, wurden mit Hilfe des *idjtihād* sowie der «Auswahl» (arab. *takhayyur*) aus den verschiedenen Regelungen der (sunnitischen) Rechtsschulen durchgeführt. Dabei fühlte man sich nicht an die herrschende Mehrheitsmeinung gebunden, Minderheitenmeinungen konnten in die Kodifikation des Gesetzestextes einfließen. Dazu sei ein Beispiel aus dem Bereich der Scheidung angeführt: Eine Frau konnte im hanafitischen Recht die Scheidung nur erlangen, wenn der Mann unfähig war, die Ehe zu vollziehen, oder wenn er abwesend war und zugleich ein Alter von 90 Jahren erreicht hatte. Dies machte einen Scheidungsantrag wenn überhaupt nur zu einem sehr späten Zeitpunkt möglich. Dagegen ließen die Malikiten eine Scheidung durch den Richter auf Antrag der Frau (arab. *tafrīq*) auch zu im Falle der Grausamkeit des Ehemannes, seiner Weigerung oder Unfähigkeit, den Unterhalt zu bezahlen, seiner Abwesenheit von einem oder zwei Jahren oder einer Krankheit, die die Fortsetzung der Ehe für die Frau unerträglich machte. Die Regelung der malikitischen Rechtsschule ist vielfach in moderne Personalstatuten übernommen worden. So gilt heute praktisch durchweg, von Marokko bis Irak, diese Scheidungsmöglichkeit.

Fakultative Regelungen des islamischen Rechts können des Weiteren durch Gesetzesvorschrift zwingender Bestandteil eines Rechtsgeschäfts werden. Um die Stellung der Frau zu verbessern, gelten im Scheidungsrecht beispielsweise bestimmte mögliche Einzelabreden im Ehevertrag als obligatorische Bedingungen des Ehevertrags. Sie beinhalten etwa das Recht der Frau, sich bei der Zweitheirat des Mannes oder bei seiner Abwesenheit über eine bestimmte Zeit hinaus scheiden zu lassen.

Ein weiterer Bereich, in dem Reformen möglich waren, leitet sich aus dem klassischen Recht des Herrschers ab, das Gemeinwesen zum Wohle der Gesellschaft zu lenken (arab. *siyāsa*, in der modernen Übersetzung «Politik»). Die Lehre dieser «Lenkung

74　*Theologie und Recht*

des Gemeinwesens» spricht dem Staat das Recht zu, solche administrativen Schritte zu unternehmen, die im öffentlichen Interesse sind, wenn dabei die substantiellen Regeln und Normen der Scharia nicht verletzt werden. Dieses Prinzip entfaltet seine Wirkung vor allem in verfahrensrechtlichen Regelungen wie der Zuständigkeit der Gerichte, der Registrierung von Geburten, Eheschließungen und Todesfällen und Ähnlichem. Darüber hinaus ist auf dieser Grundlage die Einführung neuer Gerichtssysteme gerechtfertigt worden. Es werden heute in den meisten islamischen Ländern Eheschließungen registriert, und die Scheidung muss vor Gericht erfolgen. Das hat Rechtssicherheit zur Folge. So sind eine gültige Eheschließung in der Moschee, eine Scheidung im stillen Kämmerlein oder per SMS in diesen Ländern nicht mehr möglich, wohl aber in solchen, in denen keine gerichtliche Scheidung vorgesehen ist.

Das vielfach als «heilig» und «unwandelbar» gescholtene islamische Recht kann auf der Basis methodischer Regelungen an die modernen Verhältnisse – und Notwendigkeiten – angepasst werden. Und es wurde in der Tat angepasst. Allerdings steht Tunesien mit der Abschaffung der Polygynie unter Verweis auf die im Koran verankerte Gleichbehandlung der Frauen, die in einem modernen Staat nicht zu leisten sei, neben der Türkei allein; die Reformen erfolgten auch bereits in den fünfziger Jahren unter dem damaligen Präsidenten Habib Bourguiba (reg. 1957–1987). Anderswo ist die Institution der Polygynie weiterhin verankert, auch wenn sie häufig eingeschränkt, an gerichtliche Vorgaben gebunden oder mit dem Scheidungsrecht der Frau verknüpft ist.

Polygynie, Ehe- und Scheidungsrecht

Da die Reform des Personalstatuts[31] zentrale Bedeutung für die Stellung der Geschlechter hat und, wie noch zu zeigen sein wird, das Herzstück der Forderungen der Frauenbewegung bildet, gibt der folgende Überblick links jeweils die vormodernen Regelungen im Eherecht wieder und rechts die heute geltenden Bestimmungen des marokkanischen Rechts. Marokko hat seit 2004 ein auf dem klassisch-malikitischen Rechtsbuch Sahnūns (gest. 854) beruhendes Gesetzeswerk mit dem Titel *Mudawwana*.[32] Dadurch wird ersichtlich, welche Regelungen gleich geblieben sind und welche sich geändert haben. Zudem zeigt sich die Anpassungsfähigkeit der Gesetzgebung an neue Verhältnisse.

1. Verlobung (arab. *khitba*)

Nach klassischem Scharia-Recht ist die Verlobung ein nicht bindendes Heiratsversprechen.	Art. 5: Die Verlobung ist lediglich ein Heiratsversprechen, das gewohnheitsrechtlichem Prozedere folgen kann, z. B. durch das Sprechen der ersten Sure des Korans. Geschenke können ggf. bei Auflösung der Verlobung (Art. 8) zurückgefordert werden.

2. Eheschließung (arab. *inkāh, tazwīdj*)

Ehemündigkeit

Das Ehemündigkeitsalter ist an die Pubertät geknüpft, die Rechtsschulen regelten es für Mädchen frühestens mit neun Jahren, für Jungen frühestens mit 12 Jahren.	Laut Art. 19 ist es nun 18 Jahre für beide Geschlechter.
Die gültige Eheschließung ist bereits zwischen Eheunmündigen, d. h. noch nicht geschlechts-	Art. 20–21: In der Frage des Mindestalters ist ein Dispens möglich. Dieser wird durch das

reifen Personen möglich, selbst wenn es sich dabei um Kleinkinder handelt. Eheschließung und Ehevollzug fallen in diesem Fall auseinander. Kinderheirat ist also nach klassisch islamrechtlichen Normen möglich.	Gericht ausgesprochen, das ein Gutachten einholt oder eine soziale Untersuchung vornimmt.

Vertrag

Der Vertrag wurde klassischerweise in der Moschee unter der Anwesenheit von zwei Zeugen abgeschlossen (2:228). Es gibt die Möglichkeit, in den Ehevertrag Bedingungen hineinzuschreiben.	Der Ehevertrag spielt eine zentrale Rolle. Hier werden Vereinbarungen über die Brautgabe getroffen, aber auch über die Berufstätigkeit der Frau oder eine Verpflichtung des Mannes zur Monogamie. Moderne Eheverträge orientieren sich häufig an französischen Vorbildern.

Hinderungsgründe

1. Permanente Hinderungsgründe für eine Ehe: zu enge Verwandtschaft, Milchverwandtschaft. 2. Zeitweilige Hindernisse: eine existierende Ehe, eine unwiderrufliche dreimalige Scheidung. 3. Ein Unterschied in der Religion (2:221; 5:5), da eine muslimische Frau keinen nichtmuslimischen Mann heiraten kann.	1. Art. 36–38: Als Hindernisse gelten Blutsverwandtschaft, Verschwägerung und Milchverwandtschaft. 2. Art. 39: dito 3. Art. 39: Auch die Religionsverschiedenheit wird als Hindernis gesehen.

Die rechtliche Situation im 20. und 21. Jahrhundert   77

Vormundschaft (arab. *wilāya*) mit Bezug auf Eheschließung und Kinderehen

Eine Frau braucht einen Vormund, im Allgemeinen ihren Vater, um den Ehevertrag abzuschließen. Nur nach hanafitischer Rechtsschule kann eine volljährige Frau selbst die Zustimmung zur Ehe geben, sobald sie ehemündig ist.	Art. 24 und 25 folgen der hanafitischen Lehre. Art. 24 lautet: «Die Ehevormundschaft (arab. *wilāya*) ist ein Recht der Frau. Sie wird in Bezug auf eine erwachsene Frau nach deren Wahl und in deren Interesse ausgeübt.» Eine Zwangsehe ist also ausgeschlossen. Allerdings ist eine vormundschaftliche Betreuung der Frauen immer noch sehr üblich.

3. Ehefolgen

Brautgeld (arab. *mahr*) und Unterhalt (arab. *nafaqa*)

Die Auszahlung des Brautgelds erfolgt an die Braut (4:4). Es ist rechtlich erforderlich. Wenn es nicht festgelegt ist, wird der Betrag unter Berücksichtigung verschiedener Kriterien (soziale Position der Familie, eigene Qualifikation etc.) festgelegt. Eine Aufschiebung eines Teils des Betrages bis zur Scheidung oder dem Tod des Ehegatten ist üblich.	Art. 29: Die Brautgabe ist Eigentum der Frau, sie hat darüber die freie Verfügung, und der Mann kann dafür keine Gegenleistung wie etwa einen Beitrag zur Einrichtung verlangen. Art. 30: Zulässig ist auch zu vereinbaren, einen Teil der Brautgabe aufzuschieben. Dadurch soll die Frau für den Fall der Auflösung der Ehe in gewissem Maße abgesichert sein.
Unterhalt ist das gesetzliche Recht der Frau in einer gültigen Ehe. Klassischerweise umfasst es Essen, Kleidung, Unterkunft, medizinische Aufwendungen, eventuell, d. h. wenn die Frau das aus dem elterlichen Haus gewohnt war, auch Dienerschaft.	Art. 194: Laut Familiengesetzbuch besteht für den Ehemann die Pflicht, Unterhalt für die Frau zu leisten.

Weitere Folgen

1. Aus dem Koranvers 4:34 wird im Allgemeinen ein Führungs- und Schutzanspruch des Mannes abgeleitet.	1. Art. 4: Die Ehe ist ein Vertrag zwischen einem Mann und einer Frau, welcher sich auf eine wechselseitige Einigung und eine gesetzmäßige und dauerhafte Verbindung gründet. Er zielt auf ein Leben in Treue und Reinheit sowie die Gründung einer stabilen Familie unter der Leitung der beiden Ehegatten gemäß den Bestimmungen dieses Gesetzbuches.
2. Die Gehorsamspflicht wird aus Sure 4:34 abgeleitet, einer ungehorsamen Frau kann der Unterhalt entzogen werden.	2. Art. 195: Eine Ehefrau, die sich nach einer entsprechenden Verurteilung weigert, in die Ehewohnung zurückzukehren, verliert ihren Unterhaltsanspruch.

3. Personensorge (arab. *hadāna*) und Vormundschaft (arab. *wilāya*)

1. Personensorge steht der Mutter bis zu einem nach Rechtsschulen variierenden Alter zu. Sie bezieht sich auf die unmittelbare Pflege des Kindes.	1. Art. 164: Die Personensorge wird beiden Elternteilen auferlegt, solange die Ehe existiert. Zerbricht die Ehe, so ist auch die Mutter am meisten vor allen anderen zur Pflege ihres Kindes berechtigt (Art. 171); – Art. 166: Kinder haben Anspruch auf Personensorge bis zur Volljährigkeit.
2. Die Mutter kann sie nach der Scheidung ausüben, verliert sie aber, wenn sie erneut heiratet.	2. Art. 171: Bei einer Auflösung der Ehe fällt der Mutter, danach dem Vater und danach der Mutter der Mutter das

Die rechtliche Situation im 20. und 21. Jahrhundert   79

	Sorgerecht zu, wenn nicht das Gericht im Interesse des Kindes eine andere Entscheidung trifft. Zudem kann das Kind mit Vollendung des 15. Lebensjahres entscheiden, ob es bei der Mutter oder beim Vater leben will (Art. 166).
	– Art. 174 und 175: Eine erneute Eheschließung der Sorgeberechtigten mit einem Mann, der nicht in einem die Ehe ausschließenden Verhältnis zum betreuten Kind steht, kann die weitere Personensorge ausschließen.
	– Art. 178–179: Ein Wechsel des Wohnortes von geschiedenen Frauen mit sorgeberechtigten Kindern innerhalb Marokkos wirkt sich nicht mehr schädlich für die Aufrechterhaltung der Personensorge aus. Der Vormund kann aber eine Reise ins Ausland verweigern, im Konfliktfall entscheidet der Richter.
3. Der Vater ist der gesetzliche Vormund (arab. *walī*).	3. Art. 230, 236, 238, 239: gesetzlicher Vormund ist der Vater, und erst wenn er verstorben, abwesend oder nicht in der Lage dazu ist, kann die Mutter diese Aufgabe übernehmen.

80 Theologie und Recht

4. Polygynie (arab. *ta'addud az-zaudjāt*)

Die Polygynie ist in Sure 4:3 und 4:129 begründet und wird als dem Mann erlaubt gesehen. Die Anzahl der erlaubten Ehefrauen ist auf vier beschränkt. Im Allgemeinen wird die Gleichbehandlung als eine Empfehlung und nicht als eine Verpflichtung gesehen.	Art. 40–46: Polygynie wird eingeschränkt und an eine Reihe von Voraussetzungen gekoppelt, die sich auf eine Gleichbehandlung der Ehefrauen und Kinder, die gerichtliche Genehmigung, die soziale Lage, die Scheidungsmöglichkeit der ersten Frau und einen «sachlichen Rechtfertigungsgrund» beziehen. Die erste Frau wird zur Information einbestellt. Es gibt mithin eine Informationspflicht gegenüber beiden Frauen, und die Scheidungsmöglichkeit der Frau besteht, wobei diese gerichtlich beantragt werden muss; aber der Mann wird nicht an der neuen Eheschließung gehindert.

5. Scheidung

Nach der Scharia kann eine Ehe folgendermaßen aufgelöst werden: 1) durch Verstoßung (arab. *talāq*), 2) durch gegenseitige Übereinkunft (arab. *khul'a, mubāra'a*) 3) durch gerichtliche Anordnung (arab. *tafrīq*). In allen Fällen ist die Zustimmung des Ehemannes notwendig.	Alle drei Varianten finden sich im heutigen Gesetz.
Ad 1) Verstoßung Vormodernes Recht: Die klassische Form der Eheauf-	Ad 1) Verstoßung Art. 89: Grundsätzlich bleibt die Berechtigung zur Verstoßung

Die rechtliche Situation im 20. und 21. Jahrhundert   81

lösung ist die Verstoßung der Ehefrau durch den Ehemann. Ein Einverständnis der Ehefrau muss nicht vorliegen, ebenso wenig muss der Mann die Gründe für die Verstoßung offenlegen. Das wird zurückgeführt auf Sure 2:228–238, 65:1–6 und viele Traditionen.

Ad 2) Einverständliche Scheidung: Sie geht auf Sure 2:229 und 4:128 sowie prophetische Tradition zurück und beinhaltet auch den Selbstloskauf der Frau durch Entschädigungszahlung. Praktisch spricht der Ehemann nach der Zusage der Entschädigung durch die Frau die Verstoßung aus.

Ad 3) Die gerichtliche Scheidung: Gerichtliche Scheidung (arab. *talāq amām al-qadā᾽, tafrīq qadā᾽ī tatlīq bi-hukm al-qadā᾽*) kann von der Frau bei Vorliegen bestimmter, nach Rechtsschulen unterschiedlicher Gründe beantragt werden. Sie muss immer vor Gericht erfolgen.
Gründe:
A) ein der Ehefrau zugefügter Schaden oder Nachteil (arab. *darar*), der physische oder psychische Folgen hervorruft, die das Zusammenleben unmöglich machen;
B) Abwesenheit des Mannes (arab. *ghaiba*);

beim Mann. Die Ermächtigung der Frau zur eigenen Verstoßung erfolgt durch den Ehemann. Der Richter muss zunächst einen Versöhnungsversuch unternehmen, um die Ehe zu retten (Art. 81–83). Erst wenn dieser Versuch scheitert, kann die Trennung der Eheleute vollzogen werden.

Ad 2)
Art. 114:
Die Eheauflösung durch den «Loskauf» (arab. *khul'*) ist möglich, beide Ehepartner oder einer von beiden können den Antrag stellen. Das Gericht entscheidet.

Ad 3) Die gerichtliche Scheidung: Art. 94. Die Ehescheidung aufgrund eines ehelichen Zerwürfnisses sowie auf Antrag der Frau ist möglich. Diese Scheidung kann von beiden Eheleuten oder von einem von beiden gerichtlich beantragt werden.
Als weitere Gründe gibt es
A) Art. 98–101

B) Art. 98, 104: Abwesenheit von mehr als einem Jahr.

C) eine mehrjährige Gefängnisstrafe (arab. *habs*) des Ehemannes; D) fehlende Unterhaltsleistung (arab. *'adam al-infāq*) durch den Mann. Die Punkte A) bis D) sind ursprünglich nur im malikitischen, nicht im hanafitischen Recht verankert; E) Ein Makel (arab. *'aib*) wie schwere Krankheit oder Impotenz des Mannes (arab. *'unna*), der die Aufrechterhaltung normaler ehelicher Beziehungen behindert, der Ehefrau bei der Eheschließung nicht bekannt war oder nach der Eheschließung von der Frau nicht akzeptiert wird.	C) Art. 98, 106: Gefängnisstrafe von mehr als drei Jahren. D) Art. 98, 102 E) Art. 98, 107

Aus dieser Gegenüberstellung geht hervor, dass sich viele islamrechtliche Regelungen bis heute erhalten haben, dass in einigen Punkten jedoch wichtige Weiterentwicklungen stattgefunden haben. Beispielsweise sind Brautgeld und Lebensunterhalt für den Mann verpflichtend, ein Punkt, der oft als ein Recht der Frauen und mithin als positive Seite des islamischen klassischen Rechts hervorgehoben wird. Tatsächlich ist die Gütertrennung sinnvoll, wenn Frauen über ihr Geld allein verfügen können. Sie ist in den meisten Personalstatuten verankert. Klassischerweise jedoch wurde die Zahlung von Brautgeld und Lebensunterhalt als Verpflichtung des Mannes verstanden, aus der sich dann auf der Seite der Frau die Verpflichtung zum «Gehorsam» ergab. Finanzielle Verantwortung bedingte also ein spezifisches Verhalten der Frau. In Ägypten wurde beispielsweise vor 1967 Gehorsam durch das sogenannte «Haus des Gehorsams» (arab. *bait at-ta'a*) eingefordert. Dies bedeutete, dass eine «ungehorsame» (arab. *nāschiza*) Ehefrau ihren Anspruch auf Unterhalt, nicht aber ihr Brautgeld,

Die rechtliche Situation im 20. und 21. Jahrhundert 83

verlor und von der Polizei in die eheliche Wohnung zurückgebracht wurde. Inzwischen kann eine Frau zwar ihren Ungehorsam gerichtlich begründen, ihr droht aber weiterhin der Entzug des Lebensunterhalts. Dies trifft auch, wie oben gezeigt, auf Marokko zu, wenn ein Gerichtsbeschluss gegen die Frau vorliegt. Das ägyptische Verfassungsgericht entschied 1997, dass eine Frau ihren ehelichen Unterhaltsanspruch nicht verliert, wenn sie gegen den Willen des Ehemannes berufstätig bleibt; denn ein Verbot könne eine Härte darstellen. Im Jahr 2000 entschied dasselbe Gericht, dass Ägypterinnen auch gegen den Willen des Ehemannes einen Reisepass ausgestellt bekommen können. Der Ehemann kann allerdings einen gerichtlichen Beschluss erwirken, der die Auslandsreise verbietet.[33]

Ein weiterer Punkt der Geschlechterungleichheit, der seit mehr als hundert Jahren von den Frauenbewegungen kritisiert und immer wieder thematisiert wird, ist die Polygynie, die in Ägypten durch die Meldepflicht des Mannes eingeschränkt ist. Aufgehoben ist sie nur in der Türkei, wo islamisches Familienrecht insgesamt abgeschafft wurde, und in Tunesien, wo in den fünfziger Jahren Polygynie strafbar gemacht wurde. In Marokko blieb sie nach der Gesetzesreform von 2004 weiterhin möglich, muss allerdings gerichtlich angemeldet werden und kann nicht zustande kommen, wenn befürchtet wird, dass der Ehemann seine Ehefrauen nicht gleich behandelt. Offenbar genehmigen die Gerichte allerdings die Polygynie noch relativ weitgehend. In Iran, wo trotz offizieller Abschaffung nach der Revolution das Gesetz zum Schutze der Familie von 1975 faktisch weiterbestand und erst 2008 einer Revision unterzogen wurde, muss darüber hinaus nach Artikel 16 f. neben der gerichtlichen Genehmigung die Zustimmung der ersten Frau vorliegen. Im Falle der Polygynie sind also zu unterscheiden: klassisches Recht der völligen Unbeschränktheit (Saudi-Arabien), Meldepflicht (beispielsweise Ägypten), Genehmigungspflicht durch das Gericht (Marokko), zusätzliche Genehmigungspflicht durch die erste Ehefrau (Iran) sowie Verbot (Tunesien, Türkei).

84   *Theologie und Recht*

Auch im Zusammenhang mit der Vormundschaft für Kinder ist die Geschlechtergleichheit nicht gewährleistet, wobei man hier sorgfältig zwischen Vormundschaft und Personensorge unterscheiden muss. Letzteres war im klassischen Islam immer ein Recht der Frauen, schloss aber die offiziell-rechtliche Vertretung und beispielsweise die Verfügung über das Vermögen des Kindes aus. Die Regelung, nach der der Mann allein die Kinder vertritt, der Frau hingegen nur die Personensorge im Sinn von Ernährung und Pflege obliegt, hielt sich lange und ist auch in Marokko nur leicht eingeschränkt. Dort wurde 2004 festgelegt, dass beide Partner in einer Ehe die Personensorge haben. Kinder haben bis zur Volljährigkeit Anspruch auf Personensorge. Bei einer Auflösung der Ehe fällt der Mutter, danach dem Vater und danach der Mutter der Mutter das Sorgerecht zu, wenn nicht das Gericht im Interesse des Kindes eine andere Entscheidung trifft. Dieser Vorbehalt erlaubt es dem Gericht, in Einzelfällen spezifische Maßnahmen zum Wohl des Kindes zu treffen. Zudem kann das Kind mit Vollendung des 15. Lebensjahres entscheiden, ob es bei der Mutter oder beim Vater leben will, auch das ist im Interesse des Kindeswohls zu sehen. Weiterhin kommt jedoch der klassisch-rechtliche Fall vor, dass bei einer erneuten Eheschließung der Sorgeberechtigten mit einem Mann, der nicht in einem die Ehe ausschließenden Verhältnis zum betreuten Kind steht, die Personensorge der Mutter verlorengeht. Vermögenssorgeberechtigt und damit Vormund ist der Vater. Erst wenn er verstorben, abwesend oder nicht in der Lage dazu ist, kann die Mutter diese Aufgabe übernehmen. Im neuen türkischen Zivilgesetz von 2001 sind dagegen Männer und Frauen bei der Vormundschaft gleichgestellt (Türk. ZGB Art. 182).

Als Verbesserung im Sinne von mehr Geschlechtergleichheit kann in Marokko die einheitliche und geschlechtsneutrale Regelung des Heiratsalters von 18 Jahren gelten, wie auch die Verantwortlichkeit beider Partner für die Ehe, die die Position des Mannes als Oberhaupt der Familie beendet. Das türkische Familiengesetzbuch, das schon lange nicht mehr islamrechtlich bestimmt ist, hob

Die rechtliche Situation im 20. und 21. Jahrhundert 85

diese Position des Mannes erst 2001 auf (Art. 186) und gab den Eheleuten gleiche Rechte auf die Wohnung (Art. 194) und den in der Ehe erworbenen Besitz.

Ein entscheidender Schritt zu mehr Freiheit für Frauen bedeutete in Ägypten seit 2000 die Möglichkeit, selbst gegen den Willen des Mannes die Scheidung durch den «Loskauf» (arab. *khulʿ*) zu erreichen, dem auch das marokkanische neue Recht folgt. Klassisch-rechtlich war der Loskauf nur mit Einwilligung des Mannes möglich, diese ist nun nicht mehr nötig. Aber auch in Ägypten und Marokko ist er mit finanziellen Einbußen verbunden. Marokko hat übrigens erst 2004 erstmals die gerichtliche Scheidung überhaupt eingeführt, was eine enorme Verbesserung gegenüber dem klassischen Recht bedeutet: Denn nun ist der Mann gezwungen, die Scheidung vor Gericht einzureichen, kann sie folglich nicht mehr einfach nach Gutdünken und ohne Informationspflicht gegenüber der Frau wie im klassischen Recht äußern. Eine Gleichberechtigung, wie sie in Tunesien und der Türkei gesetzlich festgelegt ist, bedeutet dies aber nicht.

Die Gesetzgebung in Ägypten, Marokko und Iran zeigt, dass die vormodernen islamrechtlichen Regelungen durchaus eingeschränkt werden, wobei diese Einschränkungen jedoch schrittweise und jeweils auf Druck der Frauenorganisationen erfolgten und in manchen Ländern – in Ägypten unter Sadats Frau Jehan und in Marokko unter König Muhammad VI. – auch mit der Initiative der Regierung verbunden waren.

Zudem wird deutlich, dass die Fortschritte jeweils nur in kleinen Schritten erreicht werden. Das liegt an der noch immer starken Stellung des Gelehrtenestablishments, das für sich bis heute das Recht der Auslegung der heiligen Texte beansprucht, Vorbehalte äußert und Neuerungen im Geschlechterbereich kritisch gegenübersteht. Dennoch sind im Vergleich zum vormodernen klassischen Recht entscheidende Schritte getan worden.

Betrachtet man die Regelungen vom Standpunkt der in den internationalen Verträgen eingeforderten Geschlechtergleichheit,

86   *Theologie und Recht*

so zeigen sich in den einzelnen Ländern unterschiedliche Standards und, außer im Falle der Türkei und auf bestimmte Bereiche Tunesiens bezogen, keine Gleichheit. Generell bleiben Polygynie, Scheidung und Sorgerecht, außerdem das meist nicht kodifizierte und damit klassische Erbrecht zentrale Bereiche der Diskussion um das «Herzstück» des Geschlechterdiskurses.

Peitschenhiebe, Steinigung und Blutgeld

In der überwiegenden Mehrheit der muslimischen Länder wie zum Beispiel in Marokko, Tunesien, Algerien, Ägypten, Libanon, Syrien, Irak und Jordanien wird das islamische Strafrecht nicht mehr angewandt. Gültigkeit besitzt es noch in Iran, Libyen, Pakistan und Saudi-Arabien sowie in Nordnigeria.[34]

Die folgenden Beispiele stellen ausgewählte klassisch-islamische strafrechtliche Regeln, die Bezug zur Geschlechterstellung haben, dem iranischen kodifizierten Strafrecht aus dem Jahr 1991 gegenüber, um aufzuzeigen, wie klassisches Strafrecht in geschlechterrelevanten Punkten kodifiziert wurde.[35]

1. Illegitimer Sexualverkehr (arab. *zinā'*) wird nach Sure 24:2–5 mit hundert Peitschenhieben, nach klassischem Recht in bestimmten Fällen mit Steinigung bestraft.	1. Art. 64: Der unerlaubte Geschlechtsverkehr zieht eine *hadd*-Strafe nach sich, wenn beim Täter bzw. der Täterin folgende Eigenschaften vorlagen: Mündigkeit, geistige Gesundheit, Freiwilligkeit, Kenntnis der Vorschrift und der Tatsachen.
2. Falsche Beschuldigung desselben (arab. *qadhf*) wird mit achtzig Peitschenhieben bestraft.	2. Art. 78: Sagen die Zeugen zum Gegenstand ihres Zeugnisses über Einzelheiten aus, so dürfen die Aussagen hinsichtlich Ort und Zeit und vergleichbarer Umstände nicht von-

	einander abweichen. Im Fall von Abweichungen bei den Zeugenaussagen ist der unerlaubte Geschlechtsverkehr nicht nur nicht bewiesen, vielmehr werden die Zeugen noch zu einer *hadd*-Stafe wegen Verleumdung verurteilt.
3. Homosexualität wird wie *zinā'* bestraft.	3. Art. 109: Sowohl der aktive als auch der passive Teilnehmer des homosexuellen Verkehrs wird mit *hadd*-Strafe bestraft. – Art. 129: Die *hadd*-Strafe für lesbische Liebe beträgt für beide hundert Peitschenhiebe.
4. Vergewaltigung ist strafbar, eventuell muss die Frau Beweise erbringen.	4. Art. 73: Wird eine Frau, die keinen Ehemann hat, schwanger, so begründet die Tatsache der Schwangerschaft allein keine *hadd*-Strafe, außer wenn mit einem der in diesem Gesetz genannten Beweismittel ein unerlaubter Geschlechtsverkehr bewiesen wird.
Bei Körperverletzungs- und Tötungsdelikten ist Blutgeld zu bezahlen, wobei das Blutgeld für Männer, Frauen und Sklaven jeweils gesondert zu berechnen ist (2:178)	Art. 300: Das Blutgeld beträgt sowohl für die vorsätzliche als auch für die nicht vorsätzliche Tötung einer muslimischen Frau die Hälfte des Blutgeldes für einen Mann.

Im iranischen Strafgesetzbuch wird illegitimer Geschlechtsverkehr mit koranischen Strafen geahndet, wobei beide Geschlechter zu bestrafen sind. Die dort ebenfalls verankerte Steinigung ist allerdings nur in der Tradition, nicht im Koran zu finden. Der Nachweis ist verschärft. Wenn die Zeugen in den Aussagen differieren, werden sie selbst bestraft und die Anschuldigung ist hin-

88 Theologie und Recht

fällig, auch das ist klassisches islamisches Recht. Wenn also vier Zeugen den Geschlechtsverkehr beobachtet haben, einer jedoch vom Gericht nicht anerkannt wird, gelten alle als Verleumder. Wichtig ist die Kenntnis der Vorschrift einerseits und der Tatsache andererseits. Eine bestehende Ehe erschwert die Strafe, es wird die Steinigung als Strafe verhängt. In diesem Fall haben die Länder, die islamisches Strafrecht abgeschafft haben, andere Regelungen. In Ägypten ist nach dem dortigen Strafgesetzbuch Art. 273–277 nur Ehebruch mit Gefängnis bis zu maximal zwei Jahren zu bestrafen.

Bei der männlichen Homosexualität wird in Iran zwischen aktivem und passivem Partner unterschieden, bei weiblicher Homosexualität nicht. Die Unterscheidung zwischen aktivem und passivem Partner in der männlichen Homosexualität wird relevant, wenn sexuelle Handlungen stattfinden, nicht unbedingt bereits Geschlechtsverkehr, und der aktive Partner Nichtmuslim ist, der passive aber Muslim. Dann wird der aktive Partner mit dem Tod bestraft. Eine Auswirkung der religiösen Zugehörigkeit ist bei Frauen dagegen durch die Aufhebung der Unterscheidung von aktivem und passivem Partner nicht gegeben (Art. 130). Homosexuelle Handlungen werden mit hundert Peitschenhieben bestraft.

Zu den Grundprinzipien im Strafrecht gehört weiterhin die Gleichwertigkeit zwischen Täter und Opfer. Ein muslimischer Mann wird für die Tötung eines muslimischen Mannes hingerichtet (Art. 207). Grundlage ist der Gedanke der Blutrache, die jedoch auf Wunsch der Familie des Getöteten erlassen und in die Bezahlung von Blutgeld umgewandelt werden kann. Der Bluträcher aus der Familie einer getöteten muslimischen Frau hat die Wahl, das hälftige Blutgeld vom Täter zu verlangen. Fordert er jedoch die Blutrache am Täter, muss er diesem vor seiner Hinrichtung das halbe Blutgeld für die Differenz bezahlen (Art. 209). Dieser Artikel hat grausame Folgen für die Familien getöteter Frauen und Mädchen, besagt er doch, dass für eine getötete Frau und die darauffolgende Hinrichtung des Täters, die ja ein Recht der Familie der Frau darstellt, diese an die Familie des Täters noch einmal eine erhebliche Summe Geldes, nämlich das halbe Blutgeld des hingerichteten Mannes, bezahlen muss. Gerade das Blutgeld war Gegenstand zahlreicher öffentlicher Diskussionen in Iran. Sie haben jedoch nicht zur Abschaffung geführt, im Jahr 2008 wurde nur bei Versicherungen von Unfällen im Straßenverkehr das Blutgeld für Frauen auf die gleiche Höhe wie das von Männern festgesetzt.

Im Gegensatz zum Familienrecht hat die Kodifikation im iranischen Strafrecht nicht zu mehr Geschlechtergleichheit geführt, sondern Geschlechterungleichheit zementiert. Die grausamen Körperstrafen sind ohnehin als menschenrechtswidrig einzustufen, jedoch sollte im Blick behalten werden, dass nur ausgewählte Staaten islamisches Strafrecht anwenden.

Das Beispiel der Ehre – «Ehre» ist ein komplexes gesellschaftliches Konzept.[36] Ein Teil davon ist die sogenannte «Geschlechtsehre». In vielen Gesellschaften des Mittelmeerraums, auch christlichen, ist die Familienehre an das sexuell einwandfreie Verhalten der Frauen geknüpft. Wird diese Ehre durch die sexuelle Beziehung einer weiblichen Angehörigen verletzt – manchmal reicht schon die bloße Vermutung –, ist durch den sogenannten Ehrenkodex der Mann, Vater oder Bruder dazu verpflichtet zu handeln. Im äußersten Fall kann er die Ehre der Familie nur durch die Tötung der Frau wiederherstellen. Ehre ist demnach kein geschlechtsneutraler, sondern ein geschlechtsabhängiger Begriff.

Ein solcher Unterschied fand sich beispielsweise auch im preußischen Strafrecht von 1843, dem zufolge der Ehebruch der Frau strenger bestraft wurde als der des Mannes; nach damals gängiger Vorstellung wurde dadurch nämlich die Stellung des Mannes verletzt und nicht die der Frau. Theodor Fontane griff das Thema in seinem Roman *Effi Briest* (1894) auf und beschrieb die dramatischen Konsequenzen des Ehrbegriffs. Die sehr jung und nicht eben glücklich verheiratete Effi beginnt eine Beziehung zu einem Offizier, welche jedoch erst viel später durch Briefe, die ihr Mann,

90 Theologie und Recht

Baron von Innstetten, findet, offenbar wird. Der Baron sieht sich dennoch gezwungen, seinen Rivalen herauszufordern, und tötet ihn im Duell. Effi wird daraufhin geschieden, muss ihr Kind dem Baron überlassen und wird von den Eltern verstoßen. Diese Verstoßung bedeutete für sie, in einer sozialen Außenseiterposition leben zu müssen.

Zu Beginn des 20. Jahrhunderts verloren Duelle in Deutschland ihre Bedeutung. Die «Tötung im Affekt» bzw. das «Verbrechen aus Leidenschaft» hingegen hielt sich in einigen Strafgesetzbüchern länger.

Im französischen Strafgesetzbuch (Art. 324) fand sich bis 1975 ein Artikel, der einem Ehemann, der seine Frau in flagranti mit einem anderen Mann vorfindet und tötet, Strafmilderung zusicherte. Da viele muslimische Länder nach der Abschaffung des islamischen Strafrechts das französische Strafgesetzbuch übernahmen, gelangte der Artikel in manche Strafgesetzbücher dieser Länder, wie beispielsweise in das ägyptische Strafgesetzbuch (Art. 237). Dabei muss der Ehemann seine Frau nicht beim Geschlechtsverkehr mit dem Dritten überraschen, es reicht, sie in einer Situation anzutreffen, die keinen Zweifel daran lässt, dass der Ehebruch gerade begangen wurde oder unmittelbar bevorstand; außerdem muss er die untreue Frau oder ihren Liebhaber oder beide auf der Stelle getötet haben. Ob ein Ehebruch vorliegt und welchen Zeitraum das Merkmal «auf der Stelle» abdeckt, hängt von der jeweiligen Situation ab. Hier besteht ein weiterer Beurteilungsspielraum für den Richter, den Frauen- und Menschenrechtsorganisationen, gerade weil er ihrer Auffassung nach häufig den Tätern zugute kommt, heftig kritisieren. Denn wenn nach Meinung des Gerichts alle Voraussetzungen vorliegen, wird eine Tötung von einem Verbrechen zu einem Vergehen herabgestuft, so dass die Strafe zwar nicht entfällt, aber gemildert wird. Der mögliche Strafrahmen beträgt dann zwischen 24 Stunden und drei Jahren Gefängnis (Art. 18 des ägyptischen StGB). Der Tötungsversuch bleibt – wie bei allen Vergehen, bei denen die Strafbarkeit nicht ausdrücklich vorgesehen ist – straflos. Aus islamischer Sicht wird häufig eingewandt, dass die im Koran verankerte Strafe für illegitimen Sexualverkehr für beide Partner vorgesehen ist. In der Rechtsrealität sterben jedoch fast ausnahmslos Frauen im Namen der Ehre.[37]

Das iranische Strafgesetzbuch von 1926 enthielt einen entsprechenden Artikel (Art. 176). In demjenigen von 1997 (Art. 630) heißt es nicht «Geschlechtsverkehr», sondern *zinā'*, der islamrechtliche Terminus für illegitimen Geschlechtsverkehr. Dabei erhält der Mann das Recht, die Frau zu töten. Einige iranische Juristen und andere Rechtsgelehrte kritisieren, dass damit die eigentlich geltende, im Koran begründete Regel der vier notwendigen Zeugen, die den Geschlechtsakt definitiv gesehen haben müssen, außer Kraft gesetzt ist.

Illegitime Kinder[38] – Die im vorislamischen Arabien praktizierte Sitte, neugeborene Mädchen lebendig zu begraben, eine grausame Sitte, die der Armut, aber auch der Missachtung weiblichen Nachwuchses zugeschrieben wurde, ist im Koran verboten worden (Sure 81:1–14; 16:58–59; 6:151). Die Abstammung eines Kindes von seinem Vater wurde im klassischen Recht durch die Zeugung in einer gültigen Ehe begründet. Die rechtliche Beziehung zwischen Eltern und Kind bildete die Grundlage für das gegenseitige Recht zu erben, die Vormundschaft und den Unterhalt. Eheliche Vaterschaft galt nach der Scharia bei allen Rechtsschulen als legitime Vaterschaft. Legitim war auch das Kind einer verstoßenen oder verwitweten Frau, wenn es innerhalb einer bestimmten Frist nach der Scheidung vom Ehemann beziehungsweise nach dessen Tod geboren wurde. Eine Vorstellung des klassischen Rechts besagt, dass das Kind im Mutterleib «schläft» (arab. *rāqid*, schlafend), ein Fötus im Uterus also in eine Art Entwicklungsstarre verfällt, die bis zu mehrere Jahre andauern kann. Ein solches Kind, das in seiner Entwicklung schlief, wird, folgt man dieser Idee, bis zu mehrere Jahre nach dem Zeugungstermin geboren. Derartige Vorstellungen wurden offenbar von den betroffenen Frauen

92 Theologie und Recht

instrumentalisiert, um den strafrechtlichen und sozialen Konsequenzen einer illegitimen Schwangerschaft zu entgehen. Ein zweiter Effekt war die Legitimität des zu einem so späten Zeitpunkt geborenen Kindes. Ein Kind aus einer illegitimen Sexualbeziehung kann hingegen keinesfalls anerkannt werden und hat nach klassischem Recht keinen rechtlichen Status.

Nichteheliche Abstammung wird in der modernen Gesetzgebung der meisten islamischen Länder weder berücksichtigt noch mit irgendwelchen Rechtsfolgen ausgestattet. Das Thema wird im Gegenteil noch weitgehend tabuisiert. Hier hat das neue marokkanische Recht allerdings ein Zeichen gesetzt: Im Interesse der Rechtsstellung des Kindes kann nunmehr auch Kindern, die außerhalb einer registrierten Ehe gezeugt wurden, offiziell ein legitimer ehelicher Status zuerkannt werden. Gemäß Art. 156 des neuen Familiengesetzes werden nichtverheiratete Verlobte, die «im guten Glauben» ein Kind gezeugt haben, als faktische Eheleute hinsichtlich der Abstammung behandelt. Damit werden Rechtsbeziehungen zwischen dem Kind und seinem Vater hergestellt, die vor allem in Bezug auf Erbschaft und Unterhalt bedeutsam sind, und illegitime Sexualbeziehungen, die in Marokko nach Art. 490 mit einer Gefängnisstrafe von einem Monat bis zu einem Jahr belegt sind, jedenfalls teilweise legalisiert. Die neuen Bestimmungen des Familiengesetzbuches beziehen die Familien der Mutter und des Vaters in den Prozess der «Legitimation» ein, wodurch die Akzeptanz einer so festgestellten Abstammung erhöht wird. Die Türkei hat sich in ihrem neuen Familiengesetz von 2001 vollends von dem Konzept der «unehelichen» Kinder gelöst. Nach Art. 282 ist mütterliche Abstammung durch die Geburt hergestellt, der Terminus der «illegitimen Kinder» wird nicht mehr benutzt.

Gewohnheitsrecht

Bisher war die Rede von gesetzlichen Regelungen, deren Umsetzung an die konkreten Entscheidungen der Richter sowie allgemein an die gesellschaftliche Akzeptanz dieser Vorgaben geknüpft ist. In einigen Regionen und Rechtsbereichen ist der Einfluss von gewohnheitsrechtlichen Strukturen besonders stark, häufig zeigt sich eine Differenz zwischen Stadt und Land, wobei auf dem Land häufig traditionellere Sitten vorherrschen, die das Leben der Menschen bestimmen. Gerade Frauen in Dörfern oder kleinen Städten, die nicht lesen und schreiben können, kennen ihre gesetzlich festgelegten Rechte nicht und werden so eher Opfer traditioneller Bräuche und patriarchalischer Strukturen.

In der Türkei und in Afghanistan gibt es zum Beispiel den Brauch, statt des Brautgeldes einen Preis an den Vater der Braut zu bezahlen. Betroffene Frauen können sich in der Türkei nach Maßgabe des neuen Zivilgesetzbuches gegen eine solche Eheschließung wehren und (Türk. ZGB Art. 151) mit der Begründung, sie seien in die Ehe gezwungen worden, die Scheidung einreichen. Das klassisch islamrechtliche Brautgeld hat keinerlei rechtliche Gültigkeit mehr in der Türkei. In Afghanistan, dessen Familiengesetzbuch aus dem Jahr 1977 stammt, ist das Brautgeld gesetzlich (Art. 99–101) geregelt, in der Praxis jedoch spielt der sogenannte *walwar* eine wichtigere Rolle, der vom Bräutigam an den Vater der Braut bezahlt wird und teilweise hohe Beträge umfasst. Dies hat zur Folge, dass Frauen im Scheidungs- oder Todesfall nicht finanziell abgesichert sind.

Darüber hinaus ergab eine Untersuchung zur Rechtspraxis Ägyptens, dass in Städten das Heiratsalter relativ hoch war, weil junge Männer sich wegen des Brautpreises und Unterhalts nicht ohne Weiteres eine Eheschließung leisten konnten; auf dem Land hingegen lag das Alter der Eheschließung sehr viel niedriger, oft unter der gesetzlichen Grenze. Verantwortlich dafür war einmal

94 Theologie und Recht

ein geringerer Brautpreis in ländlichen Regionen, hinzu kam die Vorstellung, Mädchen und Jungen möglichst bald nach Erreichen der Pubertät zu verheiraten, um Geschlechtsverkehr vor der Ehe zu vermeiden. Das eigentlich notwendige Geburtszertifikat wurde im Nachhinein beantragt, indem die Eltern angaben, das Mädchen sei bei der Geburt nicht registriert worden. Offenbar sind solche Zertifikate in einigen Fällen auf ein höheres Alter des Mädchens ausgestellt worden. Es zeigt sich daran die Wichtigkeit und Bedeutung formaler Akte wie der Registrierung von Geburten, Heiraten und Todesfällen für die rechtliche Absicherung und Modernisierung der Gesellschaften. Werden die häufig gesetzlich geforderten Registrierungen umgangen und ist es möglich, auf welchem Weg auch immer, entsprechende Urkunden zu erhalten, so bleiben traditionelle Muster der Kinderheirat, der Scheidung ohne Gericht, der Verweigerung des Lebensunterhaltes oder der Auszahlung des Brautgeldes bei einer Scheidung bestehen.

Islamrechtlich können Bedingungen in den Ehevertrag aufgenommen werden, solange sie nicht der Scharia widersprechen. Dazu zählt beispielsweise die Scheidung im Fall der zweiten Eheschließung des Mannes oder dessen längere Abwesenheit. Tatsächlich delegiert der Mann damit sein Scheidungsrecht für einen bestimmten Fall, beispielsweise wenn er eine Zweitehe eingeht, an seine Frau. Die Untersuchung ergab, dass dies in Ägypten als inakzeptabel angesehen und deshalb nicht praktiziert wird. Gewohnheitsrechtlich sah man darin das Recht des Mannes auf Verstoßung eingeschränkt, was in der Tat zutrifft. Eine solche Stipulation kam in Ägypten folglich nicht so häufig vor. In Iran gibt es dagegen seit mehreren Jahren regelrechte Heiratsformulare, in die solche Bedingungen bereits eingetragen sind, so dass der willige Ehemann nur noch unterschreiben muss.

Für die Scheidung wegen «Schädigung», die für Frauen im ägyptischen Familiengesetz verankert ist, lag nach der Untersuchung der Nachweis gänzlich bei der Frau. Sie musste beweisen, dass sie ein entsprechendes Verhalten des Mannes keinesfalls pro-

Die rechtliche Situation im 20. und 21. Jahrhundert 95

voziert hatte. Am ehesten waren die Gerichte bereit, Frauen die Scheidung zu gewähren, wenn die Ehemänner für mehr als ein Jahr abwesend waren.[39]

In Afghanistan zeigt sich die enge Verbindung zwischen Gewohnheitsrecht, einer traditionellen Auslegung des islamischen Rechts und Gesetzgebung besonders deutlich. In den Medien erschienen Berichte über 14-jährige oder gar noch jüngere Mädchen, die mit 60-jährigen Männern verheiratet wurden, obwohl das afghanische Familiengesetz (AfgFGB Art. 70) die Heirat für Mädchen erst ab 16, für Jungen ab 18 Jahren vorsieht. Hier besonders besteht das Problem der fehlenden Registrierung von Geburten, Heiraten und Todesfällen, die trotz der gesetzlichen Verpflichtung nur sehr selten erfolgt. Eine Untersuchung aus dem Jahr 2004/2005 ergab,[40] dass trotz Verankerung der Menschenrechte in der neuen Verfassung Afghanistans von 2004 und des Familiengesetzbuches von 1977 verschiedene Praktiken, die den internationalen Konventionen und gleichermaßen islamischem Recht zuwiderliefen, in einigen Regionen Afghanistans weiterbestanden. Dazu zählt die Leviratsehe, in der der Bruder des verstorbenen Ehemanns dessen Witwe ohne ihre Zustimmung heiratet, oder der Austausch von Frauen ohne die Zahlung von Brautgeld. Generell spielte Ehre (pers. *nāmūs*) im Sinne der Geschlechtsehre eine wichtige Rolle, so dass der Ehrverletzung verdächtigte Frauen und Mädchen häufig Opfer der väterlichen oder brüderlichen Gewalt wurden. Besonders problematisch und islamrechtlich nicht zu rechtfertigen war die Auslieferung von Frauen als Kompensation bei Bluttaten.

Polygynie sollte gesetzlich nur erfolgen (Art. 8), wenn es dafür bestimmte Gründe gibt wie beispielsweise die Unfruchtbarkeit der Frau. Sie ist in Afghanistan nach den Ergebnissen der oben genannten Untersuchung immer noch oder schon wieder relativ verbreitet, trotz der daraus resultierenden finanziellen Belastung für den Mann. In bestimmten vom Krieg profitierenden Gruppen, aber auch in einer neuen städtischen Mittelschicht gilt eine Zweit-

96 Theologie und Recht

oder Drittheirat als prestigeträchtig und bescheinigt dem polyga-
men Mann finanzielle und sexuelle Potenz. Eng damit verknüpft
ist die Problematik der Scheidung. Diese ist nach islamischem
Recht ohne Weiteres möglich, und die Scheidungsgründe für
Frauen sind im afghanischen Gesetz vorgesehen (Art. 176–191). In
weiten Bereichen des Landes ist Scheidung aber verpönt, sie gilt
als eine Ehrverletzung der Familie der Frau. Daraus scheint eine
höhere Bereitschaft der Frauen zu resultieren, die Zweitehe ihres
Mannes hinzunehmen.[41]

In Afghanistan genauso wie in den anderen islamischen Ländern bekämpfen Frauen- und Menschenrechtsorganisationen
diese Praktiken, die gegen die Menschenrechte, aber auch gegen
viele islamrechtliche Vorschriften verstoßen. Dabei haben sie an
zahlreichen Fronten zu kämpfen: gegen die Vorwürfe des Gelehrtenestablishments, sie versuchten das islamische Recht zu unterwandern, gegen die patriarchalischen Strukturen in den Familien
und gegen staatliche Administration und Entscheidungsträger,
die häufig noch durchweg männlich geprägt sind. Eine dieser
Frauen war Hamideh Barmaki (1970–2011), Professorin für Recht
an der Universität Kabul. Sie war seit 2009 als Kommissarin für
Kinderrechte in der Unabhängigen Afghanischen Menschen-
rechtskommission (Afghan Independant Human Rights Comis-
sion) tätig und setzte sich in den Jahren 2006 bis 2011 vor allem für
die Rechte von Kindern ein. Bei einem Selbstmordanschlag der
Taliban am 28. Januar 2011 auf einen Supermarkt in Kabul kamen
sie, ihr Mann, der Arzt war, und ihre vier Kinder ums Leben.

Während Afghanistan noch stark mit den gewohnheitsrechtlichen
und patriarchalischen gesellschaftlichen Strukturen zu kämpfen
hat und viele Frauenrechtlerinnen sich dafür einsetzen, dass
zunächst einmal das afghanische Familienrecht zur Anwendung
kommt, konnten – wie gezeigt – in Ägypten und Marokko, aber
auch in Iran öffentliche Diskussionen darüber erfolgen, wie die
bestehende Gesetzgebung zu verbessern sei. Die einzelnen Län-

der setzen dabei unterschiedliche Schwerpunkte in der Diskussion und in den Bereichen, in denen Reformen möglich sind. Die pakistanische Juristin Shaheen Sardar Ali hat diese verschiedenen Versionen des Rechts, wie sie in einzelnen Ländern gelten, aber auch die jeweils anderen Sichtweisen auf rechtliche Regelungen in den Diskursen als «Operatives Islamisches Recht», das heißt als das jeweils gültige, spezifische Recht, bezeichnet. Dieses umfasst die staatliche Gesetzgebung, aber auch die Argumentation zivilgesellschaftlicher Organisationen und der – traditionellen oder modernen – muslimischen Feministinnen und Feministen.[42]

Was ist nach diesem Überblick festzuhalten?
— Gegenüber dem klassischen Recht sind Fortschritte in der Gesetzgebung erkennbar. Die Kodifikation an sich führte zu einer Rechtssicherheit, darüber hinaus wurden in den Familiengesetzen vielfach Regelungen zugunsten einer größeren Geschlechtergerechtigkeit festgelegt.
— Diese Fortschritte sind etappenweise über die letzten hundert Jahre hinweg in zäher Auseinandersetzung mit Vertretern der traditionellen Geistlichkeit und dem Staat ausgehandelt worden. In diesem Prozess kann die Bedeutung der Frauenbewegung und der Einsatz einzelner Akteure und Akteurinnen in den jeweiligen Ländern nicht hoch genug eingeschätzt werden. Immer wieder haben sie die einzelnen Themen in den öffentlichen Diskurs eingebracht, den Verweis auf internationales Recht gegeben und gleichzeitig islamrechtliche Begründungen für mehr Geschlechtergleichheit herausgearbeitet und zur Diskussion gestellt.
— Wenn die jeweiligen Regierungen sich ebenfalls für mehr Gleichheit einsetzten, waren gute Chancen für eine Gesetzesnovelle gegeben. In Iran sind allerdings selbst gegen den Widerstand des Regimes zahlreiche kleine und größere Reformen erkämpft worden, was wiederum ein Beleg für das hohe Engagement der Frauenbewegung ist.

98 Theologie und Recht

- Generelle Diskrepanzen zu den Menschenrechten, zur Frauen-rechtskonvention (CEDAW, engl. Convention on the Elimination of all Forms of Discrimination against Women) und zur Kinderrechtskonvention (CRC, engl. Convention on the Rights of the Child) bestehen vor allem bei der Polygynie, der Scheidung und der Vormundschaft, aber auch bei dem bisher fast durchweg weiterbestehenden islamischen Erbrecht.
- Im Strafrecht ist die Kodifizierung nicht von Vorteil für Frauen gewesen, im Gegenteil, hier wurden geschlechterabhängige Regelungen wie das ungleiche Blutgeld gesetzlich festgelegt.
- Recht und Gesellschaft hängen eng zusammen. Dies zeigt sich zum Beispiel deutlich in den unterschiedlichen Diskursen in Marokko, wo der Bezug auf internationales Recht möglich ist, und Iran, wo dies nicht gilt.
- Deshalb muss der Gesetzgebungsprozess immer in seiner gesellschaftlichen Verknüpfung und Relevanz gesehen werden. Gerade die Bildung von Frauen und Mädchen, die Information über Rechte, die Chance zur Berufstätigkeit sowie öffentliche Präsenz spielen eine große Rolle in diesem Zusammenhang. Dies und Maßnahmen gegen Frauen diskriminierende Gesetze und Traditionen sind unverzichtbare Ergänzung zur Revision der Gesetzgebung.

Eine wichtige Frage in den islamischen Ländern ist die Bindung der Gesetzgebung an die internationalen Konventionen, vor allem in den Menschenrechtsfragen. Die den Staaten in den verschiedenen Abkommen, beispielsweise der Frauenrechtskonvention, auferlegten Bedingungen zwingen die nationalen Regierungen zu regelmäßigen Berichten gegenüber der internationalen Gemeinschaft und zu einer Änderung ihrer Gesetzgebung und ermöglichen eine Kontrolle der internationalen Gemeinschaft über die Einhaltung der Menschenrechte.

Scharia und die Menschenrechte – unvereinbar?

Nach westlichem Verständnis bestehen die Diskrepanzen zwischen der Gesetzgebung in den islamischen Ländern und den Menschenrechten vor allem in folgenden Punkten: in der nicht gewährleisteten Religionsfreiheit, im islamischen Strafrecht, insbesondere was die grausamen Körperstrafen angeht, und in der Frage der Geschlechtergleichheit, hier speziell in der Polygynie, dem Verstoßungsrecht des Mannes, bei der Vormundschaft und dem Erbrecht. Das Gewohnheitsrecht verstärkt zudem häufig noch die Benachteiligung von Frauen. Sind Islam und Menschenrechte vereinbar? Diese Frage lässt sich so nicht stellen, da es, wie bereits ausgeführt, «den Islam» und mithin «das islamische Recht» nicht gibt, sondern, um Shaheen Sardar Alis Kategorie aufzugreifen, nur verschiedene «Operative Islamische Rechte», die sich national, eventuell auch regional und je nach Akteursebene und Sichtweise unterscheiden. Diese Frage muss deshalb differenziert mit Blick auf die jeweiligen betroffenen Rechtsgebiete, das jeweilige Land und dessen gesetzliche Regelungen wie auch auf den rechtlich-politischen Diskurs, also mit Blick auf das jeweilige Operative Islamische Recht, diskutiert werden.[43]

1948 wurde von den Vereinten Nationen die Allgemeine Erklärung der Menschenrechte (AEMR) verabschiedet und von fast allen Ländern der Erde unterzeichnet. Von den islamischen Staaten fehlte nur die Unterschrift Saudi-Arabiens. Weitere wichtige internationale Abkommen sind die Frauenrechtskonvention (CEDAW) und die Kinderrechtskonvention (CRC) von 1990. Beide wurden von zahlreichen islamischen Staaten unterschrieben. Fast 45% aller Vorbehalte gegen die Frauenrechtskonvention gehen allerdings auf islamisch geprägte Staaten zurück, bei der Kinderrechtskonvention ist es ungefähr ein Drittel. Besonders im Hinblick auf Artikel 2 Absatz a) der Frauenrechtskonvention gab es überproportional viele Einwände von islamischen Ländern. Dieser Artikel lautet:

100 Theologie und Recht

> Die Vertragsstaaten verurteilen jede Form von Diskriminierung der
> Frau: Sie kommen überein, mit allen geeigneten Mitteln unverzüg-
> lich eine Politik zur Beseitigung der Diskriminierung der Frau zu ver-
> folgen, und verpflichten sich zu diesem Zweck,
>   1. den Grundsatz der Gleichberechtigung von Mann und Frau in
> ihre Staatsverfassungen oder in andere geeignete Rechtsvorschriften
> aufzunehmen, sofern sie dies noch nicht getan haben, und durch ge-
> setzgeberische und sonstige Maßnahmen für die tatsächliche Ver-
> wirklichung dieses Grundsatzes zu sorgen.

Algerien beispielsweise war der Meinung, der Artikel widerspreche dem algerischen Familiengesetzbuch. Auch der irakische Ein-
wand stand nicht mit der Scharia in Verbindung. Bangladesh,
Ägypten, Libyen und Malaysia erwähnten dagegen speziell das islamische Recht und die Scharia als Grund für ihre Vorbehalte. So
hieß es von ägyptischer Seite:

> Die arabische Republik Ägypten ist willens, diesen Artikel zu be-
> folgen, es sei denn, seine Befolgung widerspricht der islamischen
> Scharia.[44]

Die Libyer und die Vereinigten Arabischen Emirate verwiesen
explizit auf das islamische Erbrecht. Saudi-Arabien und Oman
brachten einen generellen «Scharia-Vorbehalt» an. Doch selbst
mit Vorbehalten verpflichten die internationalen Abkommen die
jeweiligen Staaten zur Berichterstattung über die Anpassung der
nationalen Gesetzgebung und setzen damit einen Prozess der
Auseinandersetzung über diese Normen mit den Vereinten Nationen in Gang.

Parallel zu den Diskussionen auf der Ebene der Vereinten Nationen zeigen sich seit den siebziger Jahren Tendenzen zu unabhängigen islamischen Menschenrechtserklärungen: beispielsweise
die Allgemeine Islamische Menschenrechtserklärung (AIEMR)
aus dem Jahr 1981, die von dem in London ansässigen Islamrat für
Europa herausgegeben wurde; die Kairoer Erklärung der Organisation der Islamischen Staaten aus dem Jahr 1990 sowie die Men-
schenrechtscharta der Arabischen Liga von 1993. Die letztgenannte

Die rechtliche Situation im 20. und 21. Jahrhundert   101

Erklärung zeigt ein stärkeres Bekenntnis zu Gleichheit, Meinungs-
und Religionsfreiheit als die beiden anderen islamischen Erklärungen, ist jedoch in den Diskussionen weniger aufgegriffen worden.
Alle islamischen Erklärungen haben ebenfalls den sogenannten
«Scharia-Vorbehalt», das heißt, sie verweisen auf die Regelungen
des (als solches ja ungeregelten) islamischen Rechts. Damit bieten
sie die Möglichkeit unterschiedlicher – moderner, aber eben auch
traditioneller – Interpretation. Keine dieser Erklärungen hat international bindende Kraft. Jedoch wird mit ihnen das Anliegen
islamisch geprägter Staaten dokumentiert, die Suche nach authen-
tischen Formulierungen kultureller Identität im Kontext der «islamischen Wende» auch auf internationaler politischer Ebene zu
demonstrieren.

Im Zusammenhang mit den Frauenrechten ist die Erklärung der
Organisation Islamischer Staaten von Teheran (1995) zu nennen.[45]
Hier geht es «nur» um Frauenrechte, dementsprechend wurde
die Erklärung von Frauen ausgearbeitet. Im ersten Artikel wird
nicht auf die Gleichheit, sondern die komplementären Rollen der
Geschlechter verwiesen, im zweiten Artikel die Familie als grund-
legendes Konzept der Religion etabliert. Im dritten Artikel ist die
Mutterrolle als natürliche Aufgabe der Frau beschrieben und im
dreizehnten Artikel die islamische Scharia als fundamentaler Rahmen für die Interpretation aller Artikel der Erklärung verankert. In
der Präambel der Islamabad-Erklärung zur «Rolle der weiblichen
Parlamentarier im Prozess des Friedens, Fortschritts und der Entwicklung der islamischen Gesellschaften», ebenfalls von 1995, findet sich dagegen ein Bekenntnis zur Gleichheit:

> … Bestätigend, dass Gleichheit und die Beseitigung der Diskrimi-
> nierung in allen Sphären des Lebens basierend auf Gerechtigkeit die
> Essenz der Demokratie darstellen und das Glück und die Entwick-
> lung der gesamten Gesellschaft, Männer wie Frauen, garantieren.[46]

Hier wird auch auf die Rolle der Frau in der Politik und im Frei-
heitskampf verwiesen. Die Menschenrechte der Frau sollen auf

allen Stufen «im wahren Geiste des Islams» verwirklicht werden. Insbesondere sollen das Analphabetentum bekämpft, Unterdrückung, Diskriminierung und Gewalt gegen Frauen beendet sowie Frauen in der Wirtschaft gefördert werden.

Generell ist festzuhalten, dass die große Mehrheit der islamischen Länder internationale Pakte – obschon mit Vorbehalten – unterschrieben hat und sich damit grundsätzlich zur Idee der universalen Menschenrechte bekennt. Die jeweiligen Einwände, vor allem was die Scharia angeht, lassen allerdings einen nicht unerheblichen Spielraum für den Zugriff auf moderne, aber auch der Geschlechtergleichheit widersprechende konservative Interpretationen des Personalstatuts. Ähnlich gegensätzliche Vorstellungen finden sich im Bereich von Sexualität und Liebe.

3. Sexualität und Liebe

Vormoderne Vorstellungen

Zeugung und Verhütung

Sexualität und der sexuelle Akt sind die intimsten menschlichen Handlungen und zugleich diejenigen von größter sozialer Bedeutung, deshalb werden sie von allen Kulturen reglementiert. Sie unterliegen häufig religiösen Deutungshoheiten und hängen eng mit kultisch-rituellen Vorschriften beispielsweise zur Reinheit zusammen. Die Definition von Geschlechterrollen im Zusammenhang mit der Sexualität ist auch in der modernen Welt zum zentralen Kriterium des kulturellen Selbstverständnisses geworden. Selbstbestimmte und freie Sexualität wurde nachgerade zur Messlatte von «Modernität». Dabei wurde das Recht, über den eigenen Körper zu verfügen, auch in den europäischen Kulturen Frauen lange vorenthalten. Der enge Zusammenhang zwischen Sexualität, Reinigung und Sakralität wurde oben bereits thematisiert, der sexuelle Akt und vor allem die Ejakulation, aber auch das Menstruationsblut machen eine physische und metaphysische Reinigung notwendig, um zur religiösen Übung zurückkehren zu können.

Die islamische Wissenschaftstradition wurde von den Lehren antiker Autoren beeinflusst. Nach Hippokrates hatten Mann und Frau einen gleichen Anteil an der Embryogenese, während Aristoteles davon ausging, dass die Frau lediglich ein Gefäß sei, in dem sich der Embryo, der allein aus dem männlichen Samen erwachse,

104 *Sexualität und Liebe*

entwickelt. In Sure 76:2 ist davon die Rede, dass der Mensch aus einem «vermischten Tropfen» (arab. *nutfa amschādj*) entstehe, was auf eine Beteiligung beider Geschlechter hindeutet. Der Vorstellung der Lichtmetaphorik zufolge, wie sie sich in Ibn Ishāqs Geschichte der Zeugung des Propheten findet, ist der männliche Samen dominant. In Sure 23:12–14 werden ein Tropfen, ein Blutklumpen und ein Fleischklumpen als Entwicklungsstadien menschlichen Lebens genannt. Die Gelehrten interpretierten den Text in der Regel dahingehend, dass es drei große Phasen der embryonalen Entwicklung von je vierzig Tagen gebe. Der Zeitpunkt der Beseelung wurde unterschiedlich angesetzt, einmal mit dem 42. Tag, einmal mit dem 120. Tag.

Die sexuellen Organe von Mann und Frau wurden von dem Mediziner Ibn Sīnā (gest. 1037) als komplementär beschrieben. Penis und Hoden des Mannes, die komplett sind und sich außerhalb des Körpers befinden, entsprechen demnach der Gebärmutter der Frau, die nicht komplett ist und sich innen befindet, wie ein nach innen gezogenes männliches Organ. Ibn Sīnās Beschreibung reflektiert die Spannung im islamischen medizinischen Diskurs zwischen der Idee der komplementären Sexualorgane und der Auffassung, dass die weiblichen Sexualorgane kleiner und weniger seien als die männlichen. Männliche und weibliche Sexualität werden zwar beide thematisiert, die weibliche Sexualität jedoch wird normalerweise mit Bezug auf die des Mannes beschrieben. Wichtig geworden im islamischen Verständnis von Sexualität ist allerdings die Auffassung, dass der Orgasmus zur Ausschüttung des Samens und Zeugung für beide Geschlechter wichtig ist. Gleichzeitiger Orgasmus erhöht nach Ibn Sīnā die Chancen für die Empfängnis.[1] Dies zieht die Empfehlung nach sich, die weibliche Sexualität zu respektieren, will man Nachkommen erzeugen.

Verhütung, vor allem der Coitus interruptus, den der Prophet praktiziert haben soll, war erlaubt, Abtreibung nach einigen Meinungen zumindest in der Zeit vor der Beseelung toleriert. Die meisten Rechtsschulen bestanden dabei auf der Zustimmung der freien Frau, da diese ein Recht auf Kinder habe und unter der Praxis leiden könnte. Masturbation wurde geduldet, allerdings als negativ betrachtet. Andere Verhütungsmethoden, vor allem die Einführung von Tampons, um den Samen zu stoppen, werden nur am Rande in der Rechtsliteratur und insbesondere in denjenigen Rechtsgutachten diskutiert, die Antworten auf praktische Fragen der Gläubigen beinhalteten. Dabei gibt es Hinweise, dass bereits in der Vormoderne Verhütung praktiziert wurde, wenn die «Zeiten schlecht» waren, dass man also versuchte, in Zeiten von Hungersnöten und Naturkatastrophen die Zahl der Schwangerschaften und Geburten zu reduzieren. Das Töten von Kindern wurde mit Verweis auf den entsprechenden Koranvers moralisch verabscheut.

Beschneidung

Eine wichtige Rolle im Zusammenhang mit Sexualität, aber auch mit Reinheit spielt die Beschneidung (arab. *khitān*). Sie ist bei Jungen in der islamischen Welt ein zentraler Ritus und besteht in der Entfernung der Vorhaut des Penis. Sie steht in engem Zusammenhang mit der Beschneidung, die auch im Judentum praktiziert wird. Der Zeitpunkt des Eingriffs variiert nach Region und Zeit, wird in der Regel aber in einer Zeitspanne zwischen dem siebten Tag nach der Geburt und einem Alter von 15 Jahren vorgenommen. Bei Jungen ist die Circumcision von einem großen festlichen Akt begleitet. Die Beschneidung von Mädchen findet sich vor allem in den islamischen Ländern Nord- und Ostafrikas. Dabei wird die Klitoris entfernt oder reduziert, gelegentlich erfolgt zudem oder stattdessen die Entfernung der inneren Schamlippen. Anders als beim männlichen Geschlecht bedeutet bereits die sogenannte «leichte» Beschneidung, bei der ein Teil der Klitoris entfernt wird, eine Beeinträchtigung der Sexualität der Frau. Deshalb wird sie zutreffender auch als «Genitalverstümmelung» be-

106 *Sexualität und Liebe*

zeichnet.[2] Rechtsgelehrte beziehen sich im Zusammenhang mit der sogenannten «leichteren Beschneidung» auf eine Tradition, der zufolge der Prophet Umm ʿAtīya al-Ansārīya, eine Medinenserin, anwies: «Schneid es nicht ganz weg, so ist es besser für die Frau und erfreut mehr den Mann.» In mehreren Rechtswerken wird die weibliche Beschneidung diskutiert und teilweise als ehrend für die Frau beschrieben. Al-Djāhiz schreibt, dass die unbeschnittene Frau eine Freude an der Sexualität empfinde, die eine beschnittene nicht habe, Keuschheit sei bei der beschnittenen Frau zu finden.[3]

Andere Formen wie die vollständige Beschneidung der Klitoris und das Zunähen der Schamlippen haben häufig enorme gesundheitliche Schäden zur Folge.

Weder männliche noch weibliche Beschneidung sind im Koran erwähnt, die männliche wird von den Rechtsgelehrten indes meist als «notwendig» (arab. *wādjib*), zumindest aber als «üblich» (arab. *sunna*), bezeichnet und ist in der islamischen Welt gang und gäbe, ja regelrecht zu einem grundlegenden Merkmal eines männlichen Muslims geworden.

Das Beschneidungsritual hängt offenbar mit der Heiratsfähigkeit zusammen und scheint darüber hinaus als ein Akt der Initiation angesehen zu werden, der die Aufnahme in die religiöse Gemeinschaft symbolisiert.

Die Furcht vor Ausschweifungen

Generell geht die religiöse und rechtliche Literatur von der Verpflichtung der Frau aus, den Mann zu befriedigen, und davon, dass das sexuelle Bedürfnis eines Mannes stärker als das der Frau ist. So sind in Sure 2:223 die Männer angesprochen:

> Eure Frauen sind euch ein Saatfeld. Geht zu (diesem) eurem Saatfeld, wo immer ihr wollt! Und legt euch (im Diesseits) einen Vorrat (an guten Werken) an!

Vormoderne Vorstellungen 107

Während in diesem Vers die Sichtweise männlich ist und Frauen als Objekt ungehinderter Verfügung erscheinen, wird in Sure 2:187 eine stärker auf Geschlechtergleichheit ausgerichtete Form der Paarbeziehung und Sexualität vermittelt:

> Es ist euch erlaubt, zur Fastenzeit bei Nacht mit euren Frauen Umgang zu pflegen. Sie sind für euch, und ihr für sie (wie) eine Bekleidung.

Hier ist die Grundvorstellung von der Sexualität positiv, jedoch an Regeln gebunden. Der Theologe al-Ghazālī (gest. 1111) plädierte in seinem Werk *Neubelebung der Religionswissenschaften* für die unbedingte Empfehlung der Ehe, weil sie ein Regulatorium für den Sexualtrieb sei. Als Gründe für eine Eheschließung nannte er neben der «Beruhigung der Sinnlichkeit» die Nachkommenschaft, die Haushaltsführung durch die Frau, die Vermehrung der verwandtschaftlichen Beziehungen und die mit der Sorge um die Familie verbundene Selbstüberwindung:

> Der zweite Vorteil der Ehe besteht darin, dass sie eine Schutzwehr gegen den Teufel ist, die Begierlichkeit dämpft, die Gefahren des sinnlichen Triebes beseitigt, die unlauteren Blicke und die körperliche Ausschweifung hintan hält. Das liegt im Ausspruch des Hochgebenedeiten ausgedrückt: «Wer heiratet, der hat die Hälfte seines Seelenheils gesichert, er fürchte Gott im Bezug auf den zweiten Teil.»[4]

Als «Schutzwehr gegen den Teufel» stelle die Ehe eine wichtige Institution für jeden dar, der nicht mittellos oder impotent sei, also für die Mehrheit der Menschen. Denn wenn die Sinnlichkeit übermächtig und nicht durch eine starke Gottesfurcht beschränkt werde, führe sie zu Ausschweifungen. In diesem Sinne habe auch der Prophet das Gotteswort zitiert, in dem von drohendem Aufruhr (arab. *fitna*) die Rede ist,[5] nämlich Sure 8:73:

> Und diejenigen, die ungläubig sind, sind (ihrerseits) untereinander Freunde. Wenn ihr es nicht tut (d. h. wenn ihr euch nicht dementsprechend verhaltet), wird es (überall) im Land Versuchung (arab. *fitna*) (zum Abfall vom Glauben?) und großes Unheil geben.

108 Sexualität und Liebe

Das arabische Wort *fitna*, das in der politischen Geschichte des frühen Islams als «Bürgerkrieg» interpretiert wurde, weshalb Paret in seiner Übersetzung des Korans hier «zum Abfall vom Glauben» in Klammern setzt und die Stelle mit einem Fragezeichen versieht, wird bei al-Ghazālī auf die Sinnlichkeit und Sexualität übertragen, die «Versuchung» im Sinne von Chaos hervorrufe. Die Verbindung von Sexualität mit *fitna*, mit Chaos, avancierte zum Leitgedanken im islamisch-theologischen Geschlechterdiskurs. Die weiblichen Verführungskünste und die ständigen Anfechtungen, denen das männliche Geschlecht durch die Frauen angeblich ausgesetzt war, riefen Chaos und Revolte hervor, die durch das göttliche Gesetz gebändigt werden müssten.

Die Furcht vor Ausschweifungen, vor dem Übertreten der göttlichen Grenzen, vor der Sexualität – wie Fatima Mernissi es im 20. Jahrhundert interpretieren soll: vor der weiblichen Sexualität – hat zur Geschlechtersegregation auf der Grundlage der kategorisierenden Dichotomie «erlaubt» und «verboten» geführt (arab. *harām*, wörtl.: verboten, heilig, tabu, und *halāl*, erlaubt). Dabei bedeutet die Wurzel *h-r-m* zum einen «verboten» und «ungesetzlich», zum anderen «etwas für heilig, unverletzlich und tabu erklären». Ein *harām* ist aber auch ein heiliger Ort, zu dem der Zutritt verboten oder wenigstens kontrolliert ist. Der Ausdruck wird für Moscheen und andere sakrale Räume benutzt, besonders für die heiligsten Stätten des Islams wie die Städte Mekka und Medina. Zugleich leitet sich davon aber der Begriff des Harems ab, desjenigen Teils des Wohnhauses, der den Frauen der Familie vorbehalten ist. Die Dichotomie *harām–halāl* wird auch auf Personen bezogen. Eine Frau ist beispielsweise ihrem Ehemann «erlaubt», wenn sie mit ihm verheiratet ist und nicht menstruiert, er kann dann mit ihr Geschlechtsverkehr haben. So lautet die Formulierung in der männerzentrierten Sprache der islamischen Rechtswissenschaft. *Harām* ist die Frau ihrem Mann während ihrer Menstruation und im Kindbett. Nicht «erlaubt» sind ihm Frauen der engsten Familie (z. B. Mutter oder Schwester), wie es im

Vormoderne Vorstellungen 109

Koran festgelegt ist. Da «verbotene» Dinge und Personen zu
meiden sind, der Kontakt zu solchen Personen minimiert werden
muss, ist die Konsequenz die Schaffung separater Räume für beide
Geschlechter, jedenfalls dann, wenn sie nicht im Ehe ausschließenden Grad verwandt oder aber verheiratet sind. Personen, die
als einander «verboten» gelten, sollen nach normativen Vorstellungen nicht den gleichen Raum teilen. Eine Tradition besagt:

> Ein Mann und eine Frau dürfen niemals nach Meinung der Leute
> alleine (miteinander) sein.[6]

Die Grenzen zwischen den Geschlechtern müssen gewahrt werden. Dies geschieht nicht nur durch soziale und rechtliche Normen, sondern neben der räumlichen Aufteilung zudem auch
durch Kleidung, hier besonders durch den Schleier und ein den
weiblichen Körper verhüllendes Gewand.

Auch das Zusammenleben der Eheleute entgeht der Regu-
lierfreudigkeit der Rechtsgelehrten nicht. Al-Ghazālī behandelt
neben dem Hochzeitsmahl und dem guten Einvernehmen mit der
Frau die Frage der Unterweisung und Bestrafung, wobei er sich
erkennbar an den männlichen Leser wendet. Er empfiehlt den
Männern, da Zärtlichkeit vor dem Geschlechtsakt wichtig sei, diesen nicht nur mit der Anrufung Gottes zu beginnen und vor der
Ejakulation ein Gotteslob auszusprechen, sondern auch «Küsse
und Worte» vorauszuschicken. Die Ehefrau hat laut al-Ghazālī ein
Recht auf Geschlechtsverkehr:

> Der Mann soll der Frau alle vier Nächte beiwohnen, das ist das rich-
> tige Maß, und es ist erlaubt, sich auf dieses Maß zu beschränken,
> doch muss er ihr in dieser Hinsicht mehr oder weniger gewähren,
> entsprechend dem, was sie zu ihrem Schutz nötig hat, denn ihr
> Schutz ist für ihn Pflicht.[7]

Die Stelle ist insofern aufschlussreich, als al-Ghazālī hier von einer
eigenen weiblichen Sexualität, die es zu befriedigen gilt, ausgeht,

110 Sexualität und Liebe

wobei der «Schutz» als Schutz vor der Anfechtung durch den Teufel, sprich durch die unkontrollierte Sexualität, gemeint ist, der, so dürfte die Stelle zu verstehen sein, eine sexuell unbefriedigte Frau erliegt.

Andererseits räumt al-Ghazālī auch Probleme in Bezug auf die Ehe ein, denen manch ein Mann gerne aus dem Weg gehe. So wird auf den frommen al-Hasan al-Basrī eine Äußerung zurückgeführt, wonach Gott, wenn er einem Menschen Gutes zukommen lassen wolle, ihm die Beschäftigung mit Familie und Vermögen erspare.

Vorspiel und Küsse können nicht darüber hinwegtäuschen, dass al-Ghazālī das Geschlechterverhältnis männlich dominiert sieht:

> Liegt aber die Widersetzlichkeit auf Seiten der Frau, dann gilt: «Die Männer sind gesetzt über die Frauen» (Sūra 4, 38). Der Mann soll in diesem Fall die Frau strafen und mit Gewalt zum Gehorsam zurückbringen. Und wenn sie das Gebetsoffizium unterlässt, so soll er sie mit Gewalt zum Gebet zwingen. Er soll aber darauf achten, bei der Bestrafung eine bestimmte Abstufung einzuhalten, und zwar in der Weise, dass er sie zunächst mahnt und warnt und ihr eine Strafe androht. Hilft das nichts, so soll er ihr im Bett den Rücken zukehren und überhaupt allein schlafen und, während er mit ihr zusammen im Hause bleibt, sie gänzlich meiden, einen Tag bis drei Tage lang. Fruchtet auch das nicht, so soll er sie schlagen, ohne sie zu schädigen (arab. *ghair mubarrih*), d. h. ihr zwar wehtun, aber nicht so, dass ihr ein Knochen gebrochen wird oder sie blutet; auch darf er sie nicht ins Gesicht schlagen, das ist verboten.[8]

Das Machtverhältnis zeigt sich also durch die im klassischen Recht entwickelten Regeln zur «Aufsässigkeit» der Frau (arab. *nuschūz*), wie sie in Sure 4:34 verankert sind. Obwohl ihr das Recht auf sexuelle Befriedigung – wie aus al-Ghazālīs Ausführungen deutlich wird – zusteht, hat sie ihrerseits jedoch nicht die Möglichkeit, ihren Körper ihrem Ehemann (im Falle der Sklavin: dem Herrn) zu verweigern. Dies würde bedeuten, «aufsässig» zu sein, und die daraus resultierende rechtliche Konsequenz wäre der

Vormoderne Vorstellungen   111

Entzug des Unterhalts. Al-Ghazālī zitiert auch einige offen miso-
gyne Äußerungen wie die des zweiten Kalifen, ʿUmar (reg. 634–
644), denen zufolge «Mann» das Gegenteil dessen tun solle, was
die Frauen wünschten.

Das traditionelle islamische Verständnis der Geschlechterrollen
beruht also auf der Trennung der beiden Geschlechter (Sure 4:1),
denen unterschiedliche Aufgaben und Rollen zugewiesen werden.

> Ihr Menschen! Fürchtet euren Herrn, der euch aus einem einzigen
> Wesen (d. h. aus dem ersten Menschen, nämlich Adam) geschaffen
> hat, und aus ihm das ihm entsprechende andere Wesen, und der aus
> ihnen beiden viele Männer und Frauen hat (hervorgehen und) sich
> (über die Erde) ausbreiten lassen!

Weibliche Tugenden, die auch Keuschheit und Jungfräulichkeit
einschließen und aus denen sich ein koranisches Weiblichkeits-
konzept ableiten lässt, sind in Sure 66:5 genannt:

> Wenn er euch (Frauen) entlässt, wird sein Herr ihm vielleicht Gat-
> tinnen zum Tausch geben, die besser sind als ihr: Frauen, die den
> Islam angenommen haben, die gläubig sind, (Gott) demütig erge-
> ben, bußfertig, fromm (wörtl.: Dienerinnen (Gottes)), asketisch (?)
> (wörtl.: die (nach Art von Wandermönchen) umherziehen?), solche,
> die schon verheiratet waren oder (wörtl.: und) noch Jungfrauen sind.

Homosexualität und Transsexualität

Während al-Ghazālī die heterosexuelle Beziehung zwischen
Mann und Ehefrau oder Sklavin im Sinn hat, wird die Homosexualität (arab. *liwāt*) in den Rechtsabhandlungen, hier allerdings
meist die männliche, ebenfalls behandelt. Diese war aus Sicht der
Rechtsgelehrten abzulehnen, die die koranischen Verse über das
Volk Lot als Stellungnahme dagegen interpretierten und sie sogar
als strafbar ansahen (Sure 7:80–84, 11:77–83, 15:58–77 und andere),
indem sie Parallelen zu illegitimem Geschlechtsverkehr zogen.

112 Sexualität und Liebe

Weibliche Homosexualität wurde seltener thematisiert und offenbar auch nicht im selben Maß als strafbar betrachtet. In einigen
medizinischen Traktaten, beispielsweise bei Abū Bakr ar-Rāzī
(gest. 950), galt Homosexualität als «Krankheit» und wurde
einem genetischen Fehler zugeschrieben. Das Geschlecht eines
neugeborenen Kindes sah Rāzī durch den vorherrschenden
Samen des Mannes oder der Frau bestimmt. Wenn der vorherrschende Samen beim Prozess der Zeugung eine Veränderung erfuhr, war das neugeborene Kind im Extremfall weder männlich
noch weiblich. So hat ein dominanter, aber veränderter, also
defekter männlicher Samen ein «verweiblichtes» männliches
Kind zur Folge und umgekehrt ein veränderter weiblicher Samen
ein «vermännlichtes» weibliches Kind. Homosexualität war nach
dieser medizinischen Sicht deshalb immer von physischen Zeichen begleitet. So habe ein homosexueller Mann einen kleinen
Penis und kleine Hoden, eine homosexuelle Frau menstruiere
wenig oder gar nicht und habe einen Bart. Dagegen wies Ibn Sīnā
diese Erklärung zurück und meinte, passive männliche Homosexualität sei psychologisch und nicht physiologisch bedingt.

Wie sehr die juristischen Überlegungen Theorie waren, geht
aus der Tatsache hervor, dass der Begriff *liwāt* im religiösen Schrifttum eine andere Bedeutung hat als in der übrigen Literatur. Dort
ist nicht jeder Verkehr zwischen Personen männlichen Geschlechts
liwāt; vielmehr wird unterschieden zwischen dem Penetrierenden
und dem Penetrierten. Während Ersteres ein gesellschaftlich akzep-
tiertes Verhalten war und beispielsweise in Schmähgedichten nie
als Argument gegen den Geschmähten diente, ist Letzteres einer
der schlimmsten und entehrendsten Vorwürfe, weil dadurch die
gesellschaftliche Stellung als Mann in Frage gestellt war. Daraus
ergibt sich im Umkehrschluss, dass Frauen, die «Penetrierten»,
als passive und untergeordnete Sexualpartnerin gesehen wurden.

Dass der ansonsten sehr sittenstrenge Oberrichter Yaḥyā b.
Aktham (gest. 857) eine besondere Neigung zu *liwāt* hatte, war allgemein bekannt. Peinlich wurde es für ihn aber erst, als man

Vormoderne Vorstellungen 113

behauptete, er sei in Wahrheit ein Penetrierter.[9] Die seit dem 19. Jahrhundert in Europa gängige Klassifikation der Sexualität in Hetero- und Homosexualität ist in diesem Zusammenhang nur eingeschränkt anwendbar. Als «Mann» galt, wer sowohl über die entsprechenden Geschlechtsmerkmale verfügte als auch den dominierend-aktiven Part in der Sexualbeziehung wahrnahm. Umgekehrt verpflichtete die Selbst- und Fremdeinschätzung als «Mann» zur Beschränkung der Sexualpraktiken auf die aktiv-penetrierende Rolle und wies Frauen den Part der passiven Sexualpartnerin zu.

Als weitere passive Sexualpartner galten «Noch-nicht-Männer», das heißt junge, «bartlose» Männer (arab. *amrad*), die Eunuchen als «Nicht-mehr-Männer» sowie die *mukhannathūn* (pl. zu *mukhannath*). Der Terminus wurde in medizinischen Traktaten wie denen des Rāzī für Kinder benutzt, die mit Penis und Scheide geboren wurden, aber auch für Transsexuelle und Homosexuelle gebraucht. Die islamischen Rechtsgelehrten haben intensiv den Status dieser Personen beispielsweise im Erbrecht diskutiert und die Frage aufgeworfen, ob sie einen Schleier zu tragen hätten. Die *mukhannathūn* nahmen in der vormodernen islamischen Gesellschaft einen festen Platz ein, auch wenn es ihnen verwehrt war, einen Männerberuf auszuüben oder Frauenrollen einzunehmen. Sie waren zum Beispiel Sänger, Gaukler oder Komödianten.

Die Frömmigkeit verdammt die Liebe nicht

Neben Abhandlungen wie denen al-Ghazālīs, die sich auf die Sexualität und die Eheführung beziehen und hier moralische und konkret-praktische Anweisungen geben, steht die große Bandbreite an Literatur zur Liebe. Als ein Beispiel der Prosaliteratur zu diesem Thema sei das «Halsband der Taube» des Spaniers Ibn Hazm (gest. 1064) genannt. Er verbindet darin eine feine Beob-

114 Sexualität und Liebe

achtungsgabe mit psychologischer und formvollendeter Darstellung, schildert das Verhalten der Verliebten ebenso wie ihre Emotionen. Ibn Hazm selbst hatte im Alter von zwanzig Jahren eine junge Sklavin kennen und lieben gelernt, die jedoch sehr früh starb, was ihn in große Trauer versetzte:

> Der Liebe Anfang – Gott schenke dir Ruhm – ist Scherz, ihr Ende aber ist Ernst. Ihre Erscheinungen sind ob ihrer Erhabenheit zu zart, um beschrieben werden zu können, und so ist ihr tiefstes Wesen nur durch eigenes Erleben zu begreifen. Die Frömmigkeit verdammt die Liebe nicht, und das Gesetz verwehrt sie nicht, stehen doch die Herzen in Gottes, des Mächtigen und Erhabenen, Hand.[10]

Weiterhin beschreibt er verschiedene Arten, wie sich Menschen verlieben können, beispielsweise die Liebe auf den ersten Blick und die Liebe, die sich erst allmählich entwickelt, aber auch «die Menschen, die sich in eine Eigenschaft verlieben und denen später keine andere, von ihr verschiedene mehr gefällt». Die Unterwürfigkeit bewertet er positiv, insofern als Menschen mit zänkischem Wesen und schwierigem Charakter durch die Liebe sanftmütig und ergeben werden könnten.

Auch Ibn Hazm hat klare Geschlechterrollen im Sinn, wenn er schreibt:

> Ich weiß nicht, weshalb dieser Wesenszug die Frauen beherrscht, wenn es nicht daher kommt, dass sie nichts anderes im Sinn haben als den Beischlaf … sowie intimen Verkehr und seine Mittel und Wege … während sich die Interessen der Männer verteilen auf Gelderwerb, Freundschaft mit Fürsten, Streben nach Gelehrsamkeit, Schutz der Familie, Aufsichnehmen der Beschwerden von Reise und Jagd, Handwerke aller Art, Teilnahme an Kriegen, Beteiligung an Unruhen, freiwilliges Erdulden von Schrecknissen und Landkultur.[11]

Andererseits berichtet er, dass er bis zur Pubertät nur bei Frauen aufgewachsen sei, die ihn in Koran und Dichtung unterrichtet und im Schreiben unterwiesen hätten.

Die Vorstellungen zu Zeugung, Sexualität und Liebe zeigen, dass die weibliche Sexualität wegen ihrer Bedeutung für die Zeugung der männlichen einerseits gleichgestellt wurde, andererseits jedoch schon aufgrund ihrer Organe der männlichen nachgeordnet war. Die unterschiedlichen Diskurse in der medizinischen, rechtlichen und «schönen» Literatur spiegeln eine Vielfalt von Wahrnehmungen und Positionen.

Männlichkeit und Weiblichkeit in der Moderne

Von al-Ghazālī zu Fatima Mernissi

Vor dem Hintergrund sich wandelnder Gesellschaften, der Globalisierung und der internationalen Diskussion um die Stellung der Geschlechter ist auch in den islamischen Ländern eine Debatte um die Neubewertung der Sexualität entbrannt. Die Vielfältigkeit der daran beteiligten Stimmen macht allerdings eine exemplarische Vorgehensweise notwendig.

Schon seit Jahren deutlich zu vernehmen ist die marokkanische Soziologin Fatima Mernissi, die in ihrem Buch *Beyond the Veil* (1987) argumentiert, der Islam habe, anders als das Christentum, ein eher an Freud erinnerndes Konzept der aktiven Sexualität entwickelt. Damit bewegt sie sich noch ganz im Rahmen der Mehrheit der Wissenschaftler, die hier einen Unterschied zwischen körperfeindlichem Christentum und die Sinnlichkeit bejahendem Islam sehen. Sie geht jedoch einen Schritt weiter, indem sie die im islamischen Kontext meist als passiv gesehene weibliche Sexualität als aktiv und sogar bedrohlich bezeichnet, da sie das männliche Geschlecht herausfordere. Sie bezieht sich auf al-Ghazālī und den Vordenker der Frauenbewegung, Qāsim Amīn (gest. 1908), und arbeitet vor allem die Bedeutung der Angst

116　*Sexualität und Liebe*

vor dem «Chaos» (arab. *fitna*) heraus, die sie als grundlegend für die islamischen Gesellschaften bezeichnet. Danach sei *fitna* ein Chaos, das durch die ungezügelte Sexualität der Frauen ausbreche und vor dem sich der männliche Teil der Gesellschaft durch die Regeln der Segregation, der Verschleierung, das heißt insgesamt der Unterordnung der Frau, schütze.

Dass Sexualität einzuschränken, in geordnete Bahnen zu lenken sei, war von al-Ghazālī in seinen Ausführungen zur Ehe dargelegt worden.[12] Er hatte die Ehe und damit die geregelte sexuelle Beziehung ja als «Schutzwehr gegen den Teufel» propagiert. Mernissi aber leitet aus seinen Ausführungen ab, dass nicht etwa die Frau als der passive Part und der Mann als der aktive Partner zu gelten habe, sondern beschreibt umgekehrt die Frau als den «Jäger» und den Mann als das «Opfer». Ob der von ihr konzipierte inhärente Gegensatz zwischen «der» westlichen Kultur, in der der Glaube an die sexuelle Inferiorität durch die biologische Unterordnung der Frauen in ihrer Rolle als Mutter bedingt sei, und «der» islamischen Kultur, in der man davon ausgehe, die Frau sei ein machtvolles und gefährliches Wesen, sinnvoll ist, mag dahingestellt bleiben. Während *fitna* im Sinne des Chaos, das durch die Überschreitung der Geschlechtergrenzen ausbricht, in vielen Texten eine übliche Vorstellung gewesen ist, muss Mernissi zugestehen, dass die von ihr sogenannte «explizite» Theorie der Sexualität Frauen als passiv und Männer als aktiv darstellt.[13]

Jungfräulichkeit und Keuschheit

In der arabischen und islamischen Welt ist oftmals auch zu Beginn des 21. Jahrhunderts immer noch die Familie an der Auswahl des Ehepartners oder der Ehepartnerin beteiligt. Arrangierte Hochzeiten in dem Sinn, dass sich das Paar im familiären Wohnzimmer kennenlernt, sind häufig. Diesem Kennenlernen folgt normalerweise eine längere Phase des Kontakts in Form von Ausflügen,

Männlichkeit und Weiblichkeit in der Moderne 117

Treffen und auch Telefonaten. In den konservativen Golfstaaten verlässt sich der Bräutigam bei solchen Eheanbahnungen und Eheschließungen auf sein weibliches Familiennetzwerk. In Nordafrika und der Levante macht man aber auch von professionellen Heiratsvermittlerinnen Gebrauch (arab. *khātiba*). Gerade in öffentlichen Räumen wie beispielsweise Einkaufszentren und Parks treffen sich zunehmend junge Leute zum Flirten und verabreden sich. Romanzen und Liebesbeziehungen vor der Ehe werden jedoch weitgehend geheim gehalten. Das Ansehen eines Mannes leidet dabei nicht unter vorehelichen Verabredungen, wenn sie nicht familiengesteuert sind, wohl aber das der Frau. Der Kult der Jungfräulichkeit spielt immer noch eine Rolle, bedeutet jedoch nicht, dass keine vorehelichen sexuellen Beziehungen vorkommen. Sie werden jedoch stärker als in den westlichen Ländern geheim gehalten. Eventuell wird vor der Eheschließung das Jungfernhäutchen operativ wiederhergestellt, allerdings wird gerade von Frauen auch die Nachrede gefürchtet.

Nach einer Verlobung, die häufig durch eine kleine Feier mit der Rezitation der ersten Sure des Korans, der «Eröffnenden», begangen wird, kann sich das Paar dann verabreden. Die formelle Beziehung fängt mit dem Heiratsvertrag an, aber erst mit der Hochzeitsfeier wird die Ehe vollzogen (arab. *lailat ad-dukhla*).[14]

Sexuelle Enthaltsamkeit, Keuschheit in der Ehe und Jungfräulichkeit vor der Ehe, die eine Einschränkung der weiblichen Sexualität bedeuten, sind als Konsequenz aus dem Machtverhältnis der Geschlechter zu sehen. Auf gesellschaftlicher Ebene wiederum hängen sie eng mit dem Ehrverständnis zusammen, dem zufolge die Sexualität der Frauen kontrolliert werden muss, um die Familienehre zu bewahren. Diese Kontrolle von Jungfräulichkeit und Keuschheit wird mit der Kontrolle der legalen Abstammung der Kinder gerechtfertigt. Jungfräulichkeit wurde noch lange in einem Ritual nachgewiesen, nach dem die Brautleute in ihrem Schlafzimmer verschwanden und nach entsprechender Zeit das blutige Laken präsentierten. Erwies sich die Braut nicht als Jungfrau,

118 Sexualität und Liebe

konnte der Ehemann sie nach islamrechtlichen Normen ihrer Familie zurückgeben. Gerade die demonstrative Zurschaustellung des blutigen Lakens ist selten geworden, aber die Auflösungsmöglichkeit des Ehevertrags besteht weiter, wenn sich die Frau nicht als Jungfrau erweist. Zugleich setzt das Ritual aber auch den männlichen Part, der in dieser Situation seine Potenz erweisen muss, unter erheblichen Druck. Die zugrunde liegende Idee der Jungfräulichkeit, welche die islamische «Moral» und somit islamische Form der Weiblichkeit kennzeichnet, ist weiterhin in vielen Ländern präsent.

Als Beispiel kann die Türkei dienen, wo sich trotz eines modernen Familiengesetzbuches manche Sitten nicht nur in abgelegenen Regionen hielten: So galt bis 2002 ein Erlass des Erziehungsministeriums, dem zufolge der «Nachweis von Unkeuschheit» zum Ausschluss der Frau von Schule und Hochschule führen konnte. Die übliche Praxis bestand darin, Studentinnen einem medizinischen Jungfräulichkeitstest zu unterziehen. Bereits 1999 war nach heftigen Protesten von Frauenorganisationen ein Dekret des Justizministeriums ergangen, das die Tests auf Umstände wie Vergewaltigung, sexuelle Beziehung mit Minderjährigen oder Prostitution beschränkte und in dem zudem festgestellt wurde, dass keine Frau aus Gründen der Disziplinierung gegen ihren Willen oder in einer Art, die sie verletzen oder quälen könnte, einem solchen Test unterzogen werden dürfe.

Der Anspruch der Jungfräulichkeit führte andererseits inzwischen dazu, dass Kliniken in der islamischen Welt eine Wiederherstellung des Jungfernhäutchens anbieten. Unter den Gelehrten ist die Erlaubnis dafür umstritten. Auf dem Treffen der Islamischen Organisation für Medizin (Islamic Organization of Medical Sciences, IOMS) in Kuwait im Jahr 1987 legte der ägyptische Arzt Kamal Fahmi eine kurze Studie vor, die verschiedene medizinische Situationen betraf, in denen Ärzte nach Wiederherstellung des Hymen gefragt wurden beziehungsweise gefragt werden könnten, und welche möglichen Antworten darauf zu geben seien.

Die am Ende des Kongresses abgegebene Empfehlung lautete, dass jeder Eingriff in den menschlichen Körper, der auf Betrug hinauslaufe, verboten werden sollte.[15]

Sexuelle Tabuthemen

Ein ähnliches Tabuthema in den islamischen Ländern ist die Homosexualität, in einigen Staaten wie beispielsweise in Iran ist sie sogar strafbar.[16] Zugleich berichtet der Iraner Ali Mahdjoubi[17] über eine bemerkenswert freie und sozial anerkannte Praxis der Homosexualität in seiner Jugendzeit vor der Revolution. Homosexuelle Praktiken unter männlichen Jugendlichen wurden von ihm als selbstverständlich erfahren, sie wurden später nach der Eheschließung aufgegeben. Seiner Schilderung nach haben homosexuelle Paare kein Problem, eine gemeinsame Wohnung in Iran zu mieten, unverheiratete heterosexuelle Paare dagegen sehr wohl.

Studien zur Homosexualität von Muslimen in europäischen Gesellschaften zeigen, dass der Umgang damit nicht immer so offen ist, wie von Mahdjubi beschrieben, sondern dass diese möglichst verschwiegen wird und ein öffentliches Bekenntnis dazu eher unüblich ist und schwerfällt. Wird sie thematisiert, führt sie in den Familien zu extremen Konflikten. Ein junger Franzose algerischer Herkunft berichtet etwa über die Reaktion seiner Mutter auf seine Homosexualität:

Meine Mutter hat mir gesagt: «Ich hätte es vorgezogen, dass du ein Drogenabhängiger, ein Krimineller, selbst ein Knabenschänder oder Vergewaltiger geworden wärst … Alles, nur das nicht. Wir hätten es lieber gehabt, dass du gestorben wärst. Wir hätten gelitten, aber die Wunde wäre vernarbt. So ist es eine Wunde, die die ganze Zeit offen bleibt, bis ans Ende unserer Tage, weil du immer noch da bist. Du lebst, und du bleibst so, das wird nie vernarben.»[18]

120   Sexualität und Liebe

An dieser Reaktion der Mutter lässt sich, anders als im Bericht Mahdjoubis, ablesen, dass Homosexualität stark tabuisiert ist und als abweichendes Sexualverhalten empfunden wird. Betroffene haben inzwischen angefangen, sich mit den koranischen Regelungen auseinanderzusetzen, um ihre Homosexualität leben und zugleich sich als gläubige Muslime fühlen zu können. In vielen islamischen Ländern ist eine solche offene Auseinandersetzung allerdings bisher nicht möglich.[19]

Männlichkeit und Weiblichkeit im Sinne von Verhaltensweisen und Charakteristiken, die Männern und Frauen zugeschrieben werden, variieren je nach Kultur, Region und sozialer Schicht, wenngleich sie inhärent mit religiösen Normen verknüpft sind. Sicherlich sind sie nicht auf den Islam reduzierbar. Während die normative Geschlechterkonzeption, wie sie auch von Wadud aus dem Koran herausgearbeitet worden ist, in der Zweigeschlechtlichkeit oder Zentralität des Paarbegriffes besteht, hat Unni Wikan in ihrer Feldstudie in Oman[20] in den siebziger Jahren das «dritte Geschlecht» untersucht. Damit bezeichnet sie den aus der klassisch arabischen Literatur bekannten *khanith*, dessen Anatomie meist als männlich, aber effeminiert und weich beschrieben wird. Solche Männer arbeiteten in Oman häufig in ihrer Jugend als homosexuelle Prostituierte, kehrten später jedoch wieder in die «normale» Rolle des Mannes und Ehemannes zurück. Der *khanith* trug, ihrer Forschung nach, bestimmte Kleidung, die ihn sowohl von den Frauen als auch von den Männern unterschied. Frauen sprachen mit ihm auf der Straße, bei Hochzeiten trat er häufig als Sänger auf. Es handelte sich um Männer, die weiblich agierten und sich frei unter Frauen bewegten und somit die normalerweise in den islamischen Gesellschaften geachteten Geschlechtergrenzen überschreiten konnten. Sie waren keine Transvestiten, welche die Kleidung des anderen Geschlechts trugen, eher kann man sie wegen ihres Anspruchs, Frauen zu sein, als Transsexuelle bezeichnen.

Während in westlicher Vorstellung eine Geschlechtsverändrung nur mit Hilfe von Hormonen beziehungsweise Operationen vorgenommen werden kann, sahen die Omanis dies nach der Untersuchung von Unni Wikan ganz anders. Zwar blieben Frauen immer Frauen, Männer jedoch konnten die soziale Grenze ihres Geschlechts überschreiten und wieder zurückkehren. Wikan bestätigt die Perspektive der vormodernen Literatur, der zufolge nicht das Sexualorgan von zentraler Bedeutung ist, das heißt das biologische Geschlecht, sondern der Akt der Penetration Geschlecht konstituiert. Ein Mann, der sexuell wie eine Frau agierte, wurde als Frau gesehen. Da ein *khanith* anatomisch ein Mann ist, sozial aber agiert, wie es keiner omanischen Frau erlaubt wäre, nämlich als Prostituierte, bezeichnet ihn Wikan als das «dritte» Geschlecht. Ein ähnliches Ergebnis hatte sich bereits für die vormoderne Literatur gezeigt.[21] Die Studie macht darüber hinaus deutlich, dass die omanische Gesellschaft diese Grenzüberschreitungen offenbar tolerierte und außerdem eine Rückkehr in den nach normativen Maßgaben «normalen» Zustand der Zweigeschlechtlichkeit möglich war.

Männlichkeit und Macht

Dem *khanith* wird eine weibliche und damit passive Sexualität zugeschrieben.[22] Die Wahrnehmung der weiblichen Rolle als passiv und der männlichen Rolle als aktiv hat Auswirkungen auf die Konstruktion eines hierarchischen Geschlechterverhältnisses, wird doch der Anspruch auf Macht und Stärke dem Mann zuerkannt. Eine empirische Studie in Marokko,[23] welche die männliche Empfindung des Machtverlustes im Zusammenhang mit weiblicher Berufstätigkeit untersuchte, kam zu dem Ergebnis, dass berufstätige Frauen traditionelle patriarchalische Machtverhältnisse neu aushandelten, wodurch sie bei Männern ambivalente Gefühle auslösten. Da die finanzielle Lage über die Heiratsfähigkeit der Männer entscheidet, gerieten Männer gegenüber berufstätigen

122 Sexualität und Liebe

Frauen unter Druck. Diese sozioökonomische Dimension wurde von den Männern mit Sexualität in Beziehung gesetzt und als direkte Ursache dafür verantwortlich gemacht, dass sie sich in von ihnen als unsittlich angesehene Handlungen flüchteten, wie zum Beispiel in voreheliche sexuelle Aktivität, Masturbation und Homosexualität. Männlichkeitskonzepte sind andererseits an die gesellschaftliche Schicht gebunden. Offenbar hatten nach dieser Studie Männer aus der Oberschicht weniger Probleme mit den sozialen Veränderungen, sie sahen ihre Männlichkeit durch die weibliche Berufstätigkeit nicht so sehr in Frage gestellt.

Männlichkeitsvorstellungen islamischer Prägung besagen darüber hinaus, dass der Mann im klassischen Sinn als Ernährer der Familie und Beschützer der weiblichen Mitglieder gilt, womit die Dichotomie der öffentlichen und privaten Sphäre und somit die Ehre der Familie aufrechterhalten werden soll. Dieses Bild wurde in einer empirischen Untersuchung von Befragten als islamisch und dem «Westen» moralisch überlegen bezeichnet.[24]

Einer Untersuchung zu Palästina zufolge können Männlichkeitskonzeptionen (arab. *rudjūla*) dreierlei Formen annehmen: eine islamische Männlichkeit, eine liberal-säkulare und eine situationsbedingte Männlichkeit.[25] Die islamische Männlichkeitskonstruktion definierte sich über die explizite Abwendung von der westlichen Kultur und den Rückgriff auf islamische Werte wie geschlechterbasierte Arbeitsteilung, Reinheit, Moralität, während das liberal-säkulare Männlichkeitsbild neue Bilder der Mütterlichkeit und der Rolle der Frau akzeptiert und den Kampf der Frauen für Gleichheit unterstützt. Die dritte Form arrangiert sich pragmatisch, sich auf arabische Traditionen beziehend.[26] Daneben spielt die bereits angesprochene Vorstellung der Ehre, die Männer zu verteidigen haben und deren Träger Frauen sind, in arabischen Gesellschaften, beispielsweise in Jemen, aber nicht nur hier, eine wichtige Rolle. Die Vorstellungen der Familienehre beinhalten, dass Männer über den Frauen stehen und sie kontrollieren müssen in ihrem sexuellen Verhalten. Daraus resultiert eine eindeutige Machtbeziehung.[27]

Wie ich Scheherazade tötete

Ein modernes islamisches Weiblichkeitsbild entwarf ʿAlī Schariati (gest. 1977), ein iranischer Soziologe und Vordenker der Islamischen Revolution von 1979. Er kritisierte in seinem Buch *Fatima ist Fatima*, welches der Prophetentochter gewidmet ist, die untergeordnete Rolle von Frauen in der Religion und die Geschlechtersegregation im Iran des 20. Jahrhunderts. Zugleich wandte er sich gegen die unkritische Übernahme westlicher Geschlechterbilder von Frauen der Oberschicht und des Jetsets:

> Eine Gesellschaft, die sich in einem Kreis von «Produktion und Konsum» und «Konsum und Produktion» bewegt, kann die Vernunft, den Sinn der Handlungen, nur nach ihrer Wirtschaftlichkeit beurteilen. Demnach ist die Frau nicht mehr das Geschöpf, das die Phantasie beflügelt, die Empfindungen anspricht, das Ideal aller Liebenden, Mutter, Gefährtin, Mittelpunkt der Familie und ein Symbol der Geborgenheit, sondern eine Ware, die nach ihren sexuellen Reizen beurteilt und für den Handel freigegeben wird.[28]

Statt die Frau auf der Basis ihrer «Wirtschaftlichkeit» zu beurteilen, sprach er sich für ihre Bildung und Berufstätigkeit aus. Da nun weder die traditionelle noch die westlich orientierte iranische Frau Vorbildcharakter haben konnte, zog er Fatima als idealtypischen Orientierungspunkt für junge Frauen in der iranischen Gesellschaft des letzten Viertels des 20. Jahrhunderts heran und projizierte auf sie die seiner Meinung nach notwendigen Eigenschaften einer muslimischen Frau der Moderne. Fatima habe eine enge Beziehung zu ihrem Vater gehabt und eine wichtige Rolle in der frühen islamischen Gesellschaft gespielt, sie stehe am Anfang einer neuen, durch den Islam eingeleiteten Zeit. Die harten Zeiten, die sie durchmachen musste, hätten sie geprägt, ihr Mut zur Konfrontation mit den Prophetengenossen und späteren Kalifen Abū Bakr und ʿUmar habe ihre Aufrichtigkeit bewiesen, ihre Kenntnis des

124   *Sexualität und Liebe*

Korans und der Politik sowie ihr Protest gegen materialistische Tendenzen seien Zeichen ihrer Religiosität. Muhammad habe Fatima ermutigt, ihre Arbeit selbstständig zu erledigen. Ihre Persönlichkeit sei geprägt gewesen durch religiöse Stärke, Geduld, soziales Bewusstsein, Intellektualität. Damit griff Schariati vehement sowohl die Verwestlichung seiner Gesellschaft als auch die traditionelle untergeordnete Rolle der Frau in der damaligen iranischen Gesellschaft an. Bei seinem Buch handelt es sich nicht um den Versuch einer auf die Quellen der Frühzeit gestützten Rekonstruktion der historischen Person Fatimas, sondern um eine inspirierte Biographie.

Ein ganz anderer Entwurf von Weiblichkeit findet sich in Joumana Haddads *Wie ich Scheherazade tötete – Bekenntnisse einer zornigen arabischen Frau*, das im Jahr 2010 erschien. Die Autorin versteht darin die Tötung Schehrezads als Tötung eines historischen Mythos um der Befreiung des Körpers und des Geistes willen und dekonstruiert die generell mit «dem Islam» verbundenen Weiblichkeitsmerkmale:

> Obgleich ich das bin, was man eine arabische Frau nennt, trage ich und tragen viele anderen Frauen wie ich, was immer wir tragen wollen, gehen wir hin, wo immer wir hingehen wollen, und sagen wir, was immer wir sagen wollen.
>
> Obgleich ich das bin, was man eine arabische Frau nennt, bin ich und sind viele andere Frauen wie ich nicht verschleiert, gefügig, ungebildet, unterdrückt und schon gar nicht unterwürfig.
>
> ...
>
> Obgleich ich das bin, was man eine arabische Frau nennt, wohne ich und wohnen viele andere Frauen wie ich nicht in Zelten, reiten wir nicht auf Kamelen und haben wir vom Bauchtanz keine Ahnung ...
>
> Zu guter Letzt bin ich zwar das, was man eine arabische Frau nennt, doch sehe ich und sehen viele andere Frauen wie ich fast genauso aus wie ... Sie![29]

In diesen Zeilen kann man den Zorn über den «orientalistischen Blick», die klischeehafte europäische Wahrnehmung auf «den Orient» und «die Orientalin» spüren, Haddad kreiert sich als

Männlichkeit und Weiblichkeit in der Moderne 125

selbstständig, eigenverantwortlich, nicht dem Klischee entsprechend, eben nicht verschleiert, gefügig, ungebildet und unterdrückt. Von ihrer Herkunft Christin, betont Haddad jedoch, dass die Frauen christlicher Familien nicht automatisch freier seien, da auch diese patriarchalisch geprägt seien.

Als Herausgeberin der Zeitschrift *Jasad* (arab. *djasad*, Körper), in der erotische Gedichte, Geschichten und Fotografien veröffentlicht werden, wendet sie sich zugleich gegen die zahlreichen Tabus in ihrer Gesellschaft, die nicht nur zu Kritik an ihrer Zeitschrift, sondern auch zu Drohungen gegenüber ihrer Person geführt haben. Die Tabuthemen der libanesischen und im weiteren Sinn der arabischen Gesellschaft sind ihrer Meinung nach die männliche und vor allem weibliche Beschneidung, die Homosexualität, die Frage der sexuellen Identität und die kritische Auseinandersetzung mit dem Thema Sex in zeitgenössischen Romanen. Ihre Weiblichkeit definiert sie als «Mode und Kultur: Nahrung für den Körper und Nahrung für Geist und Seele. Äußere Schönheit und Schönheit im Inneren, die sich wechselseitig ergänzen und bereichern.»[30] Damit bildet ihr Weiblichkeitsentwurf einen selbstbewussten, körperbetonten Gegenentwurf zu ʿAlī Schariatis Bild einer demutsvollen, bescheidenen, gebildeten islamischen Frau, deren Sexualität nicht thematisiert wird. Haddad sieht sich als intellektuelle, berufstätige Frau, sie bezeichnet sich als bekennende Workaholic, die zugleich ihre Femininität und das Recht genießt, über ihren Körper zu verfügen, ohne sich zum Sexobjekt zu machen.

So unterschiedlich diese Vorstellungen, Praktiken und Konzepte von Männlichkeit und Weiblichkeit auch sein mögen, sie zeigen, dass in der heutigen islamischen Welt überhaupt über dieses Thema diskutiert wird und traditionelle Rollenmodelle hinterfragt werden, dass es eine Vielzahl von Möglichkeiten gibt, sich als Frau und Muslimin zu definieren. Für Frauen wie Joumana Haddad ist es zu Beginn des 21. Jahrhunderts selbstverständlich, sich in Beruf und Arbeit zu verwirklichen.

4. Literarische Reflexionen

Fromme Frauen und Sklavenmädchen

Märchenerzählerin oder listige Figur?

Erst im beginnenden 20. Jahrhundert gab es in islamischen Ländern die ersten Autorinnen von Büchern. Für die Vormoderne richtet sich der Blick deshalb auf die Frauenfiguren in der Literatur. Eine der bekanntesten ist Schehrezad, die Geschichtenerzählerin aus *Tausendundeine Nacht*, die Joumana Haddad in ihrem Titel töten möchte.[1] Die Märchensammlung besteht aus einer Rahmenhandlung – in der Schehrezad eine zentrale Rolle spielt – und Sammlungen einzelner Geschichten, die jedoch keinen festen Kanon bilden. In der Rahmengeschichte erfährt Schahriyār, König einer ungenannten Insel zwischen Indien und China, von der Untreue seiner Frau und ist schockiert. Er begibt sich mit seinem Bruder, dem Gleiches geschehen ist, auf eine Reise. Zunächst treffen sie auf eine Frau, die beiden bei Todesdrohung befiehlt, mit ihr zu schlafen. Sie rufen aus: «Gott, Gott, deine List ist groß», und fügen sich mit dieser Anspielung auf die koranische Josefsgeschichte ihrem Schicksal.

Zurück in seinem Reich befiehlt Schahriyār seinem Wesir, ihm jede Nacht eine Jungfrau zuzuführen, mit der er die Nacht verbringt und die er am nächsten Morgen hinrichten lässt. Um dem Morden Einhalt zu gebieten, bietet sich Schehrezad, die Tochter des Wesirs, an. Sie beginnt in der Nacht mit der Erzählung einer Geschichte und ist bei Morgengrauen an der spannendsten Stelle, so dass der

128 Literarische Reflexionen

König unbedingt die Fortsetzung hören möchte. Hingerissen von dieser und den in den tausend folgenden Nächten wiedergegebenen Schilderungen schiebt er die Hinrichtung immer wieder auf. Nach einer Variante der Geschichte hat Schehrezad dem König in dieser Zeit drei Kinder geboren, weshalb häufig der Aspekt des «Zeitgewinnens» beziehungsweise «Erzählens um der Rettung des Lebens willen» in den Vordergrund gerückt wurde. Ihre Rechnung gegenüber dem König geht auf, und sie kann den Kreislauf von Sexualakt und Tötung durchbrechen. Ihre Strategie lenkt die Aufmerksamkeit des Königs vom Sexualakt ab und führt von der körperlichen auf eine intellektuelle Ebene hin: vom «Sex zum Text». Diese textliche Ebene ist in einer Frau verkörpert. Drei Punkte kommen demnach zusammen: die Überzeugungskraft der Frau, ihr «Trick» beziehungsweise ihre List und der bewusste Einsatz ihrer Sexualität.

Joumana Haddad begründet ihre Ablehnung der Figur damit, dass sie in ihrer Kultur gefeiert werde als eine gebildete Frau, die dank ihres Einfallsreichtums dem Tod von der Schippe sprang, jedoch empfindet sie Schehrezads Vorgehen, ihr Manöver gegenüber dem König, als eine Bestechung. «Umgarnt die Männer, verdreht ihnen den Kopf», scheint die Märchenerzählerin nach Haddads Interpretation den Frauen suggerieren zu wollen, «gebt ihnen, was sie haben wollen, dann werden sie euch nichts antun». Daran erkennt sie die Position der Allmacht des Mannes und die unterlegene Position der Frau, die sie konsequenterweise ablehnt.[2]

Neben den Märchensammlungen von *Tausendundeine Nacht* existierte im vormodernen Schrifttum des Islams die umfangreiche *adab*-Literatur (arab. *adab*, wörtl.: gutes Benehmen, im modernen Arabisch: Literatur), eine Fundgrube ohnegleichen für Normen jeglicher Art, für unterhaltsame und ernste Geschichten. Vieles davon hat einen didaktischen Anspruch. Das Spektrum reicht von der Monographie bis zur Enzyklopädie. Im letztgenannten Fall finden sich Frauen normalerweise am unteren Ende der männlich konzipierten Hierarchie bei marginalen Gruppen wie Bettlern und Kranken.

In Ibn Qutaibas (gest. 889) Werk *Quellen der Geschichten* (arab. *'uyūn al-akhbār*) findet sich ein «Buch der Frauen», in dem Themen wie Geschlechtsverkehr, Brautgeld, Heirat, Kindergebären und Scheidung abgehandelt werden.

Bei Ibn al-Djauzī (gest. 1200) gibt es in den *Nachrichten über die Intelligenten* (arab. *akhbār al-adhkiyā'*) ein Kapitel über Frauen, das exemplarisch ist. Männer sind in Berufsgruppen wie Herrscher, Richter, Ärzte, Poeten und sogar Diebe untergliedert. Frauen hingegen werden auf der Grundlage ihres Geschlechts oft lediglich als «listige Figuren» hingestellt. Hier lassen sich drei Elemente ausmachen, die auch Schehrezads literarisches Glänzen auszeichneten: die Beredsamkeit der Frauen, ihre List und ihre Sexualität. Die Beredsamkeit wird anhand von Beispielen aus den verschiedensten sozialen Schichten beschrieben, von der frommen Frau bis hin zum singenden Sklavenmädchen. Im Allgemeinen ist die Perspektive männerdominiert, die Frauen erzählen nicht selbst.

In einer Anekdote geht es um einen Mann, der eine Sklavin, die er kaufen möchte, fragt, ob sie etwas mit ihren Händen tun kann. Sie antwortet: «Nein, aber mit meinen Füßen!» Der Text fügt hinzu, dass sie eine Tänzerin war. Die einfache Frage eines Mannes und die einfache Antwort einer Frau werden kommentiert, wobei der Kommentar den impliziten sexuellen Hintergrund der Frage des Mannes verdeutlicht, den die Frau in ihrer Antwort aufgreift.

Al-Djāhiz (gest. 869), ein berühmter arabischer Literat, erzählt: «Ich untersuchte eine Sklavin und fragte sie: ‹Kannst du gut die Laute (arab. *'ūd*) spielen?› Sie sagte: ‹Nein, aber ich kann gut auf ihr sitzen›.» Sie spielte damit darauf an, dass *'ūd* im Arabischen auch einen Stock bezeichnen kann, der das männliche Sexualorgan symbolisiert.

Dies sind typische, einfach strukturierte Anekdoten mit einem

130 Literarische Reflexionen

Mann und einer Frau als Protagonisten, die zu einem verbalen Duell antreten. Der Mann versucht, die Frau zu definieren, sie festzulegen, und sie antwortet mit einem Wortspiel, das die Aufmerksamkeit auf ihre Sexualität zieht. Da damit die Geschichte endet, bleibt der Mann sprachlos. Weil der Name des Mannes genannt ist, derjenige der Frau aber nicht, steht sie für «die Frau» generell.

In einer weiteren Geschichte saß und aß al-Djāhiz mit einigen Leuten, als er eine sehr hochgewachsene Frau sah. Um mit ihr zu scherzen, sagte er: «Komm herunter, so dass du mit uns essen kannst!» Darauf antwortete sie: «Komm herauf, so dass du die Welt sehen kannst!» Während der Mann sich auf eine ihm so erscheinende Abnormalität ihres Körpers bezieht, nämlich ihren hohen Wuchs, pariert sie auf diese Herabsetzung mit dem impliziten Vorwurf der mangelnden Weitsicht. Der Mann verlässt sich auf seine Sehkraft, wenn er sie als hochgewachsen wahrnimmt. Sie zeigt ihm, dass diese nicht ausreicht, weil er nicht groß genug ist, um die Welt zu sehen. Hier wird einmal nicht auf die Sexualität angespielt, sondern auf eine geistige Überlegenheit der Frau.

Noch einmal berichtet al-Djāhiz, dass er eines Tages zwei Frauen begegnete, als seine Eselin einen Wind ließ. Die eine sagte zur anderen: «Schande, der Esel des Gelehrten hat einen Wind gelassen!» Al-Djāhiz, der sich ärgerte, hielt den Esel an und sagte, keine Frau habe ihn jemals getragen, ohne einen Wind zu lassen. Daraufhin schlug die Frau ihrer Begleiterin auf die Schulter und sagte: «Die Mutter von dem da muss seinetwegen neun Monate lang ganz schön in Schwierigkeiten gewesen sein!» Hier schlägt al-Djāhiz' Versuch, sich über die Frauen lustig zu machen und seine dominante Sexualität ins Spiel zu bringen, fehl. Durch die Projektion auf die Mutter wird seine sexuelle Angeberei lächerlich gemacht, die Frau hat das letzte Wort und mithin die Lacher auf ihrer Seite. Der weibliche Körper wird von beiden – Mann und Frau – benutzt, aber es ist die Frau, die sich am Ende als siegreich erweist.

Daneben existierten in der mittelalterlichen arabischen Literatur Handbücher mit sexuellem und erotischem Inhalt von Verfassern wie beispielsweise at-Tīfāschī (gest. 1253) oder Ibn Kamāl Bāschā (gest. 1534). Diese Werke waren extrem populär. So widmet sich at-Tīfāschī fast durchweg der verbotenen Liebe: Wie kann man ungestört illegitimen Sexualverkehr (arab. *zinaʾ*) praktizieren, wie kann man eine Frau, die dazu bereit ist, trotz Schleier erkennen? Päderastie wird in ihren Vorzügen beschrieben, die Hermaphroditen werden behandelt, und auch der lesbischen Liebe ist ein Kapitel vorbehalten.

Auch bei den Frauen, die Ibn al-Djauzī in seinem Buch über die intelligenten Personen erwähnt, ist die Grenze zwischen Intelligenz und List (arab. *kaid*) angelegt. «List» umfasst einmal die Charakteristik des Betrügens und der Böswilligkeit. Zugleich wird das Wort zur Bezeichnung der Menstruation gebraucht. Eine menstruierende Frau aber wird negativ wahrgenommen, da sie an der Erfüllung der religiösen Pflichten und am Geschlechtsverkehr gehindert wird.

Den Text *Das Muster in den Listen der Frauen* von Ibn al-Batanūnī (gest. 1494) kann man regelrecht als eine Fortschreibung der Formel «Wahrlich, ihr seid voll List» bezeichnen. Eine Geschichte nach der anderen zeigt Beispiele für die Tücke und Tricks der Frauen, und die Männer werden vor ihnen gewarnt. Als Beispiel mag die Geschichte des frommen Prophetengenossen Fadlūn dienen, in den sich eine Frau verliebt. Als er diese Liebe nicht erwidert, beschuldigt sie ihn, während seiner nächtelangen Frömmigkeitsübungen als Räuber unterwegs zu sein, und klagt ihn des Diebstahls, der Vergewaltigung und Tötung ihrer Sklavin an. Bei seiner Verhandlung erscheint auf wunderbare Art und Weise ʿAlī b. Abī Tālib, Cousin und Schwiegersohn des Propheten, und kündigt an, die Geschichte aufzuklären. Er fragt die Frau, ob sie bereit sei, die Auskunft ihres Ungeborenen zu akzeptieren, worauf sie einwilligt. ʿAlī hat eine Rute des Propheten und stellt sie auf den Bauch. Da fängt das Ungeborene an zu sprechen und bringt das gesamte Lügengespinst der Frau an den Tag: Sein Vater sei der

132 Literarische Reflexionen

schwarze Sklave der Frau, seine Mutter die Mörderin und die-
jenige, die den Diebstahl inszeniert habe. ʿAlī verlangt, dass die
Frau bestraft wird, wenn das Kind geboren ist – das dann auch
schwarz ist und auf der Stelle stirbt. Sie wird getötet und der hei-
lige Mann verbringt den Rest seines Lebens mit religiösen Übun-
gen. Sex, Gewalt und Magie kommen in dieser Geschichte zusammen. Die Krönung ist das sexuelle Abenteuer der Frau mit ihrem
schwarzen Sklaven. Die Frauen in diesen Geschichten gehen sehr
weit, um ihre Zurückweisung zu rächen und ihren sexuellen Appe-
tit zu stillen. Ibn al-Batanūnī hatte offenbar ein kurzes Kapitel über
fromme Frauen angefügt, das aber nicht erhalten ist – wer weiß,
vielleicht hätte sich daraus eine Korrektur seines misogynen Frauenbildes ergeben.

«Ich umarmte sie, dann wollte meine Seele mehr»

Ein breites Feld für die Darstellung der Geschlechterbeziehung
auch und gerade mit erotischem Aspekt zeigt sich in der vormodernen Poesie.[3] Hier geht es nicht nur um heterosexuelle, sondern
auch um homoerotische Beziehungen. Das gilt insbesondere für
das sogenannte Ghazal, die Liebeslyrik. Eine einfache Formel,
auf die die Repräsentation von Frauen in den Ghazal reduziert
werden kann, gibt es indes nicht. Vielfach oszilliert die Darstellung in Anspielungen auf Gott und die Liebe zu Gott. In der
frühen arabischen Tradition der Dichtung (*qasīda*) wird eine ver-
lorene Geliebte im Anfangsteil (arab. *nasīb*) genannt. Der Dichter
erinnert sich an die Schönheit und Zärtlichkeit seiner Geliebten
und schafft damit das Portal für eine männliche Narrative des
weiblichen Körpers und Verhaltens. In der *Abhandlung über die
Geliebte* (arab. *taschbīb*) beschrieb der Dichter dagegen eine
aktuelle Liebe und seine Gefühle.

Ibn ar-Rūmī (gest. 896) schreibt in einem Liebesgedicht:

Ich umarmte sie, dann wollte meine Seele mehr,
aber gibt es nach der Umarmung noch eine größere Nähe?
Ich küsste ihre Lippen, um meinen Durst zu stillen, aber was ich
schmeckte, machte mich nur umso durstiger.
Das Feuer der Liebe in mir ist so groß, dass kein kühlender Wind es
löschen kann.
Das Feuer meines Herzens kann nicht gelöscht werden, solange wir
nicht miteinander eins geworden sind.[4]

Ein anderes Liebesgedicht, in dem zugleich auf die göttliche Liebe
angespielt wird, stammt von dem Mystiker Abū Schaiba as-Sūfī
(10. Jahrhundert):

In der Liebe folgen Trennung und Vereinigung einander,
bis die Liebe vollkommen geworden ist.
Wer das Feuer berührt, wird sich verbrennen.
Was aber wird aus einem, der schon Feuer ist? Wie kann er sich
verbrennen?[5]

Ein allgemeines Urteil über die Darstellung von Frauen in der
«schönen» Literatur ist nicht möglich, zu breit ist das Genre, zu
vielfältig sind die Darstellungen. Wie überall in der Liebesdichtung wird das Bild der Geliebten beeinflusst vom Geschmack des
jeweiligen Dichters, vom Genre, von der Zeit. Feminine und femi-
ninisierte Schönheit werden zum Ausdruck für die intensive mys-
tische Liebe zu Gott, während sie anderswo als Inspiration für rein
sensuelle und physische Narrationen über geschlechtliche Liebe
dienen. Jedoch ist die Tendenz erkennbar, Frauen mit Bezug auf
ihre Körperlichkeit, ihre Sexualität zu beschreiben.

Weibliche Sichtweisen

Vom Briefwechsel zum Roman

Die Bildungsfortschritte seit dem Ende des 19. Jahrhunderts öffneten den Frauen Kommunikationsmöglichkeiten, die eine nicht geringe Anzahl von ihnen zu nutzen verstand. Zu Beginn des 21. Jahrhunderts ist das Verfassen von Romanen, Kurzgeschichten und Gedichten eine wichtige weibliche Ausdrucksform geworden. Zu zahlreich sind die Stimmen inzwischen, als dass sie im Einzelnen alle aufgezählt werden könnten; so soll im Folgenden eine kleine Auswahl vorgestellt werden.[6]

Schon für die Zeit um 1860 sind Briefwechsel zwischen Frauen bekannt. Um die Jahrhundertwende schrieb Bāhithat al-Bādiya aus Fayyum, einer Oase westlich von Kairo, Briefe an Mayy Ziyāda (gest. 1941), eine Dichterin und Romanschriftstellerin. Mit der Veröffentlichung der Briefe in Zeitungen traten sie aus der Privatheit heraus. Mayy Ziyāda ihrerseits korrespondierte intensiv mit Khalīl Djibrān (1883–1931), dem libanesisch-amerikanischen Philosophen und Dichter. Um 1890 unterhielt Eugenie Le Brun Rushdi, eine Französin, die einen Ägypter der Oberschicht geheiratet hatte und zum Islam konvertiert war, in Ägypten einen Salon, in dem sich Frauen der Oberschicht trafen und über ihre Lage sprachen. 1914 riefen Hudā Schaʿrāwī, die Gründerin der Ägyptischen Feministischen Union (ÄFU), Bāhithat al-Bādiya, Nabawīya Mūsā und Mayy Ziyādah den Verein für die Förderung von Frauen (arab. *al-Ittihād an-nisāʾī at-tahdhībī*) ins Leben, in dem sich ägyptische und europäische Frauen zu informellem Austausch trafen.

Schon in diesem frühen Stadium wusste man voneinander und schätzte das revolutionäre Potential des Schreibens: Der Journalismus und die Schriftstellerei boten Frauen die Möglichkeit, ihre häusliche Welt zu verlassen und sich mit anderen auszutauschen.

Weibliche Sichtweisen 135

Dass Frauen schriftstellerisch tätig waren, galt der zeitgenössischen Gesellschaft Ende des 19. Jahrhunderts noch als aufreizend und moralisch bedrohlich. Als die libanesische Dichterin Warda al-Yāzidjī (1838–1924) starb, schrieb eine Gruppe von Libanesinnen einem Nachruf auf sie. Dies war das erste Mal, dass Frauen eine andere Frau öffentlich würdigten.

Eng verbunden mit der Schriftstellerei ist der Journalismus, der im 19. Jahrhundert in Ägypten begründet wurde. Bereits um 1880 schrieben Frauen für von Männern geführte Journale. 1892 brachte die in Kairo lebende Syrerin Hind Naufal (1860–1920) die erste arabische Frauenzeitschrift *al-Fatāt* (1892–1894) heraus, in der sie Auseinandersetzungen mit Politik und Religion vermied und sich den Leistungen von Frauen in Literatur und Wissenschaft widmete. Das erste kämpferisch-feministische Blatt war 1925 *L'Egyptienne*, die Zeitschrift der ÄFU. Es erschien auf Französisch, trug den Untertitel «Monatliche Zeitschrift für Politik, Feminismus, Soziologie» (*L'Egyptienne: Revue mensuelle politique, féminisme, sociologie, art*) und bestand von 1925 bis 1940. Mit der französischen Sprache hatte man die Oberschicht als Zielgruppe im Auge, wollte aber überdies die internationale feministische Gemeinschaft erreichen und damit das negative Bild der ägyptischen Frau korrigieren.

Ab Ende des 19. Jahrhunderts fanden Frauen in beschränktem Maße Zugang zu Buchverlagen. Trotz einer kleinen Anzahl liberaler Männer, die für die Emanzipation der Frau eintraten, blieb das Thema dem Patriarchat ein Dorn im Auge, nahm man doch an, dass dadurch der Unmoral Tür und Tor geöffnet würde und sich aufsässige Ideen verbreiten könnten. Die Ägypterin Alīfa Rifaʿat (1930–1996) berichtete von einem Ehemann, der es nicht ertragen konnte, die Sätze seiner Frau gedruckt zu sehen. Um schreiben zu können, schloss sie sich im Badezimmer ein. In ihren Kurzgeschichten beschäftigte sie sich mit dem traditionellen weiblichen Leben auf dem Land. ʿĀʾischa Taimūr (1840–1902) und Warda al-Yāzidjī schrieben und vertrieben Ende des 19. Jahrhunderts

136 Literarische Reflexionen

Gedichte und Erzählungen. Sie waren in liberalen Familien aufgewachsen und hatten Väter, die sich den Bestrebungen der
Gesellschaft widersetzten, Mädchen statt im Schreiben in den
klassischen weiblichen Fertigkeiten wie Sticken auszubilden.
Taimūrs Lyrik galt lange als traditionell und «geschlechtslos»,
doch aus ihrem Gedicht *Gestickte Ornamente* von 1909 spricht
offene Wut:

> Ich fordere mein Schicksal heraus, meine Zeit
> Ich fordere den Blick des Menschen heraus
> Ich werde lächerliche Regeln und Leute verhöhnen
> So wird es ausgehen; ich werde meine Augen mit reinem Licht füllen
> und in einem Meer ungebundenen Fühlens schwimmen
> Ich habe die Tradition und meine absurde Lage herausgefordert
> Und bin hinausgegangen über das, was Zeit und Ort gestatten.[7]

1958 erregte der Roman einer Libanesin Aufsehen: *Ich lebe* (arab.
anā aḥyā) von Lailā Baʿlbakī, der wie viele andere Romane dieser
Art als «autobiographischer Bericht einer Frau der Mittelschicht»
über ihre Revolte gegen gesellschaftliche Konventionen beschrieben wurde. Ihre Bücher verraten den Einfluss von Simone de
Beauvoir und sind von rebellischem Intellektualismus geprägt.
Ihre Protagonistinnen nehmen sich das Recht und die Freiheit,
am gesellschaftlichen Leben teilzunehmen. Ghāda Sammān
(geb. 1942) aus Syrien, die nach Beirut ging und später einen Dok-
torgrad an der Universität Kairo erwarb, ist eine der wichtigsten
Autorinnen der Frauenbewegung in der arabischen Literatur.
Ihre Werke, die von der sozialen Sensibilität und einem spürbaren
Aufruhr in der Gesellschaft erzählen, verkünden den Durchbruch
der Literaturproduktion arabischer Frauen. Zudem sprach sie
erstmals nicht nur die Intellektuellen, sondern auch die einfachen
Leser an.[8]

Autobiographie als Verarbeitung

Eines der frühesten Beispiele einer weiblichen Autobiographie sind die *Erinnerungen* (pers. *Khātirāt*) von Tadj as-Saltanā. Ihre Niederschrift geht auf die Anregung eines Freundes und Verwandten zurück, der sie unterrichtete und den sie darin mehrfach direkt anspricht. Geboren im Jahr 1884 im Harem des Vaters, Nāsir ad-Dīn Schāh Qādjār (reg. 1848–1896), war die Prinzessin zum Zeitpunkt seines Todes zwölf Jahre alt. In einer einfachen, klaren Sprache beschreibt sie ihr Aufwachsen im Harem, ihre Erziehung und Ausbildung sowie ihre frühe Heirat. Kurze eingeschobene Dialoge mit dem Freund dienen dazu, ihre Erinnerungen zu kommentieren. Aus ihrem Bericht erschließt sich das Leben einer Prinzessin, die Mutter und Vater nur einmal am Tag sah und vor allem von ihrer schwarzen Amme großgezogen wurde. So erzählt sie mitleidig von den erniedrigenden Lebensumständen der schwarzen Diener im Harem und schildert in einer Mischung aus Vorwurf und Selbstmitleid die distanzierte Beziehung zu ihrer Mutter. In die Beschreibung ihres Vaters fließen Ehrfurcht und Distanz, aber ebenso Bewunderung ein, was sie auch damit begründet, dass er der einzige Mann war, den sie in der Abgeschlossenheit des Harems zu sehen bekam. Ihr Buch, das sie erst 1914 niederschrieb, ist nicht nur eine Autobiographie im Sinne einer selbstreflexiven Vergegenwärtigung und Verarbeitung des eigenen Lebens, sondern zudem eine Informationsquelle zum Leben in der abgeschiedenen Welt des Harems. Von der im Orientalismus beschworenen Erotik und Exotik bleibt bei diesem nüchternen, teilweise selbstmitleidig-depressiven Bericht nicht viel übrig. Tādjs Ausbildung im Harem war wenig substantiell. Erst später in ihrem Leben eignete sie sich Wissen über europäische und vor allem französische Geschichte und Kultur an. Sie wurde früh verlobt und siedelte nach der Ermordung ihres Vaters – als der Harem aufgelöst werden musste – in das Haus ihres Mannes über, eines

138 *Literarische Reflexionen*

zum Zeitpunkt der Eheschließung dreizehnjährigen Sohnes eines hohen politischen Würdenträgers. Von Anfang an war ihr Eheleben geprägt von Frustration und Enttäuschung. Erst als sie sich von ihrem Mann trennte, legte sie die traditionelle Kleidung ab, kleidete sich europäisch und begann sich zunehmend für französische Literatur und Geschichte zu interessieren – jedenfalls ist dies die Darstellung, die sie von ihrem Leben gibt.[9]

Auch Hudā Schaʿrāwī, die Begründerin der ägyptischen Frauenbewegung, wuchs in einem Harem auf und schrieb ihre Erinnerungen nieder. Auf ihre Ausbildung wurde Wert gelegt, auch wenn sie, nach ihren Worten, da der Lehrer nicht mehr kam, mit dem Arabischen keine großen Fortschritte machte.[10] Sie schildert Besuche im Palast, berichtet von der sie schockierenden, nicht mit ihr abgesprochenen Verehelichung mit ihrem Cousin, von dem sie sich dann trennt, allerdings später wieder zu ihm zurückkehrt. Die Ehe war nicht glücklich, wie sie sagt, doch brachte die ägyptische Nationalbewegung sie und ihren Mann in einem Moment zusammen, in dem sie sich eigentlich von ihm hätte trennen wollen.[11]

Eine etwas jüngere Entsprechung einer solchen im Harem begonnenen Lebensgeschichte legte Fatima Mernissi vor. Geboren 1940, entstammte sie dem großbürgerlichen Milieu der als konservativ und religiös bekannten marokkanischen Stadt Fes. Mutter und Großmutter waren Analphabetinnen und führten ein traditionelles, von Geschlechtertrennung und Verschleierung geprägtes Leben; der Vater förderte sie, war aber – hier ist eine Parallele zu Tādj zu sehen – nicht sehr präsent. Nach der Koranschule konnte sie ein gemischtes Gymnasium besuchen und studierte erst Jura, dann Soziologie in Rabat. Auslandsaufenthalte folgten. Ihre Dissertation *Beyond the veil – male-female dynamics in modern Muslim society* erschien 1975 in den USA. Nach der Rückkehr nach Rabat folgte eine kurze Lehrtätigkeit in Soziologie an der Universität Muhammad V. Im Folgenden zog sie sich indes wegen mangelnder Voraussetzungen für ihre gesellschaftskritische Forschung aus

Weibliche Sichtweisen 139

der Lehrtätigkeit zurück und arbeitete als Schriftstellerin und
Aktivistin, unter anderem war sie beispielsweise für die UNESCO
tätig. Sie schrieb und schreibt auf Englisch und Französisch, da für
sie Arabisch die Sprache ist, in der sie sich nicht frei artikulieren
kann. In ihrer Kindheitserinnerung *Der Harem in uns* (1994) schildert sie ihr Heranwachsen in einem marokkanischen Harem:

> Ich wurde 1940 in einem Harem in Fès geboren, einer marokkani-
> schen Stadt aus dem neunten Jahrhundert, ungefähr fünftausend
> Kilometer westlich von Mekka und tausend Kilometer südlich von
> der gefährlichen Christenhauptstadt Madrid. Mit den Christen wird
> es immer dann schwierig, wenn sie die *hudud,* die heiligen Grenzen,
> nicht respektieren, sagte Vater, und genauso sei es mit den Frauen.
> Ich selbst wurde mitten im Chaos geboren, da sich weder Christen
> noch Frauen an die Grenzen hielten. Man brauchte nur bis zur
> Schwelle unseres Hauses zu gehen, um es zu sehen: Die Frauen zank-
> ten sich mit unserem Türhüter Ahmed herum, und die ausländi-
> schen Armeen aus dem Norden überschwemmten das ganze Stadt-
> gebiet. ... Als Allah die Erde erschuf, sagte Vater, trennte er aus
> gutem Grund die Männer von den Frauen und legte ein Meer zwi-
> schen Muslime und Christen. Harmonie heißt, sich an die vorge-
> schriebenen Grenzziehungen zu halten. Eine Verletzung der Gren-
> zen zieht unweigerlich Unglück und Leid nach sich. Aber zu allen
> Zeiten haben die Frauen davon geträumt, die Grenzen zu überschrei-
> ten; unablässig kreiste ihr Denken um die Welt jenseits des Tores, in
> ihren Vorstellungen zogen sie tagtäglich durch unbekannte Straßen.
> Und die Christen kamen immer wieder übers Meer und verbreiteten
> Tod und Chaos.[12]

Dieser großbürgerliche Harem in Fes war für sie ihr Elternhaus.
Hier wuchs sie mit der Mutter, die eigentlich nicht im Harem leben wollte, der Familie des Onkels und einigen alleinstehenden
weiblichen Verwandten auf. Sie beschreibt eine sehr abgeschirmte
Welt, denn die «Grenzen» zu überschreiten und den Türhüter
Ahmed zu hintergehen, war nicht leicht. Dagegen standen im
Harem ihrer Großmutter auf dem Land die Tore weit offen, dort
vermisste sie die festen Grenzen, die ihr Vater so beschwor. Zugleich ist dieser vergleichsweise «offene» Raum, den die Frauen

140   Literarische Reflexionen

verlassen konnten, um zu reiten oder im Fluss zu schwimmen, der
Raum, in dem ihre Großmutter, die unter ihrer Nebenfrau sehr
litt, Unterdrückung und Rechtlosigkeit erfahren musste. Diese
Erfahrungen haben Fatima Mernissi geprägt, die zur Ikone für die
islamische Frauenbewegung insgesamt wurde.

Die palästinensische Poetin Fadwā Tūqān (1917–2003), bekannt als die «Dichterin von Palästina», verfasste eine Autobiographie mit dem Titel *Bergreise – eine schwierige Reise* (arab. *Rihla
djabalīya, rihla sa'ba*). Darin beschreibt sie ihr Leben von der Geburt bis zur Rückkehr nach Palästina nach ihrer Ausbildung in
England. Die eigentliche Autobiographie ist dabei eingerahmt
von einer Einleitung des bekannten palästinensischen Dichters
Samīh al-Qāsim und einem Epilog in fragmentarischer Form aus
dem Tagebuch der Autorin, welches den Leser bis in die Zeit des
Sechstagekrieges von 1967 begleitet, in dem Israel die Westbank
und die Heimat der Dichterin, Nablus, eroberte:

> Ich war unfähig zu dichten; meine innere Stimme war schwach aus
> Protest gegen alles, was mich zum Schweigen gebracht hatte. Man er-
> wartete von mir, dass ich politische Lyrik schrieb, während die kor-
> rupten Gesetze und Bräuche darauf bestanden, dass ich abgeschieden
> hinter einer Mauer blieb, ohne die Möglichkeit, an den Versammlun-
> gen von Männern teilzunehmen, ohne die ständigen Debatten anzu-
> hören, ohne am öffentlichen Leben teilzunehmen.[13]

Als Dichterin bewegt sie sich in einer Literaturgattung, die in der
islamischen Welt – im Gegensatz zum Roman – eine lange und
sehr prestigeträchtige Geschichte hat.

Identitätssuche

Eine weitere viel gelesene palästinensische Autorin ist Sahar
Khalīfa (geb. 1942). In ihrem Roman *Das Sahar-Tor* (arab. *Bāb as-
sāha*) von 1990 beschreibt sie, wie die Vertreterinnen und Vertre-

ter verschiedener sozialer Gruppen in einem Bordell im Herzen der Altstadt von Nablus aufeinandertreffen. Dieses «berüchtigte Haus» ist zugleich Ort der Demaskierung einer doppelbödigen männlichen Moral, welche die Frau in idealtypischen Wertebildern gefangenhält und ihr so den Status eines gleichwertigen und gleichberechtigt handelnden Menschen verweigert. Anhand der Schicksale der Protagonistinnen demonstriert Sahar Khalīfa, dass der palästinensische Befreiungskampf entgegen seiner emanzipatorischen Rhetorik weit davon entfernt ist, die «Befreiung der Frau» herbeizuführen. Im Gegenteil: In Eintracht mit den religiös-konservativ argumentierenden gesellschaftlichen Kräften versuchen die männlichen Helden der Intifada, des Aufstandes der Palästinenser gegen Israel, mit versteckter und offener Gewalt die traditionellen Rollen sowie sozialen Grenzen der Frau zu bewahren. Sahar Khalīfas Buch ist eine Kritik der patriarchalischen Ideologie und ihrer Weiblichkeitskonstruktionen. Dennoch versteht sie sich als überzeugte Mitstreiterin im Befreiungskampf und bei der politischen Erneuerung ihres Volkes.[14]

Die Kuwaiterin Lailā al-ʿUthmān (geb. 1945) setzt in ihren handlungsintensiven Erzählungen öfter Frauen und Mädchen ein, die tödliche Rache gegen männliche Gewalt, gegen aufgezwungene Sexualität üben. Das ist nicht mehr nur ein gedankliches Ventil in der modernen arabischen Literatur, sondern eine neue, auffällige Form des Versuchs zur Wirklichkeitsbewältigung. Ihr jüngster Titel aus dem Jahr 2003 *Tagebücher der Geduld und der Bitterkeit. Ein Abschnitt aus dem realen Leben* (arab. *Yaumīyāt as-sabr wa-l-murr. Maqtaʿ min sīrat al-wāqiʿ*) spricht für sich.[15] Assia Djebar (geb. 1936), algerische Schriftstellerin und Regisseurin, gilt als renommierteste Autorin Nordafrikas und erhielt für ihre Bücher viele Preise, darunter 2003 den Friedenspreis des Deutschen Buchhandels. Ihre Werke wurden in zahlreiche Sprachen übersetzt. 1955 war sie die erste algerische Studentin an einer französischen Eliteschule. Eindrucksvoll etwa ist, wie sie in *Die Schattenkönigin* (1987) zwei ganz verschiedene weibliche Gestalten einander gegenüber-

142   *Literarische Reflexionen*

stellt: die Intellektuelle und die einfache Frau, die beide mit demselben Mann verheiratet sind:

> Schatten und Sultanin; Schatten hinter der Sultanin.
> Zwei Frauen: Hajila und Isma. Der Bericht, den ich aufzeichne, geht um ein seltsames Duo: zwei Frauen, die keine Schwestern sind und nicht einmal Rivalinnen, obwohl sie, die eine weiß das, die andere nicht, Ehefrauen des gleichen Mannes waren – der «Mann», um das Echo des arabischen Dialekts einzufangen, wie man ihn in den Kammern murmelte. Dieser Mann trennt sie nicht, macht sie aber auch nicht zu Komplizinnen.[16]

Seit 1978 dreht Assia Djebar auch Dokumentarfilme, die um Frauenschicksale vor dem Hintergrund der kolonialen und postkolonialen Geschichte ihres Heimatlandes kreisen.

Eine Geschichte ganz anderer Art findet sich bei dem marokkanisch-französischen Schriftsteller Tahar Ben Jelloun (geb. 1944) in *Sohn ihres Vaters* (1986) und *Nach der Unschuld* (1988). Beide Romane variieren dieselbe Geschichte. Sie erzählen von Zahra, einer marokkanischen Frau, und deren Weg zu sich selbst. Ihr Vater fühlt sich gedemütigt, weil ihm seine Frau bereits sieben Töchter geboren hat. Deshalb zieht er die achte Tochter als Sohn mit dem Namen Ahmed auf. Erst nach dem Tod des Vaters kann Zahra ihre weibliche Selbstfindung beginnen.

Im Jahr 2005 erschien im Libanon der Roman *Die Girls von Riad* von Rajaa Alsanee (Radjā᾽ as-Sāniʿ), der alsbald ins Englische, später auch ins Deutsche übersetzt und ein Bestseller wurde. Der Erfolg des Buches beruht einmal auf seiner ungewöhnlichen Form als E-Mail-Korrespondenz, ist sicher aber auch der Tatsache zu verdanken, dass er von einer jungen saudi-arabischen Autorin stammt, die auf diese Weise ihre Erfahrungen in einer geschlechtersegregierten Welt beschreibt. Es geht um die klassischen Tabuthemen der islamischen Welt wie Homosexualität, Jungfräulichkeit und Sex vor der Ehe, aber auch die ethnischen Spannungen zwischen Sunniten und Schiiten in Saudi-Arabien. Der Verfas-

serin trug das Buch ein Vertriebsverbot in Saudi-Arabien ein sowie
den Vorwurf, «die» saudi-arabische Frau zu diskreditieren:[17]

> An: seerehwenfadha7et@yahoogroups.com
> Von: «seerehwenfadha7et»
> Datum: 13.2.2004
> Betreff: Ich werde über meine Freundinnen schreiben
> «Gott verändert nicht sein Verhalten zu seinem Volk, ehe es nicht
> seiner Seelen Gedanken verändert.»
> Sure «Der Donner», Vers 11
> Meine Damen und Herren, liebe Altersgenossinnen,
> ihr habt euch auf eine Verabredung eingelassen, bei der es um
> Skandalöses in der Jugendszene geht. Eure Gesprächspartnerin wird
> euch in eine Welt führen, die euch sehr viel näher ist, als ihr denkt. Es
> ist eine Wirklichkeit, in der wir leben und auch wieder nicht leben.
> Wir übernehmen das vom Glauben, was uns passt, der Rest interes-
> siert uns nicht.
> Ich schreibe für jeden, der älter als achtzehn Jahre, in manchen
> Ländern auch älter als einundzwanzig ist, denn nur bei uns beginnt
> ab dem sechsten Jahr (und damit meine ich nicht sechzehn Jahre) für
> Jungen und Mädchen die Zeit der Verzweiflung. Ich schreibe für
> jeden, der genügend Mut hat, im Internet die nackte Wahrheit zu
> lesen, der die erforderliche Ausdauer und die nötige Geduld auf-
> bringt, mich bei diesem verrückten Experiment zu begleiten. Ich
> schreibe für jeden, der die altmodischen Liebesgeschichten satt hat,
> der nicht mehr daran glaubt, dass das Gute weiß und das Böse
> schwarz und ein mal eins eins ist. Der den Glauben daran verloren
> hat, dass Captain Madjid mit zwei Toren den Ausgleich schafft und
> in der letzten Minute noch das Tor zum Sieg schießt. Ich schreibe für
> alle, die unzufrieden, widerspenstig, wütend, zornig sind. Für jeden,
> der meint, dass der Sonnabend und der Sonntag schreckliche Tage
> sind, aber unsere Verzweiflung reicht viel weiter. Für euch schreibe
> ich meine Briefe, und vielleicht schlagen daraus Funken, und die Ver-
> änderung beginnt.

Die erste iranische Romanautorin Sīmīn Dānischwar (geb. 1921)
versuchte, wie viele ihrer Nachfolgerinnen, Frauen in positiven
sozialen Aktivitäten und mit politischem Bewusstsein zu beschreiben. Ihr Roman *Drama der Trauer* (pers. *Suvaschun*) gilt als Meis-

144 Literarische Reflexionen

terwerk der iranischen Prosa des 20. Jahrhunderts. Er spielt in
Schiraz in den ersten Jahren des Zweiten Weltkrieges und schildert die Besetzung durch alliierte Truppen aus der Perspektive
einer Frau und Mutter, die sich in ihrem Verhalten von den vorgegebenen Normen ihrer Zeit immer mehr entfernt.[18]

Forūgh Farrokhzād (1935–1967),[19] eine Dichterin und Film-
regisseurin, zählt zu den bedeutendsten Repräsentantinnen der
iranischen Moderne. Sie heiratete jung, entschied sich aber nach
einigen Ehejahren für die Scheidung, was in der damaligen iranischen Gesellschaft nicht nur verpönt war, sondern auch den Verlust ihres Kindes bedeutete, über das der Vater die Vormundschaft
erhielt. In einer persönlichen Krise unternahm sie einen Selbst-
mordversuch. 1958 begann sie im Filmstudio Golestan zu arbeiten
und wurde von dem dortigen Studioleiter in ihrer künstlerischen
Aktivität ermutigt. 1963 erhielt sie beim Filmfestival von Oberhau-
sen in Deutschland eine Auszeichnung für einen Film über eine
Leprösenkolonie. Sie hat fünf Sammlungen von Gedichten, etli-
che Kurzgeschichten sowie Filme hinterlassen, die eindrucksvoll
ihre Auseinandersetzung mit den Geschlechterkategorien zeigen,
zudem eine gnadenlose Reflexivität und ein intensives Nachden-
ken über sich selbst, aber auch den hohen Preis, den sie als kreative
Frau für ihre Selbstverwirklichung bezahlte. Ihr wird ein hohes
Maß an emotionaler, psychologischer und intellektueller Wahrnehmung bescheinigt; dabei hat sie die Grenzen, die ihrem Geschlecht zu jener Zeit gesetzt waren, immer überschritten und für
sich neu festgelegt. 1967 starb sie bei einem Autounfall.

Fahimeh Farsaie, geb. 1951 in Teheran, studierte Jura und Kunst-
geschichte und wurde Kunstkritikerin. Unter dem Schah war sie
in politischer Haft, seit 1983 lebt sie in Deutschland. Ihr Roman
Eines Dienstags beschloss meine Mutter, Deutsche zu werden (2006)
schildert sie eine in Deutschland lebende Familie namens Azad
mit persischem Migrationshintergrund, die durch die Ankündi-
gung der Mutter, einen Antrag auf Einbürgerung stellen zu wollen,
aus der gewohnten Bahn des alltäglichen Lebens geworfen wird.

Die beiden Romane der Schriftstellerin Shamim Sarif (geb. 1969) thematisieren in zarten Tönen und mit einfühlsamen Beschreibungen zwei Liebesbeziehungen zwischen Frauen. In *I can't think straight* (2007) verliebt sich eine in London lebende Jordanierin palästinensischen Ursprungs in eine andere Frau, Leyla. In dem bereits ins Deutsche übersetzen Roman *Die verborgene Welt* (2007) schildert die Autorin die Liebe von Miriam und Amina in der rassistischen, sexistischen und homophoben Atmosphäre Südafrikas in den fünfziger Jahren des 20. Jahrhunderts. Sarif lebt mit ihrer Frau und ihren beiden Kindern in London.

Umm Kulthūm und Fairūz

Neben der Literatur ist auch und vielleicht noch stärker die Musik dazu geeignet, Grenzen zu überschreiten und die eigene Person und Identität zu reflektieren. Die Geschichte der Musik im islamischen Raum, vor allem des Gesangs, ist nicht in kurzen Worten nachzuzeichnen. Hier soll der Hinweis auf einige wenige herausragende Persönlichkeiten genügen. Insgesamt wird der weiblichen Stimme, umso mehr dem weiblichen Gesang, erotische Kraft zugeschrieben, weshalb er von traditioneller Seite als nicht passend angesehen und zum Teil sogar verboten wurde. Dennoch hat die islamische Welt Sängerinnen wie beispielsweise Umm Kulthūm (1904–1975) hervorgebracht, die zum nationalen Symbol Ägyptens aufstieg. Ihr Vater war Vorbeter und Koranrezitator in einem Dorf und förderte die Begabung der Tochter, indem er sie religiöse Lieder lehrte. Anfangs sang sie als Junge verkleidet auf Hochzeiten, aber nachdem ihre Familie 1923 nach Kairo gegangen war, wurde sie dort auch zu Veranstaltungen der Ägyptischen Frauenunion geladen und trat im 1932 gegründeten «Haus der Frau» auf. Sie feierte immense Erfolge vor allem während des Zweiten Weltkrieges und dann in der Zeit der Unabhängigkeit in den fünfziger Jahren. Ihr Repertoire reichte von religiösen über nationale bis zu

146   Literarische Reflexionen

Liebesliedern. Der ägyptische Rundfunk würdigte ihren Tod – wie bis dahin nur den von Staatsoberhäuptern – mit Koranrezitationen, und Millionen Menschen kamen zu ihrem Begräbnis. Fast ebenso berühmt ist die Libanesin Fairūz (eigentlich Nuhād Haddād, geb. 1934), die besonders mit ihren Liedern über Palästina und die palästinensische Befreiungsbewegung bekannt wurde.

Diese notwendigerweise vereinzelten Beispiele zeigen, dass Frauen sich zunehmend auf dem Gebiet der Literatur, aber auch der Musik einen Platz erobert haben. Sie sind sichtbar und schreiben häufig aus ihrer Warte über frauenspezifische Themen, fassen ihre Erfahrungen in einer noch immer stark patriarchalischen Welt zusammen und geben damit den Frauen eine Stimme. Der Mut, der darin liegt, verdient großen Respekt.

5. Frauen und Macht

Herrschaft vor und hinter den Kulissen

Die Männer stehen über den Frauen

Für die Frage der Machtkonstellation der Geschlechter ist Sure 4:34 der ausschlaggebende Vers. Die Interpretation der modernen Exegetin Amina Wadud wurde bereits oben vorgestellt. Für die Vormoderne scheint at-Tabarī (gest. 923) in seiner Interpretation dieses Verses die männliche Überlegenheit vor allem finanziell zu begründen, wohingegen Djalāladdīn Mahallī (gest. 1459) und Djalāladdīn as-Suyūtī (gest. 1505) die göttliche Bevorzugung der Männer gegenüber den Frauen in «Wissen, Verstand und Herrschergewalt beziehungsweise Vormundschaft (arab. *wilāya*)» begründen.[1] Das Wort *wilāya* ist dabei sowohl rechtlich als auch politisch zu verstehen. Die Juristen, Theologen und frühen Koraninterpreten ebenso wie die gesamte patriarchalisch geprägte Gesellschaft hielten es nicht für möglich, dass Frauen Herrscherinnen sein könnten, und nach der Mehrheitsmeinung der Rechtsgelehrten galt das auch für das Amt des Richters oder Vorbeters.

Es ist vielleicht bezeichnend, dass der Staatsrechtler und Theologe Abū l-Hasan ʿAlī al-Māwardī (gest. 1058), dessen Buch *Die Angelegenheiten der Herrschaft* (arab. *al-Ahkām as-Sultānīya*) das erste grundlegende Werk zum Staatsrecht war, bei seiner Beschreibung der Voraussetzungen für das politisch höchste Amt, das Kalifat, allgemeiner auch Imamat genannt, noch nicht einmal auf die

148 *Frauen und Macht*

Idee kommt, das weibliche Geschlecht explizit auszuschließen. Seine Begründung findet sich jedoch in einem anderen Text, in dem es um das Richteramt geht, zu dem Frauen jedenfalls nach Māwardīs Rechtsschule, den Schafiiten, ebenfalls keinen Zugang haben sollten:

> Die zweite Bedingung (für die Übernahme des Richteramtes, IS) ist die Männlichkeit, dass er ein Mann ist. Eine Frau kann nicht ernannt werden. Allerdings erlaubt dies Ibn Djarīr at-Tabarī wie bei dem Mann und Abū Hanīfa sagt, ihre Richtertätigkeit sei in den Bereichen erlaubt, in denen sie auch als Zeugin auftreten kann, und ihre Zeugenaussage erlaubt er in allen Gebieten außer dem Strafrecht (wörtl.: außer *hudūd*/Koranische Strafen und *qisās*/Wiedervergeltung, IS). Ibn Djarīr bindet die Erlaubnis ihrer Ernennung an die Erlaubnis, ein Rechtsgutachten zu erstellen, während Abū Hanīfa die Erlaubnis mit der Erlaubnis der Zeugenaussage verbindet. Der Hinweis auf die Hinfälligkeit der beiden Meinungen liegt in Gottes Wort: «Die Männer … (4:34)», das heißt im Verstand und in der Meinung. Deshalb ist es nicht erlaubt, dass sie (die Frauen, IS) über den Männern stehen. Und (weiterhin liegt der Hinweis im, IS) Wort des Propheten: «Kein Volk wird erfolgreich sein, das seine Angelegenheit einer Frau anvertraut.» Sowie in seinem Wort: «Hindert sie an dem, an dem sie auch Gott hindert.»[2]

Māwardīs Ausführungen zeigen, dass in anderen Rechtsschulen weibliche Richter, vor allem außerhalb des Strafrechts, nicht ausgeschlossen wurden. So sah Abū Hanīfa dadurch, dass er die grundlegend für Frauen erlaubte Zeugenschaft als Voraussetzung definierte, die Richtertätigkeit für Frauen im Familienrecht, nicht jedoch im Strafrecht, für möglich an. Tabarī, dessen Korankommentar eingangs zitiert worden war, ging hier offenbar einen Schritt weiter und sah keinen Hinderungsgrund für eine weibliche Richtertätigkeit in allen Rechtsbereichen. Seine Rechtsmeinung wie überhaupt die von ihm gegründete Rechtsschule hat sich jedoch, im Gegensatz zu der sich auf Abū Hanīfa berufenden hanafitischen Rechtsschule und der schafiitischen Rechtsschule, der Māwardī anhing, nicht durchsetzen können. In der Geschichtsschreibung sind kaum Belege zu Frauen als Richterinnen zu finden.

Für das Amt des Vorbeters (arab. *imām*) gelten ähnliche Restriktionen. Nach Ibn Ruschd (1126–1198) gibt es in der Frage, ob eine Frau als Imam vor einer Gemeinde von Männern beten kann, keine einhellige Meinung. Während einige noch nicht einmal der Frau die Leitung des Gebets vor einer Ansammlung von Frauen gestatten wollen, ist die Mehrheit der Theologen der Ansicht, dass eine Frau nicht als Imam vor einer Versammlung von Männern auftreten dürfe. Für Vorbeterinnen und Predigerinnen – allerdings vermutlich nur vor Frauen – finden sich indes Belege in den Quellen. ʿĀ'ischa bt. Hasan (gest. 1068) und Fatima bt. al-Baghdādī (gest. 1144), beide aus Isfahan in Iran, waren Predigerinnen, wobei im Falle von ʿĀ'ischa explizit gesagt wird, dass sie nur vor Frauen predigte.[3]

Wenn schon für diese beiden untergeordneten Ämter das männliche Geschlecht Voraussetzung ist, so gilt dies umso mehr für politische Positionen.[4] Dies war auch in dem von Māwardī angeführten Hadīth: «Kein Volk wird erfolgreich sein, das seine Angelegenheit einer Frau anvertraut» zum Ausdruck gekommen. Das höchste spirituell-politische Amt nach dem Tod des Propheten war das Kalifat, das sein Gefolgsmann Abū Bakr (reg. 622–624), ʿĀ'ischas Vater, bekleidete. Er nannte sich Kalif (arab. *khalīfa*), was Stellvertreter bedeutet, und verstand dieses Amt als Stellvertretung des Gesandten Gottes. Später wurde der Titel in «Stellvertreter Gottes» (arab. *khalīfat Allāh*) umgewandelt. Der Historiker, Staatsrechtler und Soziologe Ibn Khaldūn (1332–1406) verweist auf die enge Verknüpfung von geistlicher und weltlicher Macht sowie von Vorbeteramt und Kalifat. Das Gebet galt als die zentrale religiöse Aufgabe, und Muhammad übertrug, als er im Sterben lag, die Leitung an Abū Bakr, der dann auch zum ersten Kalifen ernannt wurde.[5]

Frauen haben denn auch in der islamischen Geschichte niemals dieses höchste Amt des Kalifats bekleidet. Als sich jedoch im Verlauf der Geschichte eine gewisse Aufspaltung ergab, der

150   Frauen und Macht

zufolge die Machtfülle des Kalifats immer mehr eingeschränkt wurde, und daneben ab etwa dem 11. Jahrhundert das politische Amt des Sultanats an Bedeutung gewann, war es Frauen möglich, in Einzelfällen diese Position zu erlangen. Von ihnen soll im Folgenden die Rede sein.

Frauen an der Macht

Seit den achtziger Jahren etablierte sich im Rahmen der Frauenforschung eine Richtung, die sich mit islamischer Geschichte beschäftigte. Diese hat dazu beigetragen, weibliche Herrschergestalten, die in der herkömmlichen Geschichtsschreibung immer übergangen worden waren, aus den Quellen herauszuarbeiten und sie mit dem politischen System und der Gesellschaft ihrer jeweiligen Zeit in Bezug zu setzen. Im Folgenden seien einige herausragende Beispiele genannt.[6]

Sitt al-Mulk (970–1023), eine ägyptische Prinzessin aus der Dynastie der Fātimiden (reg. 909–1171) mit politischen Ambitionen, plante beim Tod ihres Vaters al-ʿAzīz im Jahr 996, die Macht zu usurpieren und sie an ihren Cousin weiterzugeben. Es war ihr jedoch kein Erfolg beschieden, und ihr Halbbruder al-Hākim (reg. 996–1021) wurde auf den Thron gehoben. Nach einer vorübergehenden Verbesserung ihrer Beziehung zu al-Hākim, der wegen seiner Exzesse, seiner Grausamkeit und seiner Christenverfolgungen als einer der umstrittensten Herrscher in die Geschichte Ägyptens eingegangen ist, verschlechterte sich das Verhältnis schließlich dramatisch. Ihre Verwicklung in den Tod al-Hākims, der bei einem Ausritt ins Gebirge bei Kairo verschwand, ist jedoch historisch nicht gesichert.[7]

Zu den wenigen Frauen, die tatsächlich den Thron bestiegen, gehörte mehr als zwei Jahrhunderte später, ebenfalls in Ägypten, Schadjarat ad-Durr (dtsch: Perlenbaum). Als bevorzugte Sklavin des letzten Herrschers der in Ägypten und Syrien regierenden

Ayyubidendynastie (1171–1250), al-Malik as-Sālih, wurde sie von diesem nach der Geburt ihres Sohnes freigelassen und geheiratet. Als ihr Mann nach der Landung des Kreuzfahrerheers Ludwigs IX. vor der ägyptischen Hafenstadt Damiette starb und ihrer beider Sohn ermordet wurde, stand die junge Dynastie vor einem Legitimationsproblem. Perlenbaum übernahm deshalb am 4. Mai 1250 offiziell den Sultanstitel; ihren Herrschaftsanspruch leitete sie aus ihrem Status als Witwe des verstorbenen Herrschers und Mutter des ebenfalls verstorbenen Sohns und Thronerben ab, was an ihrem Namen Wālidat Khalīl, Mutter des Khalīl, erkennbar wird. Ihre kurze Herrschaft markiert den dynastischen Übergang von den Ayyubiden zur Dynastie der Mamluken, die sich aus tscherkessischen und kiptschakischen Leibeigenen rekrutierten und von 1260 bis zur Eroberung durch das osmanische Heer 1517 Ägypten und Teile Syriens regieren sollten.

Perlenbaum trug den Titel «Königin der Muslime». In ihrem Namen wurden Münzen geprägt und die Freitagspredigt gehalten, beides Hoheitszeichen der Macht eines islamischen Herrschers. Sie unterstellte sich offiziell dem Kalifen in Bagdad, konnte aber seine Anerkennung nicht gewinnen. Darüber hinaus erhob sich aus der verdrängten ayyubidischen Dynastie Widerspruch gegen sie als Herrscherin, wobei sowohl ihr Geschlecht als auch ihr ursprünglicher Status als Sklavin als Gründe gegen eine legitime Herrschaft angeführt wurden. Da damit Syrien verloren zu gehen drohte, trat sie zugunsten ihres Militärkommandanten Aibak, den sie heiratete, am 30. Juli 1250 zurück, unterzeichnete aber noch bis 1255 Dekrete mit ihrem Thronnamen. 1257 beschloss Aibak, vermutlich aus politischem Kalkül, ihre Position zu schwächen und eine zweite Frau zu heiraten. Dieser Entschluss kostete ihn das Leben, denn Perlenbaum ließ ihn ermorden. Ihr Versuch jedoch, sich danach als Königsmacherin zu betätigen, misslang, und am 28. April 1257 wurde ihr toter Körper außerhalb der Zitadelle in Kairo aufgefunden.[8]

Tandū wiederum, ein weibliches Mitglied der Djalāyiriden-

152 Frauen und Macht

Dynastie mongolischen Ursprungs, die in Aserbaidschan und im Irak herrschte, war in erster Ehe mit dem Mamluken-Sultan az-Zāhir Barqūq (reg. 1382–1389) in Ägypten verheiratet. Er hatte sie auf einer Reise gesehen und zur Frau begehrt. Da die Ehe jedoch nicht hielt, kehrte sie nach der Scheidung nach Bagdad zurück und heiratete in zweiter Ehe Schāh Walad (reg. 1411–1421). Der Historiker Sakhāwī berichtet, dass sie eine Weile unabhängig regierte. Sie wurde ebenfalls in der Freitagspredigt genannt, und Münzen wurden in ihrem Namen geprägt. 1419 starb sie.[9]

1236 und damit etwas früher als Schadjarat ad-Durr in Ägypten übernahm Radīya ad-Dunyā in Delhi den Thron von ihrem Vater, Sultan Iltutmisch. Fünf Jahre zuvor hatte ihr Vater sie für die Zeit seiner Abwesenheit als Herrscherin über Delhi eingesetzt, kurz darauf ernannte er sie offiziell zu seiner Erbin. Bei seinem Tod hielten sich jedoch die Armeekommandeure und Höflinge nicht an diese Ernennung und setzten zunächst einen Sohn des verstorbenen Herrschers, Fīrūz, auf den Thron. Als dieser sich als untauglich erwies und der Unmut über seine Verschwendungssucht stieg, kam es zu einem Volksaufstand, in dessen Folge Radīya von der Bevölkerung und Teilen der Armee trotz religiös-rechtlicher Bedenken der Gelehrten auf den Thron gehoben wurde. Gegen Ende ihrer Herrschaft soll sie unverschleiert und in Männerkleidung in der Öffentlichkeit aufgetreten sein. Ihre Regentschaft dauerte dreieinhalb Jahre, dann wurde sie zugunsten ihres Halbbruders vom Militär abgesetzt. Ein persischer Historiker ist des Lobes voll:

> Die Sultanin Radīya war eine große Herrscherin, scharfsinnig und gerecht, eine Wohltäterin, Patronin der Gelehrten, Spenderin der Gerechtigkeit, gut zu ihren Untertanen. Sie hatte kriegerische Talente und war mit all den bewundernswürdigen Attributen und Eigenschaften ausgestattet, die Könige unbedingt brauchten. Aber da sie vom Schicksal nicht als Mann erschaffen war, welchen Nutzen hatten da alle exzellenten Eigenschaften für sie?[10]

Zāhida Khātūn soll 1137 für 21 Jahre, vermutlich noch zu Lebzeiten und nach dem Tod ihres Mannes, die südiranische Stadt Schiraz regiert haben. Sie errichtete dort eine große Hochschule (arab. *madrasa*) und finanzierte dieselbe durch Stiftungen. Gelder flossen an 60 Gelehrte, die an dieser Institution lehrten.

Im Südwesten Irans in der Stadt Kerman regierte Qutlugh Turkā aus der Dynastie der Qutlughāniden von 1257 bis 1282. Qutlugh wurde nach dem Tod ihres Ehemannes ernannt, weil ihr Sohn zum Zeitpunkt des Todes noch minderjährig war.

Einsatz für die Söhne

Macht ist jedoch nicht oder nicht nur an offizielle Ämter gebunden, die zu erlangen für Frauen schwierig war, da zumindest aus normativer Sicht Frauen durch die Einteilung in öffentliche und private Räume und die Regelung, dass die Geschlechter sich nicht gemeinsam in einem Raum aufhalten sollten, wie auch durch die Überzeugung, dass Frauen für zentrale Positionen in der Verwaltung nicht geeignet seien, in ihrem Bewegungsspielraum eingeschränkt waren. Dass Frauen nicht zuletzt auch in der Wissenschaft die privaten Räume verließen und in Räumen lehrten und lernten, die von beiden Geschlechtern genutzt wurden, wird weiter unten noch zu zeigen sein.[11] Wie Frauen dennoch Macht ausgeübt haben, zeigt sich am Osmanischen Reich in der Zeit von der Mitte des 16. bis zur Mitte des 17. Jahrhunderts. Seit dem Ende des 13. Jahrhunderts hatte sich aus kleinen türkischen Fürstentümern in Kleinasien das Osmanische Reich entwickelt, und mit der Eroberung von Konstantinopel und dem Ende des Byzantinischen Reiches 1453 hatte sich ein machtvoller Staat etabliert, der nicht nur zahlreiche Gebiete des Nahen Ostens und Nordafrikas unter seine Kontrolle brachte, sondern auch europäische Territorien, vor allem den Balkan. Zweimal, 1529 und 1683, standen die Osmanen vor Wien, nie

154   Frauen und Macht

jedoch gelang es ihnen, diese letzte Hürde vor Mitteleuropa zu nehmen.

Der Höhepunkt der osmanischen Macht liegt im 16. Jahrhundert. Zu dieser Zeit beeinflussten insbesondere die Sultansmütter aus dem Harem heraus, der eine komplizierte, stark hierarchisch gegliederte Institution darstellte, zugunsten ihrer Söhne die Politik. Es erforderte ein erhebliches politisches Geschick, sich im Harem durchzusetzen. Bis zur Mitte des 16. Jahrhunderts war es üblich gewesen, dass eine Haremsdame, die dem Sultan einen Sohn geboren hatte, mit ihm in die Provinz zog, sobald der Prinz alt genug war, eine Statthalterschaft zu übernehmen. Als jedoch Süleyman I. (1495–1566) die Sultanin Hurrem heiratete, konkurrierten ihre Söhne im Palast von Istanbul um die Macht. Wenn es um die Konkurrenz mit den Söhnen aus früheren Verbindungen Süleymans ging, handelt Hurrem Sultan den Regeln entsprechend, indem sie gegen die Stiefsöhne vorging und die eigenen Söhne förderte. In der darauffolgenden Zeit wurden die Prinzen nicht mehr als Gouverneure in die Provinzen geschickt, sondern blieben im Palast, unter den wachsamen Augen des Herrschers und fast ohne Verbindung zur Außenwelt. Es bildete sich eine institutionalisierte Thronfolge, nach der das jeweils älteste Mitglied des Hauses Osman den Thron bestieg. Durch den Verbleib in Istanbul eröffneten sich den Frauen im Harem die Möglichkeiten der politischen Einflussnahme im Zentrum der Macht selbst. Neben der Beteiligung an Palastintrigen nutzten sie auch die Beziehungen zu der in der Hauptstadt stationierten Elitetruppe der Janitscharen, wobei Stiftungen zeigen, dass sie auch erheblichen wirtschaftlichen Einfluss hatten. Dabei trugen die von ihnen finanzierten Gebäude meist nicht den Namen der Stifterin, sondern lediglich ihren Titel: Valide Sultan (arab. *wālidat as-sultān*). Seit der zweiten Hälfte des 16. Jahrhunderts verlegte der Sultan seine Residenz in den Harem. Da diesem seine Mutter vorstand, verbrachte der Herrscher einen guten Teil seiner Zeit in dem von der Valide Sultan kontrollierten Bereich. Ab der Mitte des 17. Jahrhunderts er-

Herrschaft vor und hinter den Kulissen 155

hielt der Großwesir wieder mehr Macht, jedoch lässt sich im Verlauf des 18. Jahrhunderts erneut beobachten, dass weibliche Mitglieder der Sultansfamilie eine sichtbare Rolle spielten, diesmal nicht mehr so sehr die Mütter als vielmehr die Töchter und Schwestern der regierenden Sultane, die nach ihrer Verheiratung mit hohen Würdenträgern Paläste am Bosporus zugewiesen bekamen. In der Selbstdarstellung der Sultansfamilie spielten diese Prinzessinnen eine wichtige Rolle, und erst die Errichtung eines «neoabsolutistischen» Sultansregimes im 19. Jahrhundert drängte ihre Macht wieder zurück.[12] In der Forschung findet sich die Meinung, dass Frauen aus Eliteschichten der türkischen Stämme eine unabhängigere und eigenständigere Position innehatten als Frauen in den arabischen Gesellschaften.[13]

Ein Beispiel aus der Gruppe der mächtigen Sultansmütter im 17. Jahrhundert ist Kösem Māhpeykār Sultan (gest. 1651), die Mutter Murāds IV. (reg. 1623–1640) und Ibrāhīms I. (reg. 1640–1648). Nach dem Tod ihres Mannes Ahmed I. setzte sie sich dafür ein, dass sein Bruder Mustafā Nachfolger wurde, unter dessen Herrschaft sie aufgrund seiner Schwäche ihren Einfluss geltend machen konnte. Als 1623 ihr Sohn als Murād IV. auf den Thron kam, hielt sie für die folgenden fünf Jahre die Fäden der Regierung in den Händen, bis ihr Sohn alt genug war. Aber auch nachdem er die Regierungsgeschäfte in seine Hände genommen hatte, blieb sie seine Ratgeberin sowie seine Vertreterin, wenn er außerhalb Istanbuls weilte. Sie bewahrte die osmanische Dynastie vor dem Aussterben, indem sie Murād daran hinderte, noch seinen letzten Bruder Ibrāhīm zu töten, nachdem er andere Thronanwärter bereits ausgeschaltet hatte. Nach Murāds Tod und nachdem 1640 Ibrāhīm den Thron bestiegen hatte, sich aber als ein unfähiger, nur mit seinen Sklavinnen beschäftigter Mann erwies, nahm sie zahlreiche Staatsgeschäfte wahr. In einer gemeinsamen Aktion mit den höchsten Repräsentanten des Staates, dem Großwesir, dem Schaikh al-Islām, also dem obersten Religionsgelehrten, und anderen hohen Beamten, initiierte sie die Absetzung Ibrāhīms und die Ernennung des siebenjährigen Mehmet IV. zum Sultan. Für ihn wurde ihr der Titel «Großmutter des Sultans» zuerkannt, jedoch hatte sie sich mit diesem Akt mächtige Feinde geschaffen und fiel schließlich einer Palastintrige zum Opfer. Über dreißig Jahre lang hatte sie die Politik des Osmanischen Reiches entscheidend mitbestimmt.[14]

Die geschilderten Facetten der Macht und Machtausübung neben den wenigen Herrscherinnen auf dem Thron zeigen, dass Frauen in den Herrscherhäusern je nach Region und Zeit unterschiedlich in die Macht eingebunden beziehungsweise an ihr beteiligt waren und dass eine Untersuchung der politischen Macht sich nicht auf die wenigen Frauen konzentrieren sollte, die faktisch den Thron bestiegen und offiziell über die Insignien der Herrschaft verfügten.

Seit Beginn der Neuzeit fließen die Quellen in den islamischen Ländern zahlreicher, so dass sich auch die Frauenbilder der verschiedenen gesellschaftlichen Schichten, nicht nur der Herrscherhäuser, leichter zusammenfügen. Mit dem langsam wachsenden Einfluss Europas seit dem 17. Jahrhundert und der daran sich anschließenden Zeit des Kolonialismus und Imperialismus wurde die islamische Zivilisation vor immense Probleme zunächst militärischer, dann vor allem auch wirtschaftlicher, politischer und kultureller Art gestellt. Eine der spannendsten Entwicklungen ist die Auseinandersetzung über die Frage der Geschlechterrollen unter dem Einfluss europäischer Sichtweisen und Vorstellungen vom Orient.

Das Zeitalter des Kolonialismus und die Suche nach einer neuen Identität

Nicht nur Arroganz und Exotismus

Evelyn Baring, der spätere Lord Cromer (1841–1917), von 1883 bis 1907 erster britischer Generalkonsul in Ägypten und damit ein Hauptrepräsentant der Kolonialmacht England, fand in seinem zweibändigen Werk *Das heutige Ägypten* deutliche Worte zur unterdrückten Stellung der ägyptischen Frau seiner Zeit:

> Die Folgen der Polygynie sind noch verderblicher als die der Abgeschlossenheit und reichen noch weiter. Das ganze Gebäude der europäischen Gesellschaft ruht auf der Erhaltung des Familienlebens. Die Monogamie pflegt das Familienleben, die Polygynie zerstört es. Der monogame Christ achtet die Frauen; die Lehren seiner Religion und sein religiöser Kultus dienen dazu, sie zu erhöhen. ... Abgesehen von außerordentlichen Fällen hält der Christ das Gelübde, das er am Altar getan hat, seiner angetrauten Gattin das ganze Leben lang treu zu bleiben. Der Moslem kann, wenn seine Leidenschaft gestillt ist, nach Belieben seine Frau wegwerfen wie einen alten Handschuh.[15]

Der Kolonialismus, der seinen Höhepunkt am Ende des 19. Jahrhunderts und dem Beginn des 20. Jahrhunderts hatte, veränderte die politische und soziale Landschaft des Mittleren Ostens und Nordafrikas in nie vorher dagewesener Weise. Wirtschaftlicher Einfluss, militärische Intervention, aber auch die überlegene europäische Technologie und Wissenschaft führten nicht nur zu Reformen zunächst im militärischen, dann im politisch-administrativen Bereich, sondern lösten darüber hinaus eine kulturelle Krise und eine intellektuelle Auseinandersetzung der einheimischen Gelehrten aus, die um die Frage kreiste, wie sich die islamische Zivilisation diesen Herausforderungen stellen könne.

158   *Frauen und Macht*

Sowohl von kolonialer Seite, wie aus dem oben angeführten Zitat
ersichtlich wird, als auch in der Antwort der islamischen Kultur
richtete sich die Debatte in besonderer Weise auf die Geschlechterstellung. Die koloniale Haltung ging von einer herausgehobe-
nen Stellung der Frau in der westlichen Zivilisation aus, der eine
durch Polygynie, Segregation und Verschleierung unterlegene,
entrechtete muslimische Frau in einer unterlegenen Zivilisation
gegenübergestellt wurde. Über die Geschlechterstellung wurden
und werden seither in hohem Maße kulturelle Identitäten, mehr
aber noch kulturelle Hierarchien verhandelt.[16]

Bereits 1716 versuchte die englische Reisende Lady Mary Montagu (1689–1762), die ihren Mann Edward Wortley Montagu, Mitglied des Unterhauses, auf einer mehrmonatigen diplomatischen
Mission nach Konstantinopel begleitet hatte, in ihren *Briefen aus
dem Orient*, diese verbreitete Sicht zu widerlegen:

> Auch ist es ebenfalls sehr lustig zu bemerken, wie zärtlich er (sie be-
> ziehet sich auf Aaron Hill (1685–1749), einen Reiseautor, IS) und alle
> seine Brüder Reisebeschreiber die jämmerliche Einkerkerung der
> türkischen Frauenzimmer beklagen, die doch vielleicht freier als
> alle übrigen des Erdbodens und die einzigen Weiber in der Welt sind,
> die ein Leben von ununterbrochenem sorglosem Vergnügen führen,
> die ganze Zeit zubringen mit Besuchen, Baden oder dem angeneh-
> men Zeitvertreib, Geld auszugeben und neue Moden zu ersinnen.[17]

Harem, Verschleierung und Segregation der Geschlechter waren
Themen, die von jeher und zunehmend in der Zeit nach Lady
Mary europäische Reisende faszinierten und, da die Räume
männlichen Reisenden nicht zugänglich waren, zu blühenden
Phantasien anregten. Lady Mary setzte diesem Bild der «jämmer-
lichen Einkerkerung» bewusst ihre provokative Behauptung entgegen, diese Frauen seien «vielleicht freier als alle übrigen des
Erdbodens». Aus ihrer Bemerkung, diese Frauen lebten in «un-
unterbrochenem sorglosem Vergnügen», erschließt sich, dass sie
vor allem die osmanische Oberschicht im Blick hatte, als sie dies

Das Zeitalter des Kolonialismus 159

schrieb, zu deren Harems sie Zutritt hatte und mit deren Frauen sie verschiedene in den Briefen wiedergegebene Gespräche führte. In ihrer Schilderung empfindet sie Schleier und Geschlechtertrennung nicht als Einschränkung der Bewegungsfreiheit und Zeichen der Unterdrückung, sondern im Gegenteil sogar als Möglichkeit für die Frauen, sich ungehindert und unerkannt zu bewegen und zahlreiche «Liebeshändel» zu vertuschen.

Edward William Lane (1801–1876) hielt sich, anders als Lady Montagu, mehrere Jahre lang in einem islamischen Land auf und nutze seinen Aufenthalt in Ägypten von 1833 bis 1835 zur Abfassung einer auch heute noch spannend zu lesenden, weil detaillierten und kenntnisreichen ethnographischen Studie mit dem Titel *An Account of the Manners and Customs of the Modern Egyptians*. Er sprach hervorragend Arabisch, kleidete sich nach Art der Osmanen, ohne jedoch seine europäische Identität zu verbergen, suchte den Kontakt zu den Ägyptern und lebte in Kairo in einheimischen Vierteln. Lane kam als Wissenschaftler, der Interesse an der ihn umgebenden Zivilisation zeigte und diese aus seiner Kenntnis der klassischen arabischen Literatur heraus zu verstehen versuchte. Akribisch beschreibt er seine Beobachtungen zu Sitten und Verhalten, unterlegt mit seinen Kenntnissen aus der arabischen Literatur und Theologie. Er schildert die Rituale im Zusammenhang mit Geburt und Tod, Erziehung und Ausbildung, Aberglauben und magische Vorstellungen, beschreibt häusliches Leben ebenso wie die Instanzen der Regierung und Verwaltung und ihr Funktionieren. Er gewährt damit wertvolle Einblicke in das gesellschaftliche und politische Leben der Menschen, in Handel und Wandel, in das Alltagsgeschäft ebenso wie in den Ablauf von Feierlichkeiten. Ägyptische Mädchen kämen, so führt er beispielsweise aus, viel früher als Mädchen in anderen Ländern in die Pubertät und heirateten im Allgemeinen ihren Cousin, wobei diese Verbindungen seiner Einschätzung nach generell dauerhaft waren. Er schildert die der Verlobung vorausgehenden Verhandlungen der Familien, bemerkt, dass das Brautgeld im Allgemeinen zu zwei Dritteln vor

160 Frauen und Macht

dem Vertragsabschluss gezahlt werde, während das letzte Drittel
für den Fall der Scheidung oder des Todes des Ehemannes
zurückbehalten werde, beschreibt die Festlichkeiten und Rituale.
Außerdem schrieb er, ähnlich wie Lady Mary:

> Obwohl Frauen einen bestimmten Bereich des Hauses haben, sind
> vor allem die Ehefrauen nicht als Gefangene zu sehen. Normaler-
> weise haben sie die Freiheit auszugehen und auch Besucherinnen zu
> empfangen, praktisch sooft sie möchten.[18]

Das Bild der unterdrückten muslimischen Frau einerseits und die
erotisch faszinierende Beschreibung angeblicher Freiheiten unter
dem Schleier sind zu Klischees in der Darstellung der islamischen
Geschlechterordnung geworden, die auch heutige Darstellungen
häufig noch prägen. Die westliche Wahrnehmung der Frau «im
Orient» oszillierte zwischen diesen Polen der erotischen Faszina-
tion und der mitleidsvollen Verachtung, der exotischen Verführerin im Harem einerseits und der unterdrückten und eingekerker-
ten Muslimin andererseits. Die «orientalische» Frau avancierte
damit im 19. Jahrhundert zur Projektionsfläche unterschiedlicher
Vorstellungen europäischer Provenienz.

Im der Sicht der sogenannten orientalistischen Malerei, die
sich im Europa des 19. Jahrhunderts entwickelte und zu der die
Maler Jean-Auguste Ingres oder Jean-Léon Gérôme zählen, wurde
der Harem schließlich zu einem Raum der puren und unbegrenzten Erotik stilisiert, für den ein ungehindertes Ausleben männlicher Sexualität imaginiert wurde. Gerade in der Darstellung des
Bades, ein häufiges Thema in der orientalistischen Haremsmale-
rei, diente die gemalte Laszivität der nackten weiblichen Körper
als Hinweis auf die sexuelle Verfügbarkeit für die männlich-domi-
nante Sexualität. Die Vorstellung der Erotik des Harems wirkte in
der westlichen Malerei umso elektrisierender, als man sie sich vor
dem Hintergrund der vermeintlichen Kenntnis von einer völligen
Trennung der Geschlechter – Frauen im privaten Raum, von der
Öffentlichkeit abgeschlossen – als durch die Männer, aber auch

Das Zeitalter des Kolonialismus 161

das islamische Recht unterdrückt dachte. Es erübrigt sich der Hinweis, dass die europäischen Maler des 19. Jahrhunderts mithin einen sehr männlichen Blick auf den Orient warfen.

Die unterschiedlichen Wahrnehmungen des Harems zeigen vor allem, dass es den einen Harem nicht gab. Vielmehr muss man nach Region und Zeit und zum Beispiel nach Schichtenzugehörigkeit unterscheiden – ob es sich etwa um den herrscherlichen Harem des osmanischen 16. und 17. Jahrhunderts handelt oder um einen großbürgerlichen Harem aus der Mitte des 20. Jahrhunderts. Für den osmanischen Harem der genannten Zeit konnte, wie beschrieben, nachgewiesen werden, dass er Sitz der Sultansmutter und mithin ein Zentrum politischer Macht war und, anders als die erotischen Phantasien der Europäer es wahrhaben wollten, zum Großteil von weiblichen Verwandten des Herrschers, Schwestern, Töchtern und Tanten, bewohnt wurde, die einer strikten sozialen Hierarchie untergeordnet waren.[19]

Um diesen Klischees zu entgehen, muss sich die Untersuchung einzelnen konkreten Räumen zuwenden und den solcherart mit unterschiedlichen kulturellen Vorstellungen aufgeladenen Begriff «Harem» wenn nicht aufgeben, so doch problematisieren. Frauen in den islamischen Ländern haben dies früh gefordert. So fragte die englische Reisende Grace Ellison (gest. 1935), die das Osmanische Reich ihrer Zeit gut kannte und sich als Feministin verstand, einmal eine Frau aus der osmanischen Oberschicht, wie sie als Engländerinnen den türkischen Frauen zu Fortschritt verhelfen könnten. Die Antwort lautete lapidar: «Bitte sie, für immer dieses missverständliche Wort ‹Harem› auszulöschen, und sprich von uns als in unserem türkischen ‹Zuhause›.»[20]

Ein Blick nach Europa

Während für die Kenntnis des Orients zunächst Reiseberichte dominierten, änderte sich dieses Bild Ende des 18. und besonders im 19. Jahrhundert. Ägypten war das erste arabische Land in moderner Zeit, das eine, wenn auch kurze, ausländische militärische Intervention einer europäischen Macht erfahren musste. 1798 landeten Napoleons Truppen in Alexandria, um ihre Position gegen England auszubauen, mussten das Land jedoch bereits 1801 wieder verlassen. Diese Landung ist häufig als entscheidende Zäsur, als «Beginn der Moderne» für die islamischen Länder gesehen worden. Nach dem Rückzug Napoleons konnten die Ägypter tatsächlich die direkte osmanische Kontrolle abschütteln, und das Land erlebte unter dem Vizekönig Muhammad ʿAlī (reg. 1805–1848), der nur noch nominell dem osmanischen Sultan unterstellt war, einen Modernisierungsschub. Zahlreiche Reformen in Verwaltung und Militär, Erziehung und Wirtschaft wurden durchgeführt. Zugleich avancierte Ägypten zum Zentrum der intellektuellen Auseinandersetzung mit Europa. Männer wie Muhammad ʿAbdūh (1849–1905), Raschīd Ridā (1865–1935), aber auch Qāsim Amīn (1863–1908) und Frauen wie Malak Hifnī (1886–1918) entwickelten unterschiedliche Antworten auf die Frage, ob der Islam überhaupt modernisierungsfähig sei, und wenn ja, wie eine solche Modernisierung auszusehen habe. Da Ägypten in diesen Diskursen, wie im Bereich der Frauenbewegung, eine Vorreiterrolle spielte, soll am Beispiel dieses Landes die politische Entwicklung und die damit verbundene intellektuelle Debatte um die Geschlechterstellung dargestellt werden.

Am Ende des 19. Jahrhunderts stand Ägypten faktisch unter britischer Verwaltung, wenn es auch erst 1914 britisches Protektorat wurde und dies offiziell bis 1922 blieb. Britischer Einfluss prägte das Land allerdings noch weit bis in die fünfziger Jahre hinein. Die harsche Kritik an Segregation und Polygynie, die das eingangs

Das Zeitalter des Kolonialismus 163

angeführte Zitat Lord Cromers zeigt, ist verbunden mit einer stereotypen Gegenüberstellung der überlegenen westlichen und der unterlegenen islamischen Kultur. Der zivilisatorische Auftrag scheint klar daraus hervorzugehen: «Das ganze Gebäude der europäischen Gesellschaft ruht auf der Erhaltung des Familienlebens.» «Der Christ» an sich, monogam, achte nach Cromer die Frauen, während «der Muslim» sie verachte, sie «nach Belieben» wegwerfe wie einen alten Handschuh. Christentum ist demnach in Verbindung mit Achtung vor der Frau, Monogamie und einer Gesellschaftsordnung zu sehen, die das Familienleben erhält. Die muslimische Zivilisation dagegen stellt die entsprechende Negativfolie dar und beruht darüber hinaus auf der Befriedigung von «Leidenschaften». Es ist wenig verwunderlich, dass diese Haltung in der islamischen Welt eine Auseinandersetzung um kulturelle Identität, die Werte der Gesellschaft und die Rolle des Islams hervorrief, die für die folgende Zeit prägend werden sollte. Bevor diese Diskussion dargestellt werden soll, ist aber ein vergleichender Blick zurück in den Westen, nach England, aufschlussreich.

War das Frauenbild in England tatsächlich so modern und emanzipiert? Wie sah die Rolle der Frau im viktorianischen und edwardianischen England aus?[21] Die von Cromer zitierte «Hochachtung» gegenüber den Frauen schlug sich jedenfalls dort nicht in dem Bemühen nieder, ihnen gleiche Rechte zuzugestehen. Jahrhundertealte Vorurteile, wonach die emotionale und eben nicht rationale Frau dem Mann untertan sei, wurden gerade in dieser Zeit wieder aufgegriffen und mit neu entdeckten, damals als wissenschaftlich geltenden Ergebnissen gerechtfertigt. So nahm Charles Darwin (1809–1882) es als selbstverständlich an, dass das leichtere Gehirn der Frau weniger entwickelt sei als das schwerere des Mannes. Die Konstitution der Frau mit ihrer Emotionalität, Intuition und leichteren Irritierbarkeit setzte er übrigens, dem Zeitgeist des Kolonialismus entsprechend, gleich mit der Konstitution der «niederen Rassen». John Ruskin (1819–1900), ein englischer Sozialphilosoph, formulierte denn auch: «Man to com-

164 *Frauen und Macht*

mand, and woman to obey; all else confusion.» Die «Konfu-
sion», die sich ergibt, wenn nicht der Mann befiehlt und die Frau
gehorcht, lässt an das «Chaos» (arab. *fitna*) denken, das islamische Gelehrte bei der Überschreitung der Geschlechtergrenzen
befürchteten; die Parallele zu al-Ghazālīs eindringlichen Warnun-
gen vor dem Chaos, das ausbricht, sollten Männer und Frauen auf
gleicher Ebene und ohne die zügelnde Institution der Ehe miteinander verkehren, ist evident. Im viktorianischen England wurde
gleichermaßen die «woman question», die zugleich die politisch
brisante Frage des Wahlrechts von Frauen berührte, unter Verweis
auf getrennte Sphären diskutiert, in denen sich die Geschlechter
zu bewegen hätten: privat für die Frau, öffentlich für den Mann.
Der noch weiter unten zu erwähnende, aus Fes stammende und in
Kairo lebende Ibn al-Hādjdj (gest. 1326) hätte sich in seinen Ausführungen bestätigt gesehen.

Lord Cromer selbst war in seiner Heimat Gründungsmitglied
und zeitweiliger Präsident der «Männerliga gegen das Frauenwahlrecht» (engl. «Men's League for Opposing Women's Suff-
rage») und damit vehementer Gegner einer zentralen Forderung
der Frauenbewegung jener Zeit. Nichtsdestotrotz wurde England
zu jener Zeit von einer Frau regiert: Queen Victoria (reg. 1837–
1901).

Nun hätte man erwarten können, dass Lord Cromers Kritik an
der ägyptischen Geschlechterordnung, verbunden mit der vermeintlichen Verpflichtung zur Zivilisierung der Kolonisierten, zu
einer entsprechenden frauenfreundlichen Politik Englands beispielsweise im Bildungsbereich geführt hätte. Dies war aber nicht
der Fall. 1881, vor der Machtübernahme der Briten, erhielten 70 Prozent der Schüler an staatlichen Schulen eine staatliche Unterstützung für Kleider, Bücher und Studiengebühren. 1892, zehn Jahre
später, bezahlten 73 Prozent ihre Ausgaben selbst. Dieselbe Politik
verfolgte er in Bezug auf die Mädchenschulen. Man kann Lord
Cromer mithin kaum nachsagen, dass er sich in Ägypten und England gleichermaßen für Frauen und Frauenrechte einsetzte. Femi-

Das Zeitalter des Kolonialismus 165

nismus an der «Heimatfront» – bemerkt Leila Ahmed spitz – und
Feminismus gegen den weißen Mann gerichtet, mussten bekämpft
werden, aber im Ausland und gegen die Kultur der kolonisierten
Völker gerichtet, konnte man ihn zumindest rhetorisch unterstützen.[22]

Reformansätze

Einer der ersten und vehementesten Kritiker der Polygynie in der
ägyptischen Gesellschaft war Qāsim Amīn (1863–1908). Kurdi-
scher Abstammung und in Ägypten geboren, war er ein Schüler
des bekannten Reformers Muhammad ʿAbdūh (1849–1905) und
ein Freund hoher politischer Persönlichkeiten seiner Zeit. Er hatte
eine französische Erziehung genossen und arbeitete in Ägypten
als Richter. In einer Neuauslegung der Koranverse 4:3 und 4:129,
die die Gerechtigkeit gegenüber den Frauen anmahnen, entwickelte er ein noch heute in der islamischen Welt viel benutztes
Argument, dem zufolge man allenfalls sagen könne, die Polygynie
sei erlaubt, aber nicht empfohlen. In einem solchen Fall könne die
Staatsgewalt sie illegalisieren, wenn das öffentliche Interesse dies
gebiete.

Sein Lehrer Muhammad ʿAbdūh, ein Gelehrter und einfluss-
reicher Vordenker der muslimischen Reformbewegung des ausgehenden 19. Jahrhunderts, plädierte für die Erziehung und Bildung
der Frauen und beurteilte Polygynie kritisch, ohne sie allerdings
verbieten zu wollen. Ihre Erlaubnis durch den Propheten führte er
auf die sozialen und wirtschaftlichen Verhältnisse im Arabien des
7. Jahrhunderts zurück. Die Suren 4:3 und 4:129 machten allerdings die Gleichbehandlung der Ehefrauen zur Bedingung. Ohne
sie sei die Erlaubnis hinfällig. Raschīd Ridā (1865–1935), ein weiterer Schüler Muhammad ʿAbduhs gab in dem gemeinsam mit
seinem Lehrer herausgegebenen Korankommentar *al-Manār* zum
Polygynie-Vers (4:3) zu bedenken, dass eine zweite Ehe nur dann

166 Frauen und Macht

hinfällig sei, wenn der Ehemann seiner Verpflichtung zur Gerechtigkeit nicht nachkommen könne. Allerdings habe sich die Polygynie zu einer Belastung innerhalb der Familien entwickelt, weil die Ehefrauen nicht mit der Eifersucht umzugehen verstünden.[23] Andererseits begründete Muhammad Raschīd Ridā die Zulässigkeit der Polygynie damit, dass bekanntermaßen die Männer in der ganzen Welt ihrem Wesen nach polygyn seien.[24] Während aber im Westen die Männer heuchlerisch zu handeln genötigt seien, indem sie nur eine legale Frau nähmen, sich gleichzeitig aber insgeheim eine oder mehrere Mätressen zulegten, seien die islamische Vorschriften natürlicher und wohltuender für beide Teile: Der Mann könne seinem natürlichen Wesen folgen, und alle seine Frauen hätten eine legale Absicherung ihres Lebensunterhalts, ihrer Kinder und ihres Erbes. Darüber hinaus sei die Polygynie die Lösung für den Fall der Unfruchtbarkeit oder Krankheit der ersten Ehefrau. Durch eine Zweitheirat könne der Mann seine Nachkommenschaft sichern, ohne notwendigerweise seine erste Frau verstoßen zu müssen.

Die ägyptische Journalistin Malak Hifnī Nāsif (1886–1918), die den Beinamen «Sucherin in der Wüste» (arab. *Bāhithat al-Bādiya*) erhielt, gilt wie Qāsim Amīn als eine der Begründerinnen der Frauenbewegung. In ihren Abhandlungen *Frauenfragen* (arab. *Nisā'īyāt*) schrieb sie unter dem Titel «Polygynie»:

> Dies ist ein schrecklicher Name, bei dem meine Fingerspitzen fast den Stift beim Schreiben zurückhalten wollen. Sie (die Polygynie, IS) ist der verbissene Gegner der Frauen und ihr alleiniger Teufel. Wie oft hat sie ein Herz gebrochen, den Verstand verwirrt, eine Familie zerstört und Unheil gebracht![25]

Den Zeilen ist deutlich die Betroffenheit der Schreiberin anzumerken, die aus ihrer eigenen Lebenserfahrung resultierte. Denn Malak Hifnī, die eine der beiden damals bestehenden ägyptischen Schulen für die Ausbildung von Lehrerinnen besucht hatte, bevor sie 1907 heiratete, erfuhr erst bei ihrer Heirat, dass ihr Mann bereits verheiratet war und eine Tochter hatte, die sie beaufsichtigen und unterrichten sollte. Sie hielt dennoch an dieser Ehe fest, engagierte sich jedoch für die Rechte der Frau und verfasste 1911 ein Zehn-Punkte-Programm, das sie im ägyptischen Parlament einreichte und in dem sie vor allem die Verbesserung der weiblichen Ausbildung und Berufstätigkeit anmahnte. Ihre Forderungen nach Aufhebung der Polygynie und einer Reform des Scheidungsrechts wurden freilich nicht erhört. Selbst heute noch ist die Polygynie im ägyptischen Personalstatut, das im Jahr 2000 reformiert wurde, verankert. Es besteht nun allerdings eine Informationspflicht des Ehemannes gegenüber der Ehefrau. Das Schicksal Malak Hifnīs, in Unkenntnis eine solche Ehe einzugehen, ist rechtlich seit dem Jahr 2000 ausgeschlossen.

Die Notwendigkeit, Mädchen und Frauen auszubilden, war von ägyptischer Seite schon lange vor der englischen Protektoratszeit erkannt worden. Der Geistliche at-Tahtāwī (1801–1873), der im Auftrag Muhammad ʿAlīs mit einer Delegation aus Studenten nach Paris reiste, schreibt in seinem Reisetagebuch *Ein Muslim entdeckt Europa*:

> Da man von den Leuten oft gefragt wird, wie es denn nun eigentlich um die Frauen bei den Europäern stehe, sind wir der Sache nachgegangen. Auch hier lässt sich zusammenfassend sagen, dass, wo Konfusion hinsichtlich der Tugend der Frauen besteht, dies nicht darauf zurückgeht, ob diese unverhüllt gehen oder den Schleier tragen, sondern vielmehr darauf, ob sie eine gute oder schlechte Erziehung genossen haben, ob sie gewohnt sind, einen einzigen Mann zu lieben, statt ihre Liebe auch noch anderen Männern zu schenken, und ob Harmonie zwischen den Ehepartnern herrscht.[26]

Nach seiner Rückkehr setzte sich at-Tahtāwī für den Aufbau des Bildungssystems ein und machte sich dabei besonders die Forderung nach der Ausbildung von Frauen und Mädchen zu eigen.[27]

Das dritte Thema, das von ägyptischen Intellektuellen neben Bildung und Polygynie in diesem Zusammenhang aufgegriffen wurde, war die Geschlechtertrennung und hier besonders der

Schleier. In seinem Buch *Die Befreiung der Frau* (1899) forderte Qāsim Amīn die Abschaffung des Schleiers, meinte damit aber nicht das Kopftuch, sondern den zu dieser Zeit noch üblichen Gesichtsschleier (arab. heute *niqāb*). So schreibt er:

> Würde die Scharia spezifische Aussagen zum Schleier, wie er unter den Muslimen bekannt ist, machen, würde ich keine Untersuchungen zum Thema unternommen haben ..., denn himmlischen Anordnungen muss man ohne Frage, Untersuchung oder Diskussion gehorchen. Aber die Scharia schreibt den Schleier in dieser Art nicht vor. Diese Sitte ist ein Produkt der Interaktion der Völker. ... Die Muslime wurden mit dem Gebrauch des Schleiers bekannt, befanden ihn für gut, übertrieben seine Anwendung und kleideten ihn in ein religiöses Gewand, so wie andere ungute Sitten auch fest etabliert wurden im Namen der Religion, wobei die Religion daran aber nicht schuld ist.[28]

Da die Verschleierung nicht religiös bedingt sei, zugleich jedoch die Bewegungsfreiheit der Frauen enorm einschränke, plädierte er nicht nur für dessen Abschaffung, sondern, darüber hinausgehend, für die Notwendigkeit einer generellen kulturellen und sozialen Umgestaltung Ägyptens. Die Entschleierung sei der Schlüssel zum sozialen Fortschritt, und er sprach sich für die Sichtbarkeit von Gesicht und Händen der Frauen aus, schon um sie bei Rechtsgeschäften als Personen kenntlich zu machen, darüber hinaus aber, um sie in ihren täglichen Verrichtungen nicht zu behindern.

Malak Hifnī hingegen stand einer sofortigen Entschleierung kritisch gegenüber, ebenfalls nicht aus religiösen Gründen, wie sie sagte, da die Religion die Menschen nicht beenge, sondern allein aus gesellschaftlichen Gründen. Gegen die Vermischung der Geschlechter, die sie durch die Entschleierung befördert sah, hegte sie schwere Bedenken, resultiere daraus doch Unmoral. Ihre Kritik an der ägyptischen Gesellschaft ihrer Zeit ist schonungslos. Die Mittelschicht kam noch am besten weg, hingegen habe die Unterschicht, sowohl in Ägypten wie in Europa, aufgrund der unvermeidbaren Vermischung der Geschlechter durch die in den Fabriken und im landwirtschaftlichen Bereich notwendigen Arbeiten die niedrigste Moral. Sie sei weder durch den Schleier eingeengt noch durch Sitten, sie werde allein durch die hohe Arbeitsbelastung daran gehindert, völlig der Unmoral zu verfallen. Die Verderbtheit der Dörflerinnen werde nur noch von der der städtischen Unterschicht übertroffen. Die Oberschicht hingegen sei durch ihren Müßiggang, durch ihre Freiheit, zu tun, was sie wolle, geprägt. Unterstützt durch die Dienerschaft, gäben diese Frauen sich einem Leben der Untätigkeit hin und nutzten jede Möglichkeit, den Schleier auf ungehörige Art und Weise abzulegen. Wenn sie indes, so Malak Hifnī, dies aus stolzer Freiheit forderten oder fühlten, dass der Schleier sie am Unterricht bei Gelehrten oder sonst einem ehrbaren Unternehmen hindere, so sollte es ihnen gestattet sein. Aber:

> Die Frauen Ägyptens sind in gänzlicher Unwissenheit und die Männer – bis auf eine geringe Ausnahme – so in völliger Verdorbenheit, dass es insgesamt keine Erlaubnis der Vermischung geben kann. Dagegen sind bei den Europäern Männer und Frauen gelehrt, jedoch leiden sie unter der Schlechtigkeit ihrer Gesellschaft und der Treulosigkeit ihrer Ehepartner.[29]

Eine plötzliche Entschleierung der ägyptischen Frau war deshalb aus ihrer Sicht nicht vertretbar, sie befürchtete negative Folgen für das Land und die Religion. Männer würden unverschleierten Frauen obszöne Ausdrücke hinterherrufen und sie öffentlich erniedrigen, während die Mehrheit der Ägypterinnen ohnehin nicht mehr verstünde als ein Säugling. So kennten sie noch nicht einmal die Bedeutung der Worte «Verfassung» (arab. *dustūr*) oder «Kolonialismus» (arab. *istiʿmār*)! Sie räumte jedoch ein, dass die Anzahl der gelehrten Frauen in Ägypten zunehme und sich einige unter ihnen befänden, denen man in Zukunft die Leitung ihrer Schwestern anvertrauen könne. Am Ende des Kapitels über die Entschleierung entwirft Malak Hifnī ihre Vorstellung einer autochthonen Entwicklung Ägyptens und ruft Autoren und Forscher dazu auf, über eine spezifische Moderne des Orients nachzudenken, eine Zivilisation, die zu Natur und Prägung des Landes passe, zugleich aber die Ägypterinnen und Ägypter nicht daran hindere, die Früchte der westlichen Moderne zu genießen.

In der gesamten Debatte vertrat das konservative Gelehrtenestablishment die Meinung, die Verschleierung und der Status der Frau sollten bleiben, wie sie waren. Qāsim Amīn wurde jedoch nicht nur von den religiösen Gelehrten angegriffen, sondern auch von Nationalisten, die ihm unterstellten, die Emanzipation der Frauen für die Schwächung der ägyptischen Nation zu nutzen und Immoralität in der Gesellschaft zu säen. Sie wiesen die Kritik an der rechtlichen und gesellschaftlichen Position der muslimischen Frauen als Versuch der imperialistischen Einflussnahme zurück.

Wie die Aussagen von Qāsim Amīn und Malak Hifnī zeigen, fielen die Reaktionen auf die Konfrontation mit der europäischen Kultur durchaus verschieden aus. Qāsim Amīn war in seiner Forderung der Entschleierung radikaler und ging in seiner Analyse, die Ursache des Schleiers sei in der Rückständigkeit der ägyptischen Gesellschaft zu suchen, einen Schritt weiter als Malak Hifnī. Vor allem in seinem zweiten Buch *Die neue Frau* (1901) stellte er die religiöse Legitimierung weniger in den Vordergrund und argumentierte stärker auf der Basis eines allgemeinen Fortschritts der Kulturen. Für beide Autoren spielte die Bildung eine wichtige Rolle, und beide sahen, anders als Lord Cromer, in der islamischen Religion keinen Hinderungsgrund für die Entschleierung und für die Entwicklung der Gesellschaft. Ihre Argumentation bezog sich, im Gegenteil, auf die Religion als Teil der ägyptischen Identität. Malak Hifnī plädierte anders als Amīn für eine langsame, autochthone Entwicklung, innerhalb derer eine eigenständige moderne ägyptische Kultur entstehen sollte, die von den positiven Aspekten der europäischen Kultur und Wissenschaft profitieren könnte, ohne sich selbst aufzugeben.

Feminismus in den Nationalstaaten

Drei Idealtypen

Der im westlichen Kulturbereich entstandene Feminismus umfasst eine große Bandbreite an sozialen Theorien und politischen Bewegungen. Ist er überhaupt auf andere Gesellschaften übertragbar? Ist er universell und reflektiert auf der ganzen Welt die Unterdrückung der Frau durch den Mann? Oder lassen sich bestimmte kulturelle Unterschiede feministischer Bewegungen finden? Für den islamischen Raum erscheint es sinnvoll, die Definition von Azza Karam in ihrem Buch *Women, islamisms and the state* (1998) zu übernehmen. Danach ist Feminismus die

> individuelle oder kollektive Wahrnehmung, dass Frauen in Vergangenheit und Gegenwart auf die unterschiedlichsten Arten und aus den unterschiedlichsten Gründen unterdrückt wurden und sich davon zu befreien versuchen mit dem Bestreben, eine Gesellschaft auf der Basis einer größeren Gleichheit zwischen Männern und Frauen aufzubauen und die Beziehungen zwischen Männern und Frauen zu verbessern.[30]

Mit dieser breiten Definition sind die für den nahöstlichen Kontext prägenden politischen und gesellschaftlichen Aktivistinnen erfasst, die sich allerdings nicht alle für eine völlige Gleichheit der Geschlechter einsetzen, sondern eine «größere» Gleichheit zwischen Männern und Frauen anstreben. Malak Hifnī hätte sich sicherlich nicht selbst als «Feministin» bezeichnet, einmal, weil der Begriff zu ihren Lebzeiten in Ägypten nicht geläufig war, zum anderen aber, weil sie sich damit vermutlich zu sehr in einen westlichen Diskurs eingebunden gefühlt hätte, den sie als selbstbewusste Ägypterin und Muslimin ablehnte. Von der Position einer westlichen Feministin des beginnenden 21. Jahrhunderts war sie

172 *Frauen und Macht*

weit entfernt. Wohl aber hat sie sich mit der Feder und mit dem Wort für größere Rechte der Frauen eingesetzt. Das arabische Wort *nisā'* heißt «Frauen», das Adjektiv *nisā'ī* bedeutet demnach «Frauen betreffend», und *nisā'īya* ist das dazugehörige Abstraktum. Es kann mit «Feminismus», aber auch einfach als «Frauenfrage», «Frauenangelegenheit» übersetzt werden. Damit setzte sich Malak Hifnī, wie der Titel ihres Buches *Nisā'īyāt* besagt, auseinander, weshalb sie sicherlich als eine Vorkämpferin des Feminismus in dem oben genannten weiten Sinn gelten kann.

Anders als Malak Hifnī war Hudā Scha'rāwī, die 1923 die Ägyptische Feministische Union (ÄFU, engl. The Egyptian Feminist Union, arab. *al-ittihād an-nisā'ī al-Misrī*) gründete, mit europäischen Diskursen und besonders der französischen Kultur bestens vertraut. Scha'rāwī, die, wie sie selbst zugab, besser französisch als arabisch schrieb, wählte diesen Titel mit bewusstem Anklang an die europäische Bedeutung des Wortes «Feminismus».

Auf der Grundlage ihres breiten Feminismusbegriffs konzipierte Azza Karam für Ägypten drei Idealtypen von «Feministinnen», die als Ausgangspunkt für eine erste Einordnung für die Aktivistinnen in den islamischen Ländern dienen können.[31]

1. Islamistische Feministinnen – Der Islamismus, häufig «Fundamentalismus» genannt, ist als «rückwärts gewandte» Utopie bezeichnet worden. Er ist eine moderne ideologische Bewegung des 20. Jahrhunderts, deren zentrales Kennzeichen die Politisierung der islamischen Religion ist. Ausgehend von der in den zwanziger Jahren in Ägypten entstandenen Muslimbruderschaft, ist er heute in viele unterschiedliche Gruppen aufgeteilt. Die Radikalität des Islamismus besteht darin, dass er die etablierten Traditionen und Lehren, beispielsweise die Rechtsschulen und ihre unterschiedlichen Auslegungen, kritisiert und dagegen das Bild der «Einheit» des Islams setzt. Als Orientierungsmaßstab gilt das Gemeinwesen Muhammads im 7. Jahrhundert. Eine zentrale Forderung ist die Wiedereinführung der Scharia, welche diese Bewegungen trotz geltenden Familienrechts auf Schariabasis in den meisten heutigen islamischen Ländern nicht gewährleistet sehen. Diese Scharia soll anhand der Quellen, das heißt des Korantextes, aber auch der Tradition des Propheten, durch die «eigenständige Textinterpretation» (arab. *idjtihād*) neu erschlossen, die Auslegungen der vergangenen, mehr als tausendjährigen Rechtsgeschichte hingegen als ungültig und der Einheit entgegenstehend verworfen werden. Die angestrebte visionäre Rückkehr zur Einheit des Islams, die utopische Konzeption eines Staates auf der Basis des frühislamischen medinensischen Staates und der Rückgriff auf die Texte sind zentrale Anliegen, die jedoch sogleich die Schwachstellen der Bewegung markieren. Sie suggerieren nämlich, «den» islamischen Staat in der Moderne wieder erschaffen zu können, in der Realität aber unterscheiden sich die verschiedenen Denker und Bewegungen in Bezug auf die Definition und Beschreibung dieses Staates.

Die Geschlechterbilder sind traditionell. Islamistinnen und Islamisten sehen die natürlichen Rechte der Frau in der Rolle als Mutter und als Ehefrau verankert, da der biologische Unterschied zwischen den Geschlechtern auch unterschiedliche Aufgaben von Frauen und Männern in der Familie bedinge. Gleichberechtigung der Geschlechter im westlichen Sinn wird nicht angestrebt, sie gilt als «unnatürlich» und der Würde und Integrität der Frau abträglich; wenn Frauen und Männer als verschieden gedacht werden, wird die Forderung nach gleichen Rechten obsolet. Nicht das Recht der Frau auf individuelle Selbstbestimmung steht im Vordergrund, sondern ihre Pflichten gegenüber der Gesellschaft, die sie zuerst durch ihre Rolle als Ehefrau und Mutter wahrnimmt. Diese wird sozial und politisch neu definiert und als Dienst an der Gesellschaft gesehen. Islamistische Musliminnen lehnen für sich den Begriff der «Feministin» als unzutreffend und mit zu starker westlicher Konnotation versehen ab. Dennoch engagieren sie sich für mehr weibliche Rechte und sind sich einer zumindest

174   *Frauen und Macht*

partiellen Unterdrückung der Frauen bewusst, die sie durch den Rückgriff auf islamische Prinzipien beseitigen wollen.

Das Tragen des Schleiers (arab. *hidjāb*) ist nach Meinung dieser Frauen notwendig und Ausdruck tiefer Religiosität, kultureller Authentizität gegenüber dem Westen und der Solidarität mit anderen muslimischen Frauen. Er wird nicht als unterdrückend, sondern als befreiend empfunden, und es werden viele Argumente für ihn ins Feld geführt, so beispielsweise, dass er Frauen vor der Betrachtung als reines Sexualobjekt und vor der Zudringlichkeit von Männern schütze oder dass er als Teil der muslimischen Identität zu sehen sei. Anders als die gelehrten Frauen des 11. bis 13. Jahrhunderts sehen diese Frauen ihre Rolle nicht einfach in der Weitergabe von Texten, sondern beanspruchen für sich dasselbe Recht auf «eigenständige Textinterpretation» wie die Männer. Auf dieser Basis kommen sie in vielen Punkten zu Ergebnissen, die von denen des traditionellen, durchweg männlich geprägten Gelehrtenestablishments in den großen Universitäten und Hochschulen, beispielsweise an der traditionellen Azhar-Universität in Kairo, der Qarawiyīn in Fes, Marokko, der Zaitūna in Tunis oder dem Zentrum der schiitischen Gelehrsamkeit in Qom, abweichen. Diesen Zentren erwächst dadurch eine oppositionelle Kraft, die auf derselben wissenschaftlichen Grundlage arbeitet, nämlich der Exegese der heiligen Texte.

2. Muslimische Feministinnen – Muslimische Feministinnen verstehen sich als gläubige Frauen im traditionellen Sinn der islamischen Religion, sind aber, und hier liegt der große Unterschied zu den islamistischen Feministinnen, gleichzeitig der Überzeugung, eine generelle Gleichheit der Geschlechter sei auch in ihrer Gesellschaft und im Rahmen ihrer Religion möglich. Sie bejahen internationale Abkommen wie beispielsweise das Übereinkommen zur Beseitigung jeder Form von Diskriminierung der Frau aus dem Jahr 1981 (engl. Convention on the Elimination of all Forms of Discrimination against Women, CEDAW) oder das

CRC von 1990 (Übereinkommen über die Rechte des Kindes, engl. Convention on the Rights of the Child), für deren Unterzeichnung sie sich in ihren jeweiligen Staaten einsetzen, und halten eine islamische Begründung der Menschenrechte für möglich und wichtig. Die Mitglieder dieser Gruppe würden sich eher als Kämpferinnen für Frauenrechte bezeichnen als die Islamistinnen. Ob sie im Einzelfall die Bezeichnung «Feministin» für sich annehmen, hängt nicht nur von ihrer Selbsteinordnung in Bezug auf westliche feministische Bewegungen ab, sondern zudem von den sie umgebenden gesellschaftlichen Umständen, die eine solche Selbsteinordnung akzeptabel oder als «westlich» und diffamierend erscheinen lassen.

Auch diese Frauen stützen sich häufig auf neue Interpretationen von Koran und Tradition und gehen zudem gegen verkrustete patriarchalische Strukturen im religiösen Establishment an. Dabei fordern sie diese – wie die Islamistinnen – auf der Grundlage der eigenen wissenschaftlichen islamischen Qualifikation heraus. *Idjtihād* und die eigene Quelleninterpretation ist auch bei ihnen die Methode für eine Reform. Anders als die Islamistinnen postulieren sie sehr wohl, dass Gleichheit von Mann und Frau aus den Quellen abzuleiten sei, dass Frauen und Männer gleichermaßen Zugang auch zu politischen und gesellschaftlichen Führungspositionen haben sollten; einige von ihnen sind hier freilich etwas zurückhaltender und gehen die Frage praktisch an, indem sie versuchen, schrittweise Änderungen der konkreten Rechte und Vorschriften zu erreichen.

3. *Säkulare Feministinnen* – Diese Frauen kommen in ihren Grundsätzen und Prinzipien der westlichen Vorstellung einer Feministin am nächsten, beziehen sie sich doch auf die internationalen Menschenrechte und die verschiedenen Menschenrechtsabkommen, allen voran CEDAW und CRC. Sie plädieren für eine stärkere oder sogar vollständige Trennung von Staat und Religion und die Schaffung eines demokratischen Staates, weil dies unabdingbare

176   Frauen und Macht

Voraussetzung für die Gleichstellung der Geschlechter und die Erlangung der vollen Rechte für Frauen sei. Sie versuchen erst gar nicht, religiöse Diskurse mit Konzepten der Menschenrechte in Einklang zu bringen, religiöse Quellen zu interpretieren oder auf religiöses Recht Bezug zu nehmen. Religion gilt ihnen als Privatsache, und sie sehen keine Möglichkeit, sie als Basis für die Emanzipation der Frauen zu nutzen. Auf diese Weise umgehen sie das Problem der Position der Frau im Islam und damit die Angriffe des patriarchalischen Establishments, wonach die Texte nicht durch Frauen interpretiert werden dürfen. Gleichzeitig widersprechen sie damit vehement dem islamistischen Konzept der Ungleichheit der Geschlechter. Mit muslimischen Feministinnen sind sie sich einig, dass Reformen in der Familiengesetzgebung und in vielen anderen rechtlichen, sozialen und politischen Bereichen nötig sind, und es kommt häufig zu Allianzen im taktischen und strategischen Bereich. Während islamistische und muslimische Feministinnen ihr Streben nach mehr Partizipation im öffentlichen Raum und am Arbeitsmarkt damit legitimieren, dass Frauen auf diese Weise ihren Pflichten in der Gesellschaft besser nachkommen können, leiten säkulare Feministinnen ihre Partizipationsansprüche aus den individuellen Persönlichkeitsrechten ab.

Diese Einteilung ist notwendigerweise idealtypisch. Repräsentantinnen der drei Kategorien können auf realpolitischer Ebene verschiedene Vorstellungen und Konzepte in ihren jeweiligen Weltbildern kombinieren, darüber hinaus sind strategische und taktische Allianzen zwischen den Gruppen möglich. Der Einsatz für Geschlechtergleichheit ist weiterhin nicht an das biologische Geschlecht gebunden, wie das Beispiel Qāsim Amīns zeigt. Als die iranische Regierung im Jahr 2008 im Entwurf des neuen Familiengesetzbuchs errungene Rechte für Frauen rückgängig zu machen versuchte, stellte sich der hochrangige Gelehrte Ayatollah Sāne'ī, ein Vertreter des vielgescholtenen Standes der iranischen Geistlichkeit, auf die Seite der Frauen beim Kampf um die Beibehaltung ihrer Rechte. Er erhielt dafür von einer Zeitung den Titel «Mufti der Frauen». Zugleich finden sich im Bereich des Islamismus zahlreiche Aktivisten und Aktivistinnen, die islamistische Konzeptionen von Geschlechterkomplementarität im Gegensatz zur Geschlechtergleichheit verteidigen.

Die Frauenbewegungen in Ägypten, Iran und Marokko vermitteln einen Einblick in die unterschiedlichen Entwicklungen in der islamischen Welt. Zwei von ihnen, Ägypten und Marokko, waren Protektorate, während Iran nie offiziell unter europäische Kontrolle geriet, seit der Islamischen Revolution jedoch mit Blick auf die Geschlechterstellung vor allem in der westlichen Welt als rückständig angesehen wird.

Ägypten: Vom karitativen Verein bis zum Islamismus

Seit dem 19. Jahrhundert gilt Ägypten unter den islamischen Staaten als fortschrittliches Land mit starker kultureller Ausstrahlung in die arabische Welt. Hier entstand schon früh eine Frauenbewegung, wobei ausgerechnet die von Malak Hifnī so gnadenlos kritisierten Frauen der Oberschicht die ersten Akteurinnen stellten. Den Anfang machten Hilfsorganisationen und karitative Vereine, die am Ende des 19. und zu Beginn des 20. Jahrhunderts ins Leben gerufen wurden. Durch den direkten Kontakt zu den bedürftigen Frauen entstanden neue Netzwerke jenseits der Privatsphäre. Zudem erhielten die Frauen aus der Oberschicht dadurch eine Vorstellung davon, wie sich Armut, Unwissenheit und die frauenfeindliche Familiengesetzgebung auf das um ein Vielfaches härtere Leben der Frauen der städtischen und ländlichen Unterschichten auswirkten. Wohltätigkeit wurde nicht nur als religiöse Verpflichtung verstanden, sondern auch als eine nationale und zivile Verantwortung von Musliminnen wie Christinnen, die sie gemeinsam als Ägypterinnen zu tragen hatten.

In eine neue Phase trat die Frauenbewegung[32] – wenn man sie denn schon so nennen kann – 1919, als sich der Konflikt zwischen der ägyptischen Nationalbewegung und der englischen Protektoratsverwaltung zuspitzte. Auf dem Höhepunkt der landesweiten Unruhen im März 1919 versammelten sich 150 bis 300 Teilnehmerinnen der Oberschicht zur ersten Frauendemonstration in der ägyptischen Geschichte und verlangten Freiheit und Unabhängigkeit für ihr Land. Erstmals waren Frauen auf der politischen Bühne als Sympathisantinnen und aktive Unterstützerinnen prominenter männlicher Politiker sichtbar. Sie traten hier – und das ist bezeichnend für viele andere Länder des Nahen und Mittleren Ostens und ist so auch in Marokko zu erkennen– nicht im eigenen Interesse auf, sondern unterstützten die Männer im Kampf für nationale Unabhängigkeit.

1922 nahm die zu dieser Zeit regierende Wafd-Partei die von den Briten gestellten Bedingungen für eine Unabhängigkeit an, und Ägypten wurde formal ein Königreich (1922–1952). 1923 legte Hudā Schaʿrāwī (1879–1947), die zum einen mit dem Vizepräsidenten der Wafd-Partei verheiratet und zum anderen Gründerin und Aktivistin der ÄFU war, öffentlich den Schleier ab. Die feministische Agenda der ÄFU forderte Ausbildung für Frauen und Mädchen, gleiche politische Rechte für die Frauen und Änderungen im Familienrecht, vor allem eine Einschränkung des Verstoßungsrechts des Mannes und der Polygynie. Dabei verstanden die Frauen der ÄFU den Feminismus in ihrer Gesellschaft als spezifischen Ausdruck eines universellen Phänomens und nicht als ausschließlich westlich und betrachteten ihn als mit der eigenen Kultur vereinbar.

1923 wurde in Ägypten eine neue Verfassung verabschiedet, deren 3. Artikel folgendermaßen lautete:

Alle Ägypter sind vor dem Gesetz gleich. Sie genießen gleiche zivile und politische Rechte … ohne Unterscheidung nach Rasse, Sprache oder Religion.

Feminismus in den Nationalstaaten 179

Dieser Anspruch der Gleichheit war aber in der Gesetzgebung nicht eingelöst. Es bestand nicht nur das stark durch das klassische islamische Recht geprägte Familienrecht weiter, auch ein Wahlrecht wurde den Frauen im «Allgemeinen Wahlrecht» von 1923 nicht gewährt. Mit Ausnahme der Ehegattinnen von Ministern und hohen Staatsbeamten waren Frauen von den Feierlichkeiten zur Eröffnung des neuen Parlaments ausgeschlossen. «Alle Ägypter» bezog sich offensichtlich ausschließlich auf Männer. Das politische Engagement der Ägypterinnen gegen die Besatzungsmacht hatte sich im Endeffekt nicht ausgezahlt. Auch dies ist ein immer wiederkehrendes Charakteristikum in der Geschichte der Frauenbewegungen der islamisch geprägten Länder.

1948 wurde von Duria Schafiq die Frauenorganisation «Tochter des Nils» (arab. *Bint an-Nīl*) gegründet. Dem vorausgegangen war ihre journalistische Aktivität als Herausgeberin der Zeitschriften *Die neue Frau* (franz. *La femme nouvelle*) und *Tochter des Nils*. 1951 führte sie eine Kampagne für politische Rechte durch und organisierte ein Sit-in im Parlament. Damit provozierte sie den öffentlichen Widerstand der Muslimbrüder, die vom König verlangten, diese Frauenorganisationen mit ihren Forderungen nach politischen Rechten in die Schranken zu weisen. Einmal mehr wurden Personen wie Duria Schafiq als imperialistische Agentinnen diffamiert, die die ägyptische Gesellschaft unterwandern wollten.

In der wirtschaftlich schwierigen Zeit nach dem Krieg erschien ihre Organisation einigen zu bürgerlich und konservativ in Ideologie und Taktik. Eine Person wie Indjī Aflātūn (1924–1989) fühlte sich mehr der sozialistischen Ideologie verbunden, sah die Frauenbefreiung als Teil des generellen Kampfes für soziale Gerechtigkeit und betrachtete ihre feministischen Aktivitäten eher als Teil des Klassenkampfes.

Dagegen wurde in der ersten Hälfte der fünfziger Jahre unter Präsident Nasser (reg. 1952–1970) nur für wenige staatsunabhän-

180 Frauen und Macht

gige Organisationen Raum gelassen und auch die Frauenbewegung stark reglementiert. Andererseits zeichneten sich in dieser Zeit rechtliche Fortentwicklungen unter dem sozialistischen Regime Nassers hin zu mehr Gleichheit der Geschlechter ab. Die Verfassungen von 1956 (Art. 31) und 1964 (Art. 24) enthielten ein Verbot der Diskriminierung aufgrund des Geschlechts, es folgte die Änderung der Arbeitsgesetze. Darüber hinaus garantierte der Staat Frauen nun das aktive und passive Wahlrecht und leitete eine Reform des Erziehungssystems ein, um berufstätigen Müttern die Betreuung der Kinder zu erleichtern. Für diese Phase wurde der Ausdruck «Staatsfeminismus» geprägt, da der Staat von oben dirigistisch eingriff und reformierte. Das geschah zwar durchaus zum Wohl der Frauen und zugunsten von mehr Gleichheit zwischen den Geschlechtern, aber ohne dass unabhängige Organisationen eigene Agenden entwickeln konnten. So war es für die Frauen in Ägypten nicht möglich, ihre Interessen eigenständig vorzustellen, offen zu diskutieren und politisch durchzusetzen. Keine Fortschritte finden sich in dieser Zeit beim «Herzstück» der Geschlechterdiskurse, dem Personalstatut, in dem immer noch Polygynie und das uneingeschränkte Verstoßungsrecht des Mannes festgeschrieben waren.

Erst Anwar as-Sadat (reg. 1970–1981) reformierte das Personalstatut, allerdings mit Hilfe eines Präsidialdekrets, was zur Folge hatte, dass aufgrund dieses formalen Aktes ein Entscheid des Verfassungsgerichts die Aufhebung seines neuen Familienrechts verfügte. Im Zusammenhang mit dieser Gesetzesreform spielte Jehan Sadat (geb. 1933), die Ehefrau des Präsidenten, eine wichtige Rolle, weshalb die Gesetzesvorlage allgemein unter ihrem Namen bekannt geworden ist: Lex Jehan. In ihrer Autobiographie *Ich bin eine Frau aus Ägypten* schreibt sie:

> Frauen. All meine Energien und Projekte richteten sich immer wieder auf das Ziel, die Lage der Frauen zu verbessern. Die Geburtenrate zu bremsen. Das Analphabetentum auszumerzen. Den jungen und – durch mein Beispiel – auch den älteren Frauen eine gewisse

Feminismus in den Nationalstaaten 181

Bildung zu verschaffen. Gesundheitsdienste, Nahrungsmittel und Kinderfürsorge sicherzustellen. Arbeitsplätze zu schaffen, den Lebensstandard zu heben. Die Frauen anzuspornen, sich zu engagieren. Frauen. In ihren Händen liegt die Zukunft der Welt, denn sie sind es, die Werte und Glauben an ihre Kinder weitergeben, die ihre Söhne zu Männern erziehen, die ihren Töchtern als Beispiel dienen. Wie es im Sprichwort heißt: «Die Hand, die die Wiege wiegt, regiert die Welt.» Die Frauen haben unendlich viele Möglichkeiten, dürfen in vielen mohammedanischen Gesellschaften jedoch nur sehr wenig tun. Und das alles nur, weil die Männer die Scharia, die in Koran und Hadith, den gesammelten Sprüchen des Propheten, niedergelegten Gesetze, in ihrem Sinn auslegten.[33]

Aus ihren Äußerungen spricht die Enttäuschung einer intellektuellen Frau, resultierend aus der Auseinandersetzung mit dem Establishment der islamischen Gelehrten. Als Muslimin kritisierte sie die Auslegung der heiligen Texte durch die Männer, wobei sich die Lex Jehan streng im Rahmen des islamischen Rechts bewegte und Kernpunkte wie die Polygynie und das alleinige Scheidungsrecht des Mannes nicht antastete, dennoch aber in einigen Teilen entscheidende Verbesserungen brachte. Die Gesetzesvorlage wurde später wieder aufgegriffen und 1985 dann vom Parlament verabschiedet. Unter den drei oben vorgestellten Idealtypen wäre Jehan Sadat der Gruppe der muslimischen Feministinnen zuzuordnen.

Nawāl as-Saʿdāwī (geb. 1931) hingegen vertrat und vertritt eine Form des säkularen Feminismus, verbunden mit einer expliziten Imperialismuskritik. Ihrer Meinung nach ist die Situation der Frau nicht von einer Analyse der gesamtgesellschaftlichen Verhältnisse zu trennen. Als feministische Sozialistin steht patriarchalische Unterdrückung für sie in engem Zusammenhang mit der imperialistischen Unterdrückung und Ausbeutung der Armen durch die Industrieländer, und ihr Ziel ist die Schaffung einer gerechteren, säkularisierten und klassenlosen sozialistischen Gesellschaft auf der Basis der Geschlechtergleichheit. Dabei sieht sie den Islam nicht als die primäre Ursache für die Unterdrückung der Frau, da

182 Frauen und Macht

es patriarchalische Werte und Praktiken bereits in vorislamischer Zeit gegeben habe.

Aus bäuerlichem Milieu stammend, studierte sie Medizin und Psychiatrie und begann eine medizinische Karriere. Sie übernahm 1966 die Leitung der Abteilung für Gesundheitserziehung im Gesundheitsministerium. In ihrer schriftstellerischen Tätigkeit verarbeitete sie die Probleme der ägyptischen Frauen, mit denen sie durch ihren Beruf als Ärztin in Kontakt kam, insbesondere sexuelle Unterdrückung, Genitalverstümmelung und Inzest. 1972 erschien ihr Buch *Frauen und Sexualität* (arab. *al-Mar'a wa-l-Djins*, 1972), das nicht nur die konservativen Gelehrten, sondern auch den Staat provozierte, so dass sie danach ihren Posten aufgeben musste und Publikationsverbot erhielt. Die Genitalverstümmelung spielt vor allem in Ägypten und in afrikanisch-islamischen Ländern eine Rolle. Sie als Menschenrechtsverletzungen anzugreifen, in ihrer Auswirkung auf die weibliche Sexualität zu beschreiben und damit ein Tabu in der ägyptischen Gesellschaft zu brechen, ist das Verdienst von Nawāl as-Saʿdāwī. Von 1973 bis 1979 arbeitete sie als Wissenschaftlerin und untersuchte an der ʿAin-Schams-Universität in Kairo Neurosen bei Frauen. Von 1979 bis 1980 war sie als Beraterin der Vereinten Nationen für das Frauenprogramm in Afrika und im Nahen Osten tätig, was ihre Orientierung an den internationalen Menschenrechtsabkommen erkennen lässt. 1981 wurde sie verhaftet, weil sie gegen den Friedensvertrag Anwar as-Sadats mit Israel Stellung bezogen hatte, wurde aber nach seiner Ermordung durch radikale Islamisten aus der Haft entlassen.

1991, als Islamisten ihr mit dem Tod drohten, zog sie in die USA, kehrte aber 1996 nach Ägypten zurück. Saʿdāwī steht auf der Todesliste der religiösen Extremisten. Die von ihr 1982 gegründete Solidaritätsvereinigung arabischer Frauen AFSA (engl. Arab Women Solidarity Association) wúrde 1991 aufgrund einer vermutlich politisch begründeten Korruptionsklage aufgelöst, ihr Vermögen an andere Nichtregierungsorganisationen abgetreten. Es wurden Vorwürfe erhoben, die von AFSA veröffentlichten Artikel zu Heirat, Scheidung und Polygynie verstießen gegen die soziale und religiöse Ordnung des Landes.

Während man Nawal as-Saʿdāwī als eine Vertreterin des säkularen Feminismus bezeichnen kann, ist Zainab al-Ghazālī (1917–2005) die Vertreterin eines islamistischen Frauenbildes. Sie nannte sich nie «Feministin», sondern «Mutter der Muslimbrüder». Dabei war sie zunächst mit der Frauenbewegung Hudā Schaʿrāwīs verbunden gewesen; sie wechselte aber bereits 1949 zur Bewegung der Muslimbrüder über und wurde bei der Muslimischen Frauenassoziation aktiv (MFA, engl. Muslim Women's Association, arab. *Djamāʿat as-sayyidāt al-muslimāt*). In einem Interview begründete sie ihre Trennung von Hudā Schaʿrāwī mit der Unvereinbarkeit ihrer beider Vorstellungen von der Position der Frau in der Gesellschaft. Al-Ghazālī forderte die Integration des Islams in alle Aspekte der ägyptischen Öffentlichkeit. Nachdem die Muslimbrüder 1954 nach einem von ihnen initiierten Anschlag auf das Leben des ägyptischen Präsidenten Nasser verboten worden waren, wurde bei einer erneuten Verhaftungswelle 1965 auch al-Ghazālī festgenommen. In ihrer Haftzeit entstanden ihre später veröffentlichten Tagebücher. In der Folgezeit, nach dem Verbot der MFA, blieb al-Ghazālī Lehrerin und Propagandistin. Ihrer Auffassung nach bietet der Islam Männern und Frauen alles, was sie benötigen: Freiheit, ökonomische Rechte, politische Rechte, soziale Rechte sowie öffentliche und private Rechte. Er gebe den Frauen Rechte in der Familie, die keine andere Gesellschaft der Frau zugestanden habe. Im christlichen oder jüdischen Bereich könne man von der Notwendigkeit der Befreiung der Frau sprechen, die muslimische Frau aber müsse nur «richtig» den Islam studieren, um zu erkennen, dass ihre Rechte in ihrer Religion enthalten seien.

Diese Idee des «richtigen» Islams ist Ausgangspunkt und zugleich das Problem der gesamten islamistischen Bewegung und zahlreicher moderner Diskurse um Islam und islamische Iden-

184 Frauen und Macht

tität. Welche Interpretation ist «richtig»? Die Antwort hängt natürlich vom Standpunkt ab, und überspitzt könnte man sagen, dass es so viele «richtige» Interpretationen wie Gläubige gibt. Damit stellt sich die Frage nach den Werten, an denen die «richtige» Interpretation auszurichten ist. Die Antworten fallen auch innerhalb der islamistischen Bewegung trotz der auf theoretischer Ebene angestrebten Einheit unterschiedlich aus.

Al-Ghazālī betonte die Bedeutung des Textstudiums, das sie für alle muslimischen Frauen als zentral erachtete. Daraus ergibt sich für sie eine vom traditionellen Bild abweichende Vorstellung von der idealen, aktiv in der Gesellschaft tätigen Frau: Weibliche Mitglieder der islamistischen Bewegung sind aufgefordert, sich zu bilden, den Islam zu studieren, Zeitungen und Zeitschriften herauszugeben, Diskussionen zu führen und Aufrufe zu Aktivitäten zu verfassen. Damit verbunden ist auf gesellschaftlicher Ebene allgemein eine intensive Sozialfürsorge. Die MFA betrieb beispielsweise ein Waisenhaus, bot Hilfe für arme Familien an, vermittelte bei Streitigkeiten und versuchte, jungen Menschen Arbeit zu geben, indem sie sie an religiösen Aktivitäten beteiligte.

Nach al-Ghazālī – und dafür ist sie selbst das beste Beispiel – ermöglicht der Islam den Frauen die Partizipation am öffentlichen Leben, hält sie nicht von der Arbeit oder politischen Aktivitäten ab oder davon, ihre Meinung zu vertreten, sich zu entwickeln – allerdings nur, wenn dies alles nicht mit ihrer ersten und obersten Pflicht in Widerspruch gerät, ihrer Pflicht als Mutter. Heirat ist fester Bestandteil der Tradition, Männer und Frauen müssen heiraten, es sei denn, sie haben eine ausdrückliche Entschuldigung wie beispielsweise eine Krankheit. Al-Ghazālī erkennt durchaus den Druck des Kindergebärens, unter dem die Frauen stehen. Sie war zweimal verheiratet und bezeichnete es in einem Interview einmal als ihr Glück, keine Kinder zu haben, die sie von ihrer politischen Aktivität hätten abhalten können. Als sie in ihrer ersten Ehe zu dem Schluss kam, diese Ehe behindere ihre Mission, reichte sie die Scheidung ein. Grundlage war eine Vereinbarung in

Feminismus in den Nationalstaaten   185

ihrem Ehevertrag, dass bei größeren Differenzen über ihre politischen Aktivitäten eine Trennung erfolgen solle. Tatsächlich wurde die Ehe geschieden. Ihr zweiter Mann erklärte von Anfang an, nicht zwischen sie und ihre Mission treten zu wollen, sondern sie darin zu unterstützen.

Eine weitere prominente Figur der islamistischen ägyptischen Frauenbewegung ist Hiba Ra'ūf (geb. 1965), Professorin im Fach Politikwissenschaft an der Universität Kairo. Ähnlich wie al-Ghazālī gilt ihr der Islam als Identität und Quelle für ihre Aktivitäten. Auf der Grundlage islamischer Werte könnten Frauen zu den höchsten Funktionen zugelassen werden, wenn sie denn die nötige Qualifikation besitzen. Sie distanziert sich vom Feminismus im westlichen Sinn, den sie als überflüssig betrachtet, da der Islam nicht nur eine Lebenseinstellung sei, sondern eine politische Dimension habe. Sie schreibt:

> Feminismus bezieht sich nur auf Frauen – hat man jemals von Maskulinismus gehört? Um die gesamte Problematik der Unterdrückung der Frauen anzusprechen, muss man sich an die gesamte Gesellschaft wenden. Frauen und Männer müssen das Ziel sein, weil wir das traditionelle Denken und die Struktur der Gesellschaft ändern müssen.[34]

Die Familie als Kern der islamischen Gesellschaft ist für sie untrennbar mit Werten verbunden, die sie durch eine Säkularisierung als bedroht ansieht. Der Relativismus der westlichen Gesellschaften und die damit verbundene Relativität der Werte wie beispielsweise die Akzeptanz der Homosexualität greift sie an und kann sie aus ihrer islamischen Perspektive nicht gutheißen. Wie al-Ghazālī sieht sie Familie und Kinder nicht als Hinderungsgrund für die Berufstätigkeit und das öffentliche Auftreten. In ihrer Vorstellung von der Familie als Kern, in dem die Frauen aktiv werden müssen, kommt sie der Auffassung des westlichen Feminismus, dem zufolge alles Private zugleich politisch ist, durchaus nahe.

186 Frauen und Macht

Djihān Abū Zaid, die Sprecherin der Organisation «Tochter der Erde» (arab. *Bint al-ard*), kann wieder als muslimische Feministin bezeichnet werden. Abū Zaid sieht sich als Muslimin, Aktivistin und zugleich als Verfechterin der Menschenrechtsprinzipien. Anders als al-Ghazālī und Ra'ūf hat sie keine Probleme damit, als Feministin zu gelten. Ihr Hauptkritikpunkt ist die immer noch Frauen benachteiligende Gesetzgebung.

Die Beispiele zeigen die Bandbreite der Aktivitäten von Frauen, die sich offen zu den Menschenrechtsabkommen bekennen, wie Nawal as-Saʿdāwī und Djihān Abū Zaid, die keine Scheu haben, sich als Feministinnen zu bezeichnen, bis zu islamistischen Aktivistinnen wie Zainab al-Ghazālī und Hiba Ra'ūf, die diese Bezeichnung nicht für sich akzeptieren würden und auf der Grundlage islamischer Geschlechterkonzepte argumentieren. Sie reflektieren die Vielfalt der gesellschaftlichen und politischen Diskurse in einem Land, das sich politisch seit der Ära Mubārak im Ausnahmezustand befand und in dem systematisch zivilgesellschaftliche Organisationen in ihrer Arbeit behindert und unterdrückt wurden. Die politischen Umwälzungen, die im Januar und Februar 2011 begannen und das alte Regime hinwegfegten, sind Ausdruck der Auflehnung gegen diese lange Unterdrückung. Es steht nun zu hoffen, dass sich auf der Basis dieser Umwälzung offene Diskussionen zu Recht, Gesetz und Geschlechterfragen in der Gesetzgebung niederschlagen werden. Vor dem Hintergrund der ebenfalls sehr aktiven Muslimbruderschaft und islamistischer Aktivistinnen wird sich zeigen, wie sich die neuen Aushandlungsprozesse rechtlich und gesetzgeberisch in Ägypten gestalten werden und zu welchen Lösungen man insbesondere im Zusammenhang mit dem Familiengesetz kommen wird.

Iran: Rückschritt und Fortschritt

Iran war im Unterschied zu Ägypten nie direkter ausländischer Kontrolle unterworfen, stand allerdings Ende des 19. Jahrhunderts bis zur Mitte des 20. Jahrhunderts unter erheblichem Einfluss der Briten und Russen. Anders als Ägypten gilt Iran in der westlichen Wahrnehmung seit der Islamischen Revolution von 1979 als «mittelalterlich», als ein Land, das hinter die schon relativ fortgeschrittene Entwicklung der Stellung der Frau in der Zeit der Pahlavi-Dynastie (1926–1979) zurückgefallen ist. Und doch ist es eine Tatsache, dass an der Islamischen Revolution zahlreiche Frauen als Aktivistinnen teilnahmen, von denen viele aus den unteren Schichten stammten, die von der Modernisierungs- und Bildungspolitik des Schahs nicht hatten profitieren können. Und es steht weiterhin fest, dass dreißig Jahre nach dieser Revolution Frauen sich viele der Rechte, die ihnen kurz nach der Revolution genommen worden waren, wieder erkämpft haben.

Frauen aus der Mittel- und Oberschicht, Intellektuelle und linke Kräfte hatten die Revolution in der Hoffnung unterstützt, damit eine Diktatur zu stürzen und einen freien, demokratischen Staat zu schaffen. Sie wurden in ihren Erwartungen bitter enttäuscht und nach der Etablierung der Islamischen Republik unterdrückt und verfolgt. Am Beispiel Irans, gerade in den letzten zwanzig Jahren, zeigt sich jedoch, dass zivilgesellschaftliche Organisationen Schritt für Schritt an der Verbesserung der rechtlichen und politischen Lage der Frauen mitwirkten.[35] Der iranische Staat versuchte nach der Revolution, ein islamistisches Geschlechterbild, das dem der Zainab al-Ghazālī in Ägypten nahe kommt, zu implementieren. In vielen Bereichen gelang ihm dies, in anderen sah er sich der wachsenden Kritik von Verbänden, einzelnen Aktivistinnen sowie der Presse ausgesetzt. Hier wie in Ägypten fanden und finden Aushandlungsprozesse statt, an denen sowohl der Staat als auch das Gelehrtenestablishment, zivilge-

188 Frauen und Macht

sellschaftliche Organisationen und modern denkende – männliche und weibliche – Intellektuelle beteiligt sind.

Die Ursprünge der iranischen Frauenbewegung werden auf Qurrat al-ʿAin («Augentrost», 1814–1852) zurückgeführt, eine unabhängige und selbstbewusste Muslimin, die sich in den religiösen Bewegungen ihrer Zeit engagierte und vehement die Rechte der Frau sowie die Aufhebung von Geschlechtertrennung und Verschleierung einforderte. Qurrat al-ʿAins Aktivitäten und ihre Erfolge in ihrem Engagement auf religiösem Gebiet führte im privaten Bereich zur Scheidung von ihrem Mann, ihrem Vetter väterlicherseits, mit dem sie im Alter von 14 Jahren verheiratet worden war und zwei Söhne sowie eine Tochter hatte.

Eine Beobachterin, wenngleich keine Aktivistin, war Tādj as-Saltana (1884–1936), Tochter des Qadscharenherrschers Nāsir ad-Dīn Schāh (reg. 1848–1896). In ihrer Autobiographie von 1914 übte sie Kritik an der etablierten Rollenverteilung der Geschlechter und beklagte ihre eingeschränkte Freiheit:

> Mein Lehrer! Wie sehr wünschte ich, ich könnte durch Europa reisen und all diese nach Freiheit strebenden Damen treffen! Ich würde zu ihnen sagen: Wie ihr glücklich und ehrenhaft für eure Rechte kämpft und dabei siegreich seid, werft einen Blick auf den asiatischen Kontinent! ... Das Leben persischer Frauen besteht aus zwei Dingen: schwarz und weiß. Wenn sie aus der Tür gehen, um spazieren zu gehen, sind sie furchterregende Abbilder von schwarzer Trauer. Wenn sie sterben, werden sie in Weiß eingehüllt. Ich bin eine dieser unglücklichen Frauen und ich ziehe das Weiß des Leichentuchs dieser die Figur verbergenden Trauer vor. Ich habe mich immer dagegen gesträubt, es zu tragen.[36]

Die Dramatik dieser Worte vermittelt einen Eindruck davon, wie sehr sie im Rückblick ihr Leben im Harem und ihre Gefangenheit in der traditionellen Rolle der Frau als bedrückend und beengend empfand.

Zu Beginn des 20. Jahrhunderts, zwischen 1906 und 1911, kam es zu ersten Aufständen gegen die herrschende Qadscharendynastie (1796–1926) und ihre korrupten und ausbeuterischen Beamten, die in die Proklamation einer nach europäischem Vorbild geschriebenen Verfassung einer konstitutionellen Monarchie mündeten. In diesem Kampf um mehr Partizipation gingen, ähnlich wie 1919 in Ägypten, viele Frauen gemeinsam mit den Männern auf die Straße. Unter der Pahlavi-Dynastie, die 1926 mit Reza Schah die Macht eroberte, etablierte sich ein autoritärer Staat, der eine Säkularisierung und Modernisierung nach westlichem Vorbild anstrebte. Die Zuständigkeiten der Geistlichkeit vor allem in den Bereichen Erziehung und Bildung und im Rechtswesen wurden beschnitten. Gegen den erbitterten Widerstand der Ayatollahs erfolgte ein Ausbau der Mädchenschulen, und fortschrittliche Zeitungen publizierten Artikel von Männern und Frauen mit der Forderung nach mehr Rechten für Frauen.

Eine Pionierin der Frauenbewegung Irans war Mohtaram Eskandarī (1895–1925),[37] die 1922 die erste Organisation dieser Art mit dem Namen «Gruppe der nationalen Frauen» gründete (pers. *Djam'īyat-e neswān-e watankhwāh*). Diese Vereinigung hatte es sich zum Ziel gesetzt, auf der Grundlage des Islams die Rechte der Frauen, insbesondere im Bildungsbereich, zu verbessern. Mit dem frühen Tod der Gründerin verlor die Organisation an Einfluss. 1932 wurde in Teheran der zweite Kongress von «Frauen aus dem Osten» abgehalten, dessen Teilnehmerinnen vor allem aus islamischen Ländern kamen. Sie forderten in ihrer Resolution das Wahlrecht für Frauen und gleiche Chancen im Erziehungs- und Bildungssystem, die Reform des Familienrechts und die Abschaffung der Polygynie. 1935 wurde das Frauenzentrum (pers. *Kānūn-e Banūvān*) gegründet, dessen Direktorin Hadjar Tarbiyat dem Tschador, dem schwarzen Körperschleier, einen vehementen Kampf ansagte, der 45 Jahre später, bei der Islamischen Revolution, in den Straßen Teherans eine unerwartete Wiederkehr erleben sollte. Zunächst aber wurde die Entschleierung für ein knappes halbes Jahrhundert offizielle Politik, nachdem der Schah 1936 mit seiner Frau und seinen Töchtern die Abschluss-

190   Frauen und Macht

feier einer Hochschule zur Ausbildung von Lehrerinnen in Teheran besucht hatte und anlässlich dieses Besuchs alle Frauen angewiesen worden waren, unverschleiert zu erscheinen.

1942 folgte Mohammed Reza Schah (reg. 1942–1979) auf den
Thron, der bis zur Islamischen Revolution herrschte. Erstmals
entstanden nun unabhängige Frauenorganisationen, unter denen
die Demokratische Frauenorganisation (pers. *Djāme'e-ye demo-
krāt-e zanān*) der kommunistischen Tudeh-Partei zu den stärksten
und am besten organisiertesten gehörte. Viele Iranerinnen aus der
Mittel- und Oberschicht organisierten sich hier und kämpften für
eine verbesserte Bildung sowie eine politische Mobilisierung von
Frauen und protestierten gegen die Ausbeutung von Arbeiterinnen in den Fabriken. 1959 schuf der Staat den Hohen Rat der Frauenorganisationen (pers. *Schūrā-ye 'alī-ye djam'īyathā-ye zanān-e
Īrān*), in dem 18 Verbände zusammengefasst wurden und der unter
der Leitung der Zwillingsschwester des Schahs, Prinzessin Aschraf Pahlavi, stand. In den sechziger Jahren nahm der staatliche Einfluss mit der Gründung der Frauenorganisation von Iran (pers.
Sāzmān-e zanān-e Īrān) noch zu. Ähnlich wie in Ägypten unter
Nasser nahm der Staat die Reformen in die Hand und damit den
Frauen die Möglichkeit, eigene Initiativen zu entwickeln.

Diese Bevormundung rief eine Gegenbewegung auf den Plan.
Bereits 1951 gründeten Mehrangīz Daulatschāhī, die später, in den
siebziger Jahren, die erste iranische Botschafterin werden sollte,
und Safīya Fīrūz die Organisation «Neuer Weg» (pers. *djam'īyat-e
rāh-e now*). Beide trafen sich mit dem Schah und forderten das
Wahlrecht für Frauen, waren aber erst 1963 erfolgreich. Das aktive
und passive Wahlrecht mussten die Iranerinnen auch in der Islamischen Republik nicht aufgeben. Der «Neue Weg» war zudem
an der Ausarbeitung eines neuen Familiengesetzes beteiligt. Das
Familienschutzgesetz von 1975 enthielt für ein islamisches Land
fortschrittliche Regeln. So musste eine Scheidung vor dem Fami-
liengericht erfolgen, und Polygynie war nur dann zulässig, wenn
das Gericht zustimmte und die erste Frau darüber hinaus ihre Ein-

willigung gab. Das Heiratsalter für Mädchen wurde auf 18 Jahre heraufgesetzt, und Frauen erhielten das Recht zugebilligt, ihre Kinder nach dem Tod der Männer rechtlich zu vertreten. Die erste Ministerin, Farrokhrū Pārsā (1922–1980), die zunächst Biologielehrerin an einer Mädchenschule gewesen war, bevor sie 1963 in das Parlament gewählt wurde, setzte sich sofort bei ihrer Wahl ins Parlament für das Frauenwahlrecht ein. Sie wirkte an der Überarbeitung des Familiengesetzes mit und stieg 1968 zur Erziehungsministerin auf. 1980 wurde sie als erste Frau wegen ihrer Tätigkeit als Ministerin vom islamischen Regime hingerichtet. Mahnāz Afkhamī (geb. 1941), die 1975 zur ersten Frauenministerin des Landes ernannt worden war, hielt sich bei Ausbruch der Revolution 1979 in den USA auf und kehrte nicht zurück. Seitdem engagiert sie sich auf publizistischem Wege für Frauenrechte und die Frauenbewegung in Iran.

Im Zuge der Islamischen Revolution wiederholte sich ein weiteres Mal das bekannte Muster: Frauen beteiligten sich, kämpften und setzten ihr Leben ein. Und erneut wurden gerade die Frauen der linken Parteien und die Intellektuellen enttäuscht: Aus dem öffentlichen Leben weitgehend verdrängt und mit islamischen Kleidungsregeln konfrontiert, mussten viele von ihnen ihre Berufe aufgeben. Iranerinnen durften nun keine Richterinnen mehr werden und mussten in der staatlichen Verwaltung einen strikten Bekleidungskodex befolgen. Das Familienschutzgesetz wurde für aufgehoben erklärt, obwohl es inoffiziell weiter galt, das Heiratsalter der Mädchen wurde zunächst auf neun Jahre herabgesetzt, später aber wieder auf fünfzehn erhöht. Selbst tief verschleiert, warnte Aʿzam Tāleqānī (geb. 1944), die Vertreterin der Frauenvereinigung der Islamischen Revolution (pers. *Djāmeʿe-ye zanān-e enqelāb-e eslāmī*), vor der erzwungenen Verschleierung und kritisierte im Jahr 2003 die Behandlung politischer Häftlinge und die Einzelhaft in Teherans berüchtigtem Evin-Gefängnis. Sie vertrat Iran 1980 bei der Frauenkonferenz der Vereinten Nationen in Thailand. Zusätzlich zu Kopftuch und

192   Frauen und Macht

langen Mänteln trug sie, wie viele konservative Frauen, den Tschador.

Im ersten nachrevolutionären Parlament waren von 217 Mitgliedern drei Frauen, nach den Wahlen von 2008 gab es unter 290 Abgeordneten acht Frauen. Im Sommer 1980 beschloss das Parlament die zwangsweise Verschleierung für alle Bürgerinnen. Deshalb ist es im Unterschied zu anderen islamischen Ländern im Jahr 2011 für Frauen Pflicht, in der Öffentlichkeit ein Kopftuch, einen Mantel, geschlossene Schuhe und Strümpfe zu tragen, wobei die jeweils gerade tragbare Mantellänge im reichen Norden Teherans Knielänge erreicht hat, Sandalen ohne Strümpfe oder der Sitz des Kopftuchs die Aushandlungsprozesse mit der Sittenpolizei reflektieren. Die Bildungsrate für Frauen hat sich in der Islamischen Republik indes verbessert, 1978 waren 33 Prozent der Universitätsstudenten weiblich, 2009 mehr als 50 Prozent. 1984 wurde die erste Hochschule für Theologinnen in Qom eröffnet, die seit 2010 allein von Professorinnen geleitet wird. Frauen können seitdem den Grad einer *mudjtahida* erreichen, den untersten Rang in der geistlichen Hierarchie Irans, mit dem sie eigene Interpretationen der Texte (arab./pers. *idjtihād*) anfertigen dürfen. Eine höhere Position, etwa den Rang eines Ayatollahs, können sie in der schiitischen Hierarchie jedoch nicht erreichen, ohnehin ist ihnen der Posten des Präsidenten der Republik versagt, erst recht der des allem übergeordneten «religiösen Führers».

In der ersten Phase nach der Revolution setzten insbesondere die oben genannte Frauenvereinigung der Islamischen Revolution (pers. *Djāme'e-ye zanān-e enqelāb-e eslāmī*) und die Nationale Frauenunion (pers. *Ettehāde- mellī-ye zanān*) mit islamischen und linken ideologischen Zielen die Arbeit der von Prinzessin Aschraf gegründeten Frauenorganisation fort. Dabei engagierten sich Iranerinnen der unterschiedlichsten politischen Couleur. Zu den muslimischen Feministinnen gehören die Juristin und Menschenrechtsaktivistin Mehrangīz Kār (geb. 1944), Schahlā Lāhīdjī (geb. 1942), eine Publizistin und Verlegerin feministischer Literatur,

Feminismus in den Nationalstaaten 193

und Schahlā Scherkat. Schahlā Scherkat (geb. 1956) machte sich
als Herausgeberin der überaus populären Zeitschrift *Zanān*
(«Frauen») einen Namen, einer Zeitschrift, die wie kein anderes
Organ für mehr Rechte der Frau stand. Als Diskussionsplattform
für Frauen verschiedener politischer Richtungen bot sie aus feministischer Perspektive Austauschmöglichkeiten über verschiedenen Zugänge zum Islam, enthielt Artikel zu brennenden Rechts-
fragen, aber auch Informationen zu Gesundheit und Gesellschaft,
Filmkritiken und Interviews mit wichtigen Persönlichkeiten des
öffentlichen Lebens. Dabei stand vor allem die konkrete Rechtshilfe im Vordergrund. Die rechtliche und gesellschaftliche Benachteiligung von Frauen wurde thematisiert, und die Autoren
der Artikel versuchten, anhand von koranischen Neuinterpretationen und theologischen Diskussionen Lösungsmöglichkeiten für
eine geschlechtergleiche oder jedenfalls sich der Gleichheit annä-
hernde Gesetzgebung zu erarbeiten. Aus den Artikeln von *Zanān*
sprach ein Feminismus, der seine Legitimation aus dem Islam her-
leitete, sich jedoch auch westlicher Quellen bediente. Die Grund-
annahme war, dass das Patriarchat keine genuine Institution des
Islams sei und es keinen Gegensatz zwischen dem Kampf für Frauenrechte und der Rolle als guter Muslim oder gute Muslimin gebe.
Zu Beginn des Jahres 2008 wurde die Zeitschrift verboten.

Unter den zunehmend repressiven Bedingungen im Land seit
der Präsidentschaft Ahmadīnejāds (reg. seit 2005) wurde 2008
die Organisation «1 Million Unterschriften» als ein Zusammenschluss verschiedener Nichtregierungsorganisationen gegründet.
Ihr Ziel ist die Sammlung von Unterschriften für eine Revision
der Gesetzgebung, vor allem was die Geschlechtergleichheit im
Familien- und Erbrecht betrifft. Zahlreiche Webseiten im Internet
entstanden, wurden täglich gesperrt, dann umbenannt und erneut
aktiviert, um über die Aktivitäten der Frauenorganisationen und
neue Entwicklungen zu berichten.

Am 22. Juli 2008 erfolgte die Übergabe eines Gesetzentwurfs
zum «Schutz der Familie» an das Parlament, nachdem er durch

194 Frauen und Macht

die Judikative entworfen und vom Ministerrat gebilligt worden war.[38] Als der Text veröffentlicht wurde, brach ein Proteststurm aus, viele einzelne Aktivisten, Männer und Frauen, sowie Organisationen sprachen sich gegen verschiedene Artikel des Gesetzes aus. Vor allem auf den Webseiten feministischer Organisationen entbrannte eine heftige und spannende Diskussion. Die Kritik fokussierte auf Artikel 23, dem zufolge ein Mann, der eine Zweiheirat eingehen wollte, zwar eine gerichtliche Genehmigung brauchte, aber nicht mehr der Zustimmung der ersten Ehefrau bedurfte. Die nun sich formierende Bewegung, die sich aus den Organisationen der «1 Million Unterschriften» und vielen einzelnen Aktivistinnen und Aktivisten mit unterschiedlichem politischen und ideologischen Hintergrund zusammensetzte, initiierte eine landesweite Kampagne mit Aufklärungsheften über den genauen Inhalt des Gesetzesvorhabens, Aufklebern gegen das «Gesetz gegen den Schutz der Familie», Interviews und Webseiten. Im Sommer 2008 fanden sich knapp hundert Vertreterinnen dieser breiten Protestbewegung im Parlament ein, diskutierten das Gesetz vor Ort mit den Parlamentariern und Vertretern der entsprechenden Ausschüsse und erreichten die Streichung des Artikels. Zurzeit (Stand Juni 2011) ist das neue Familiengesetz immer noch nicht in Kraft gesetzt.[39]

Diese Ereignisse führen den Einfluss der Nichtregierungsorganisationen und der Zivilgesellschaft in der Islamischen Republik auf die Gesetzgebung vor Augen: Der öffentliche Diskurs um die konkrete Frage der Zweiheirat ließ sich letztlich nicht zum Schweigen bringen. Bis zu ihrem Verbot spielte darin die Zeitschrift *Zanān*, deren Position man als «muslimisch feministisch» ansehen könnte, eine zentrale Rolle. Allerdings versuchte der Staat die Aktivitäten zu ersticken und schlug mit voller Härte zurück: Aktivisten und Aktivistinnen wurden vorgeladen, festgenommen und sogar inhaftiert. Zahlreiche Vertreterinnen eines konservativen Islams – mit ähnlichen Ansichten wie die Ägypterin Zainab al-Ghazālī – propagierten gegen die Bewegung offen ihre konservativen Geschlechterbilder im Sinne einer Komplementarität an Stelle von Gleichheit der Geschlechter. Parlamentarierinnen und Vertreterinnen der Staatsmacht stellten sich auf die Seite der Gesetzgebung und kritisierten die aufbegehrenden Frauenverbände. Die Parlamentarierin Fātima Āliyā sprach sich im Herbst 2008 bei einem Interview gegen die Rücknahme des Gesetzentwurfs aus und nannte die Frauen, die ins Parlament gekommen waren, «eine kleine Anzahl säkularer Schmutzwerferinnen». Daran zeigt sich die Diffamierung der Bezugnahme auf säkulare Gesetzgebung oder internationale Menschenrechtsabkommen von staatlicher Seite in Iran.

Die oben gegebene Einteilung in «islamistische», «muslimische» und «säkulare» Feministinnen, die ohnehin nur einen idealtypischen Orientierungsrahmen bieten kann, steht im Falle Irans noch vor einer weiteren Herausforderung: Der Staat selbst propagiert ein «islamistisches» Frauenbild, das weibliche Aktivitäten im öffentlichen Bereich nicht verbietet, aber durch Vorgaben zu Verschleierung und Geschlechtertrennung strikt reglementiert, die Rolle als Mutter und Ehefrau politisiert, zugleich jedoch die Frauenrechtskonvention mit ihrer Vorgabe der Geschlechtergleichheit ablehnt. Man kann deshalb die Frauen Irans auch in konformistische und nichtkonformistische einteilen, je nachdem, ob sie mit der Politik des Staates konform gehen oder nicht.

Schirin Ebadi (geb. 1947), Juristin und die erste Richterin in Iran – ein Amt, das sie jedoch 1979 aufgeben musste, da Frauen dieses Amt nicht mehr ausüben durften –, ist beispielsweise eine säkulare muslimische Feministin, die nonkonformistisch denkt und handelt. Sie setzt sich für Demokratie und Rechtsstaatlichkeit ein und wurde und wird nicht müde, auf die Verletzung der Menschenrechte vor allem bei Frauen und Kindern in Iran hinzuweisen. Nach ihrer Entlassung als Richterin arbeitete sie lange Jahre als Rechtsanwältin in Teheran und engagierte sich mit Vehemenz und Umsicht für die Opfer von Gewalt und politischer Verfolgung. Im Jahr 2003 erhielt sie für ihren Einsatz für Menschen-

196 Frauen und Macht

rechte und Frieden den Friedensnobelpreis. Sie wurde durch gewalttätige Gruppen mit dem Tode bedroht, ihr Zentrum für Menschenrechte in Teheran wurde 2008 geschlossen, und 2009 verließ sie schließlich das Land.

Eine andere Position hat Farībā Alāsvand von der Frauenhochschule in Qom (pers. *Djam'īyat-e Zahrā*), die sich gegen die Frauenrechtskonvention (CEDAW) aussprach, die 2003 vom iranischen Parlament angenommen worden war, aber von der übergeordneten Instanz des Wächterrates, der alle Gesetze auf ihre «Islamizität» prüft, abgelehnt wurde. Diese internationale Konvention widerspreche den Gesetzen und der Verfassung der Islamischen Republik Iran. Sie sieht kein Problem darin, dass das höchste religiöse Amt nur für Männer vorgesehen ist. Dahinter steht ein «islamistisches», in Iran staatskonformes Konzept der Geschlechterrollen, dem zufolge Männer und Frauen nicht gleich seien und demnach gleiche Rechte für die Geschlechter, wie sie in den Menschenrechtsabkommen niedergelegt sind, für den Islam nicht gälten.

Konformistische und nichtkonformistische Frauen und Männer, Vertreter islamistischer Geschlechterbilder und solcher, die die Gleichberechtigung propagieren, stehen sich im Iran gegenüber, und die Diskussion wird in der Öffentlichkeit mit großer Vehemenz geführt. Offen säkulare Stimmen allerdings hört man im Geschlechterdiskurs nicht, der Bezug auf die internationalen Abkommen wird in der öffentlichen Debatte gemieden, wenn er auch von Frauen wie Schirin Ebadi in den Publikationen und Vorträgen im Ausland durchaus hergestellt wird.

Marokko: Emanzipationsansätze

Dies ist in Marokko anders, dessen Regierung und König Muhammad VI. eine offene und positive Haltung gegenüber den Menschenrechtsabkommen, besonders gegenüber der Frauenrechtskonvention einnehmen.

In der Zeit des französischen Protektorats von 1912 bis 1955 war die Frauenbewegung in Marokko mit dem nationalen Widerstand verknüpft. Die Frauenorganisationen organisierten Veranstaltungen, in denen sie für die nationalistische Ideologie warben, engagierten sich in den Bereichen der sozialen Wohltätigkeit und der Alphabetisierung. Erst 1969 wurde die nationale Union der marokkanischen Frauen gegründet (franz. Union Nationale des Femmes Marocaines), 1971 folgte die marokkanische Vereinigung für Familienplanung (franz. Association Marocaine de la planification familiale). In der Periode zwischen 1974 und 1989 entstanden unterschiedliche Organisationen, die sich das Ziel setzten, die politische, soziale und rechtliche Lage der Frauen zu verbessern. Die Bekämpfung des Analphabetentums hatte dabei Priorität.

Durch die Einrichtung von Frauensektionen innerhalb der bestehenden politischen Parteien verstärkte sich die Bewegung noch. Neue Frauenvereinigungen wurden ins Leben gerufen, und auch informelle Gruppierungen traten in Erscheinung.

Erst seit den neunziger Jahren jedoch zeigte sich der feministische Charakter deutlicher. In erster Linie wurde gefordert: die Überarbeitung der Verfassung mit dem Ziel einer tatsächlichen Gleichstellung der Geschlechter, die Korrektur des Personalstatuts, die Absicherung der politischen Rechte der Frauen und die Unterzeichnung der internationalen Konventionen, vor allem der Frauenrechtskonvention, und zwar ohne Vorbehaltsklauseln. Bereits in den achtziger Jahren war der Kampf für die Rechte der Frauen dann offen mit dem Kampf für Menschenrechte verbunden. 1993 wurde durch königliches Dekret beispielsweise erreicht, dass eine Frau selbst den Ehevertrag unterschreiben konnte, und im März 1999 stellte die Regierung ihren Plan für eine Verbesserung der weiblichen Position in der marokkanischen Gesellschaft vor (franz. Projet plan d'action national pour l'intégration de la femme au développement).[40] In diesem Plan bezog sich die Regierung ausdrücklich auf Erklärungen der Vereinten

Nationen und machte sich die Resolutionen, die 1995 auf der Frauenkonferenz in Peking verabschiedet worden waren, zu eigen.

Alaoui M'Daghri (geb. 1942), zu jener Zeit Minister für religiöse Stiftungen und islamische Angelegenheiten, kritisierte den Plan, der seiner Meinung nach gegen das islamische Recht verstieß, und beauftragte eine Kommission von muslimischen Gelehrten mit einer Stellungnahme. Diese bezeichneten den Plan als eine Auswirkung der Säkularisierung und eine Nachahmung des dekadenten Westens, die Reformer seien Ungläubige und stünden unter dem Einfluss des Westens. Die Angegriffenen schlugen zurück: Der Anspruch der Gelehrten auf das alleinige Interpretationsrecht der Quellen und die Kontrolle der Legislative sei eine Anlehnung an das iranische Regime, die Islamisten seien mit Petro-Dollars aus Saudi-Arabien finanziert, der Islam habe keine Geistlichkeit und somit habe keine Gruppe das alleinige Recht, die heiligen Texte zu interpretieren. Jeder Gläubige habe vielmehr das Recht auf «eigenständige Textinterpretation». Die Erklärung der Gelehrten sei eine Herausforderung der marokkanischen Gesellschaft und könne zum Bürgerkrieg (arab. *fitna*) führen – hier begegnet man einmal mehr dem klassisch-rechtlichen arabischen Ausdruck, der zwar einerseits die Bedeutung des Bürgerkriegs und der politischen Umwälzung hat, zum anderen jedoch auch mit Bezug auf die Geschlechterstellung ein drohendes Szenarium des Chaos durch die Überschreitung der den Geschlechtern gesetzten Grenzen meint.

Frauengruppen und Menschenrechtsorganisationen wurden von zwei prominenten modernistischen muslimischen Gelehrten, Abdelhadi Boutaleb und Ahmed Khamlichi, unterstützt. Und in einer der ersten Reden nach dem Tod seines Vaters betonte der neue König Muhammad VI. im August 1999 seine Unterstützung für gleiche Rechte von Frauen und Männern. Zur Zeit des Jahreswechsels 1999/2000 stellten sich dann vermehrt islamistische Gruppen gegen die geplante Gesetzesreform, so auch die wichtige, allerdings nicht als Partei organisierte «Vereinigung der

Gerechtigkeit und der Wohltat» (arab. *Djamā'at al-'adl wa-l-ihsān*) unter ihrem charismatischen Anführer Abdessalam Yassine (geb. 1928). Seine Tochter, Nadia Yassine (geb. 1958), kritisierte als Sprecherin der Bewegung die Vorschläge der Regierung in zahlreichen Interviews, plädierte dabei aber nicht für die Weitergeltung des Familiengesetzbuches, sondern, wie für die islamistischen Bewegungen üblich, für eine Abkehr von den traditionellen Rechtsbüchern der Rechtsschulen und für eine Hinwendung zu den Quellen, das heißt Koran und prophetische Tradition. Die heiligen Texte müssten neu ausgelegt werden. Leila Rhiwi hingegen, Professorin für Kommunikation an der Universität Rabat, setzte sich in der Phase der Diskussion intensiv für die Änderung des Familiengesetzbuches ein. In einem Interview sagte sie: «Ich bin muslimisch im kulturellen Sinne, aber es stört mich nicht, wenn man mich eine säkulare Feministin nennt.» Khadija Rouissi, Generalsekretärin der Menschenrechtsorganisation «Forum für Wahrheit und Gerechtigkeit» (franz. Forum Vérité et Justice) und Präsidentin der Organisation «Haus der Weisheit» (arab. *Bayt al-Hikma*), einer Organisation, die sich für die Rechte des Individuums und die Durchsetzung der demokratischen Werte in der marokkanischen Gesellschaft sowie um den Schutz der Kinder vor Gewalt einsetzt, bezeichnete sich ebenfalls als säkulare Feministin.[41]

Das neue Familiengesetz wurde 2004 verabschiedet und kann in vielen Bereichen als ein entscheidender Schritt hin zur Gleichberechtigung der Geschlechter gelten. Beispielsweise nimmt der Ehemann jetzt nicht mehr allein die Rolle des Familienoberhauptes wahr, sondern dies kommt Ehemann und Ehefrau gemeinsam zu. Allerdings bleibt die Polygynie bestehen; die Scheidung für Frauen ist zwar einfacher geworden, noch immer jedoch sind Frauen benachteiligt.

Als muslimische Feministin – bleibt man bei der obigen Einteilung – ist Aicha Chenna zu nennen, eine gelernte Krankenschwester und Sozialarbeiterin, die für ihre Aktivitäten mehrere Preise

200   Frauen und Macht

und Auszeichnungen erhielt. Sie sagte einmal über sich selbst: «Ich bin muslimisch im Herzen und weltlich im Kopf.» Aus ihrer Erfahrung und ihrer einschlägigen Arbeit im Sozialministerium gründete sie 1985 die Selbsthilfeorganisation «Weibliche Solidarität» (franz. Solidarité Féminine) für ledige Mütter, welche in den islamischen Ländern immer noch unter gesellschaftlichen Diskriminierungen zu leiden haben. Aicha Chenna wurde für ihre Engagment für diese Frauen von Geistlichen beschimpft und beschuldigt, Prostitution zu unterstützen. Die Organisation richtete trotz dieser Kritik zwei Garküchen und mehrere Kioske ein, die das Auskommen der ledigen Mütter gewährleisten sollen, später wurde das Projekt um ein Hammam, ein arabisches Bad, mit zusätzlichen Angeboten wie medizinischen Massagen, Schönheitssalon und Fitness-Raum für zahlungskräftige Kundinnen erweitert. Im Zusammenhang mit diesem Projekt können die ledigen Mütter selbst arbeiten und ausgebildet werden, während die Kinder in der projekteigenen Krippe betreut werden.

Es ist bezeichnend für den offeneren Umgang des marokkanischen Staates mit dem Thema der Gleichberechtigung und auch mit Tabuthemen islamischer Gesellschaften wie dem der ledigen Mütter, dass Aicha Chenna prominente Unterstützung aus der Politik erhielt. Bei der Eröffnung ihres Hammams 2004 war die Ehefrau des marokkanischen Königs, Prinzessin Salma, zugegen.[42] Ein an internationalen Konventionen orientierter Diskurs, der die Geschlechtergleichheit zur Grundlage hat, ist hier möglich und wird offen geführt.

6. Bildung und Beruf

Ein Blick in die Geschichte

Gelehrte Frauen

Von den Prophetengenossinnen und Ehefrauen Muhammads, die zahlreiche seiner Aussagen überliefert haben, allen voran seine Lieblingsfrau ʿĀʾischa, war schon die Rede. Ihre Überlieferungen wurden ebenso akzeptiert wie die der Männer. Wie sich die Bildungssituation und die Rolle der Frauen in der Wissenschaft in den folgenden Jahrhunderten entwickelt haben, ist nur schwer zu rekonstruieren, da die Quellenlage äußerst dürftig ist. Vor allem biographische Lexika, deren Informationsgehalt nicht übermäßig groß ist und die noch dazu bezeichnenderweise im Arabischen mit dem Terminus «Männerbücher» (arab. *kutub ar-ridjāl*) bezeichnet werden, beinhalten auch einige Lebensbeschreibungen von Frauen. Meist können die darin enthaltenen Aussagen nicht anhand anderer Quellengattungen überprüft werden, nur in seltenen Fällen lassen sich einzelne Frauen – vor allem aus den Herrscherhäusern – in den historiographischen Quellen ebenfalls nachweisen oder stehen Dokumente wie beispielsweise Stiftungs- oder Schenkungsurkunden zur Verfügung, so dass eine quellenkundlich abgesicherte Aussage über das Leben dieser Frauen möglich ist.

In seinem biographischen Lexikon über die *Lebensgeschichten edler Personen* (arab. *siyar aʿlām an-nubalāʾ*) führt der Syrer adh-Dhahabī (gest. 1347) folgende Lebensbeschreibung einer Frau an:[1]

202   *Bildung und Beruf*

Die gelehrte und vorzügliche Professorin und Kennerin der Tradition Umm al-Kirām, Karīma, Tochter des Ahmad al-Marwazīya, wohnend in Mekka, studierte bei al-Kuschmīhanī die «Gesunden Traditionen (vom Propheten)» des Bukhārī, studierte bei Zāhir b. Ahmad as-Sarakhsī und ʿAbdallāh b. Yūsuf al-Isfahānī. Wenn sie die Überlieferung vortrug, verglich sie mit dem Original. Bei ihr paarten sich Verständigkeit und Wissen mit Wohltätigkeit und Frömmigkeit. Sie überlieferte die «Gesunden Traditionen» mehrmals, einmal nach der Lesung des Abū Bakr al-Khatīb in den Tagen der Pilgerfahrt. Sie starb als Jungfrau und heiratete niemals. ... Bei ihr studierten der Khatīb al-Baghdādī ...

Abū l-Ghanāim an-Narsī schrieb: Karīma gab mir eine Abschrift der «Gesunden Traditionen» des Bukhārī. Ich saß ihr gegenüber und schrieb sieben Blätter. Ich trug sie ihr vor und wollte allein vergleichen, aber sie sagte: «Nein, du vergleichst mit mir», und dann verglich sie mit mir zusammen.

Abū Bakr b. Mansūr as-Samʿānī sagte: «Ich hörte, wie mein Vater Karīma erwähnte und sagte: «Hat man jemals jemanden wie Karīma gesehen?»

Abū Bakr sagte: Ich hörte die Tochter des Bruders von Karīma sagen: «Sie heiratete niemals.»

Ihr Vater war von Kuschmīhan, ihre Mutter von der Familie von as-Sayyārī, ihr Vater ging mit ihr nach Jerusalem und kehrte mit ihr nach Mekka zurück. Sie wurde fast 100 Jahre alt.[2]

Dies ist eine der zwanzig Lebensbeschreibungen gelehrter Frauen, die der Autor erwähnt. Interessanterweise zeigen frühe biographische Werke einen hohen weiblichen Anteil, gerade was die Überlieferung von Prophetentraditionen angeht. Bis zu fünfzehn Prozent der Überlieferer waren Frauen, während ihr Anteil in Dhahabīs Werk aus dem 14. Jahrhundert gerade einmal zwei Prozent betrug und in den nachfolgenden Jahrhunderten in den Werken aus osmanischer Zeit noch weiter sank.

Wie ist das zu erklären? Ist die zunehmende Institutionalisierung der Bildung ab dem 11. Jahrhundert, die Einführung von wissenschaftlichen Curricula und Abschlüssen an den Institutionen als Voraussetzung für den Eintritt in den Staatsdienst, dafür verantwortlich?[3]

Ein Blick in die Geschichte 203

Die Biographien liefern gewöhnlich nur knappe Informationen über Lebensdaten, Geburtsort und Sterbeort, im Falle Karīmas eine Reise nach Jerusalem mit ihrem Vater, vielleicht zu Studienzwecken, und die Namen der Lehrer und Schüler sowie eine Einschätzung ihres Charakters als wohltätig und fromm. Nichts erfahren wir über den Raum, in dem sie unterrichtete: War es ihr Privathaus oder das Haus ihres Vaters, da sie ja offenbar nie heiratete, oder ein spezifisches Gebäude für die Lehre?

Erziehung und Bildung genießen prinzipiell in der islamischen Kultur ein hohes Prestige, sie gelten als erstrebenswert, vor allem wenn es darum geht, sich die Kenntnis des Korans und der Tradition, der Aussprüche des Propheten, anzueignen. Gelernt und gelehrt wurde in der Frühzeit in Moscheen und Privathäusern. Ab dem 11. Jahrhundert traten Medresen (arab. *madrasa*, pl. *madāris*) hinzu, die jedoch die anderen Orte des Lernens nicht verdrängten. An den Medresen wurden, ähnlich wie an den Universitäten in Europa, feste Curricula etabliert und feste Lehrposten geschaffen, besonders für die Jurisprudenz, die als Zugangsvoraussetzung für Staatsposten zum Beispiel als Richter oder Vorbeter galt. Bezeichnenderweise finden sich hier keine Frauen, weder als Lehrende noch als Studierende.

Karīma wird als Professorin (arab. *schaikha*) bezeichnet, sie führte den Titel *musnida*, was sie als Überliefern von Prophetentraditionen auszeichnet und darauf verweist, dass sie selbst Teil der im Idealfall bis auf den Propheten zurückgehenden Überliefererkette (arab. *isnād*) war. Sie studierte bei mehreren Lehrern und bildete viele männliche Studenten aus. Gelobt werden ihre Verständigkeit und ihr Wissen, welche durch die ihr zugeschriebenen religiösen und sozialen Eigenschaften der Wohltätigkeit und Frömmigkeit noch Ergänzung finden. Dies alles ist Usus in Biographien sowohl von Frauen als auch von Männern. In Karīmas Fall wird ihre wissenschaftliche Vorzüglichkeit jedoch präzisiert: Sie arbeitete genau, verglich die Handschrift mit der Abschrift der Schüler, galt also als eine sorgfältige Wissenschaftlerin, die ihren

204 Bildung und Beruf

Schülern keine Ungenauigkeiten durchgehen ließ. Dass sie ihre männlichen Schüler im direkten Kontakt ausbildete, belegt der Bericht von Abū l-Ghanāʾim, nach dessen Aussage er ihr gegenüber gesessen habe, selbst seine Abschrift mit dem Original habe vergleichen wollen, was sie aber auf Grund ihrer Sorgfalt nicht geduldet habe.

Trotz Geschlechtersegregation waren offenbar gemeinsame Lehre und gemeinsames Studium möglich. Ob es üblich war, bleibt dahingestellt. Darüber hinaus lässt sich an dem Zitat ablesen, dass in diesem Bildungsraum die Frau als Lehrerin den männlichen Studierenden Anweisungen geben konnte und Autorität ausübte. Der Unterricht fand vielleicht im Haus von Karīmas Vater statt, vielleicht auch an einem anderen Ort, vermutlich nicht in einer Madrasa, denn dies wäre gesagt worden. Dieser eigentlich private Raum verwandelte sich jedoch dadurch, dass auch männliche Studierende ihn betraten, die nicht mit ihr verwandt waren, in einen öffentlichen Raum.

Die Frauenbiographien bei adh-Dhahabī scheinen im Allgemeinen kürzer zu sein als die Männerbiographien und enthalten nur die nüchternen, oben genannten Fakten. Die Männerbiographien sind meist umfangreicher und beinhalten auch anekdotisches Material. So wird beispielsweise in der Lebensbeschreibung von Ibn Mandah, der Lehrer einer gewissen ʿĀʾischa bt. Hasan, folgende Geschichte berichtet: Ein Wächter am Grab des Propheten Muhammad in Medina habe einen weiß gekleideten Mann mit Feder, Papier und Tintenfass gesehen, der den Heiligen Bezirk um Mittag betreten habe. Da habe sich ihm die Wand des Grabes aufgetan, er sei hineingegangen und eine Weile darin geblieben. Als er wieder herausgekommen sei, habe er, der Wächter, ihn gefragt, was er denn da getan habe. Da habe er sich als Ibn Mandah vorgestellt und gesagt, er habe eine Unklarheit in einer Tradition mit dem Propheten besprechen müssen. Zweifelsohne soll mit dieser Geschichte Ibn Mandahs Rolle als Überlieferer betont werden, dem damit ein direkter «Draht» zum Propheten und eine beson-

Ein Blick in die Geschichte 205

ders inspirierte, der Auffassung des Propheten entsprechende Interpretation zugeschrieben wird. Solche unterhaltsamen, die Bedeutung der entsprechenden Person aufwertenden Geschichten waren offenbar Männern vorbehalten, sie finden sich jedenfalls in keiner der bei Dhahabī erwähnten Biographien zu gelehrten Frauen. Möglicherweise lässt sich daraus ableiten, dass Dhahabī nicht nur bei der Bewertung der Persönlichkeit, sondern vielleicht schon bei der Auswahl der Personen für sein Lexikon geschlechtsspezifisch differenzierte.

Mehrfach finden sich bei Dhahabī freilich Belege dafür, dass die Ausbildung nicht in getrennten Räumen stattfand. So schrieb ʿĀʾischa bt. Hasan das Diktat des Ibn Mandah mit eigener Handschrift, was auf ihre körperliche Anwesenheit hindeutet. Schuhda (gest. 1178) soll häufig in Gelehrtenkreisen verkehrt haben, und viele von ihnen sollen bei ihr zu Besuch gewesen sein. Dabei erscheinen immer wieder der Ausdruck Diplom (arab. *idjāza*) oder der Titel *schaikha*. Nur ein Beispiel wird erwähnt, in dem eine Frau ein «indirektes» Studium, ein «Fernstudium», absolvierte, bei dem die physische Anwesenheit des Schülers beziehungsweise der Schülerin nicht notwendig war, denn Safīya wurde der Unterricht vom Vater verboten, jedoch erhielt sie ihr Diplom durch die Vermittlung ihres Onkels.

Das biographische Lexikon von adh-Dhahabī zeigt, dass Frauen zumindest in Einzelfällen nicht von formalisierter Gelehrsamkeit ferngehalten wurden. Andererseits verfassten sie offenbar keine Bücher, sondern fungierten vor allem als Überlieferinnen. Auch finden sich keine Beispiele von Frauen als Schülerinnen oder Professorinnen in den Medresen, wo in erster Linie die Ausbildung von Staatsbeamten wie Richtern und Vorbetern sichergestellt wurde. Dieser Ausschluss erinnert in vielfacher Hinsicht an die Situation an europäischen Universitäten, wo erst Ende des 19. Jahrhunderts die Immatrikulation von Frauen legalisiert wurde.

Für die mamlukische Zeit Ägyptens, das heißt vom 13. bis zum 16. Jahrhundert, und für die osmanische Zeit ab dem 16. Jahr-

206 Bildung und Beruf

hundert sind Frauen allerdings als Stifterinnen von Medresen belegt.

Betätigungsfelder

Dass Frauen als Stifterinnen auftreten konnten, findet seine Begründung im islamischen Recht, das es ihnen ermöglicht, eigenes Vermögen zu haben und darüber zu verfügen. Gütertrennung ist ein inhärentes Merkmal der klassisch-islamischen Ehe und bedeutete gerade für Frauen der Oberschicht mit Besitz eine unabhängige Verfügungsgewalt und ein Vermögen, das vor dem Zugriff der Ehemänner und anderer männlicher Verwandter geschützt war. Zum einen hatten verheiratete Frauen Anspruch auf Lebensunterhalt durch den Ehemann, zum anderen erhielten sie Brautgeld und konnten erben, obwohl sie nur die Hälfte des Anteils eines Mannes im selben Verwandtschaftsgrad erhielten. Es erübrigt sich hinzuzufügen, dass dies die normative Regelung ist, die in der Realität sicher häufig durchbrochen wurde; jedoch kann man davon ausgehen, dass Frauen wirtschaftlich umso unabhängiger agieren konnten, je stärker die Position ihrer Familie war, die dies einforderte und Übergriffe des Ehemannes verhinderte.

Von Frauen aus der herrschenden Schicht im Mamlukenreich wurde berichtet, dass sie teilweise über große Vermögen verfügten, ihr Geld in frommen Stiftungen (arab. *waqf*, pl. *auqāf*) von Moscheen, Medresen und Mausoleen anlegten und um ihr Vermögen gelegentlich gerichtlich stritten. Da in Zeiten der wirtschaftlichen Krise, der Not und Dürren die Mamlukenherrscher dazu neigten, sich durch Konfiskation an den Besitztümern ihrer Beamten zu vergreifen, ernannten viele Staatsdiener ihre Ehefrauen zu Aufsehern über die Güter, in der Hoffnung, damit den Besitz zu schützen. Frauen spielten demnach häufig die Rolle der Garanten für die Kontinuität des Familienvermögens.

Allerdings waren selbst Frauen nicht völlig vor dem Zugriff des

Ein Blick in die Geschichte 207

Sultans gefeit. So verlangte der ägyptische Sultan Qaitbay 1470 von Sāda, der Tochter des Chefs der königlichen Schatulle, das «übliche» Geschenk, um einen seiner Feldzüge finanzieren zu können. Sāda weigerte sich zunächst mit dem Argument, sie habe nichts zu bezahlen, woraufhin der Herrscher sie unter Zwangsverwaltung stellte und ihr jede private Transaktion verbot. Er organisierte dann eine Versteigerung, die den erwünschten Betrag erbrachte, ehrte Sāda in einer Hofzeremonie und erlaubte ihr, ihren Lebensstil wie zuvor fortzusetzen. Hier erlitt sie also dasselbe Schicksal wie viele ihrer männlichen Kollegen, denen ihr Besitz durch Beschlagnahme des Sultans teilweise oder sogar ganz entzogen wurde.[4]

Die Nachrichten für die unteren Schichten der Gesellschaft fließen spärlicher. Es finden sich zwar Informationen über einzelne Fälle, diese können jedoch nicht ohne Weiteres in den sozialen Kontext eingeordnet werden. Aus normativer Sicht beschäftigte sich der aus Fes in Marokko stammende, aber in Kairo lebende, weiter oben bereits genannte Ibn al-Hādjdj (gest. 1336) intensiv mit dem Thema Frauen.[5] Der öffentliche Bereich, so stellte er fest, solle männlich dominiert sein, der Haushalt weiblich, und dort sollten die Frauen auch bleiben. Er zitierte ein Prophetenwort, dem zufolge eine Frau das Haus nur zu drei Gelegenheiten verlassen dürfe: wenn sie heirate und in das Haus des Mannes übersiedle, wenn ihre Eltern stürben und wenn sie selbst sterbe. Zu seinem Verdruss hielten sich die Frauen Ägyptens in seiner Zeit aber offenbar nicht daran. Heftig kritisierte er deshalb die volkstümlichen Praktiken, die gegen die Segregation verstießen, und schimpfte, dass der Rat religiöser Gelehrter vernachlässigt werde. Frauen auf Märkten, in Juwelierläden, Frauen, die öffneten, wenn Hausierer an ihre Türe klopften, und mit diesen Männern Handelsgespräche begännen, waren ihm ein Dorn im Auge. Er ermahnte die Geschäftsinhaber zur Vorsicht. Sollte eine Frau hereinkommen, um etwas zu kaufen, müssten sie ihr Verhalten beobachten. Mit aller nur wünschenswerten Deutlichkeit kann man

208 Bildung und Beruf

aus seinen teilweise heftig misogynen Äußerungen und Beispielen die Diskrepanz zwischen Norm und realem Leben rekonstruieren und einen erhellenden Einblick in die Bräuche und Sitten der ägyptischen Musliminnen ihrer Zeit gewinnen. Unbewusst verwickelt er sich in seiner Argumentation in Widersprüche: So sprach er sich einerseits vehement gegen den Aufenthalt von Frauen in der Öffentlichkeit aus, bekannte aber andererseits:

> Es ist die Pflicht des Ehemannes, seine Frau über die relevanten religiösen Regeln zu unterrichten, wenn sie sie nicht kennt. Wenn er sie selbst nicht kennt, dann muss er jemanden suchen, der sie unterrichtet, oder er sollte ihr erlauben, aus dem Haus zu gehen und religiöse Bildung zu suchen.[6]

Als Lösung für das Problem männlicher Hausierer verfiel er gar auf die Idee, man solle auf weibliche Hausierer zurückgreifen, denen dann ihrerseits doch zugemutet werden konnte, das Haus zu verlassen. Selbst ein so eingefleischter Vertreter der Geschlechtertrennung wie Ibn al-Hādjdj geriet mithin bei ihrer strikten Anwendung in Schwierigkeiten.

Berufstätigkeit von Frauen in strengen patriarchalischen Familienstrukturen scheint vor allem an gesellschaftliche Schichten und persönliche Lebenssituationen gebunden. Unvermeidlich war sie für Bäuerinnen auf dem Land, die sich selbstverständlich immer an der Erntearbeit und anderen landwirtschaftlichen Tätigkeiten beteiligen mussten, aber ebenso in der Stadt für Frauen, die alleine lebten, etwa für Witwen. Am Beispiel der «gelehrten Frauen» zeigte sich, dass auch weibliche Mitglieder der Oberschicht, die nicht aus schierer finanzieller Notwendigkeit arbeiten mussten, Tätigkeiten ausübten, ohne dass hierbei klar wird, ob sie für ihre Tätigkeiten entlohnt wurden. Verschiedene weitere gesellschaftliche Gruppen finden in den Quellen zwar Erwähnung, jedoch bleibt aufgrund der wenigen Angaben die Rekonstruktion der genauen Lebensumstände unmöglich: zum Beispiel Predigerinnen und Überlieferinnen, Verkäuferinnen, Friseurinnen und Bade-

Ein Blick in die Geschichte 209

frauen, die in den öffentlichen Badeanstalten oder in den Bädern der Mamlukenfürsten angestellt waren, Gouvernanten und Kinderfrauen, Hebammen, daneben Prostituierte, die in Bordellen ihre Dienste anboten. Frauen bereiteten Bräute auf die Hochzeit vor, schminkten und schmückten sie, arbeiteten als Leichenwäscherinnen und als professionelle Trauerfrauen.

Sklavinnen mussten ihrem Herrn als Konkubinen dienen, wenn er das wollte; allerdings sah in diesem Fall das Recht vor, dass sie, wenn ein Kind geboren wurde, nach dem Tod des Herrn die Freiheit für sich erhielten, ihr Kind war ohnehin frei. Weibliche Sklaven spielten im häuslichen Bereich des vormodernen Islams eine wichtige Rolle. Männliche Sklaven wurden häufig als Soldaten eingesetzt.

Weiterhin sind in den Quellen Unterhaltungskünstlerinnen genannt: So gab es im Palast des Herrschers ein ganzes Orchester aus Sklavinnen, und populäre Sängerinnen wurden zu den Festen der Mamlukenfürsten eingeladen, die dann mit dem Palastorchester zusammen auftraten.

Viele Frauen aus den unteren Schichten hatten keine andere Wahl, als zur Ausübung ihrer Profession auf die Straße oder in die Häuser anderer Personen zu gehen. Für sie konnten die strengen Geschlechtertrennungsregeln, die die Rechtsgelehrten aufstellten und ein Autor wie Ibn al-Hādjdj vehement einforderte, nicht gelten. Dagegen galt es im Allgemeinen, so auch später im Osmanischen Reich, als Zeichen eines höheren sozialen Status, nicht aus dem Haus gehen zu müssen, beispielsweise um Besorgungen vorzunehmen, da dies als Aufgabe der Dienerschaft gesehen wurde. So ging man als Mitglied der Oberschicht – egal ob als Mann oder Frau – nur in standesgemäßer Begleitung der Dienerschaft auf die Straße.

Für das ausgehende 19. Jahrhundert erhält man einen kleinen Einblick in die wirtschaftlichen Verhältnisse von Frauen in Iran aus den Petitionen, die einige von ihnen an Schah Nāsir ad-Dīn (reg. 1848–1896) schickten. Vergleicht man die für die Jahre 1883

210 Bildung und Beruf

bis 1886 untersuchten Petitionen mit denen von Männern, ergeben sich geschlechtsbedingte Besonderheiten. Soweit dies rekonstruiert werden kann, haben Frauen dann, wenn sie alleinstehend waren, verwitwet oder aus einem sonstigen Grund ohne Familienanhang, vor allem auf der Grundlage von kleinem oder kleinstem Grundbesitz ihren Lebensunterhalt bestritten oder auf der Grundlage von Pensionen und Zahlungen der Staatskasse an ihre Ehemänner, die offenbar auch nach deren Tod weiterbezahlt wurden, ihr Leben gefristet. In den untersuchten Petitionen findet sich kein Beispiel von Alleinverdienerinnen, von Arbeiterinnen, wohl aber das Beispiel einer Gruppe von Frauen auf dem Land. In einer Petition aus einem Dorf im Nordiran wandten sich die Bewohnerinnen an den Herrscher, weil ihre Ehemänner, um vermutlich in der Landwirtschaft arbeiten zu können, das Dorf verlassen hatten und in eine weiter abgelegene Stadt gegangen waren. Sie reklamierten für sich den Status als «Untertanen» und klagten, dass sie bei der Steuerzahlung zum Opfer der Habgier und Ausbeutung des lokalen Steuereintreibers geworden seien.

Ein großer Anteil der Petitionen – meist über fünfzig Prozent – stammte von Witwen, während sich keine Petition in der Sammlung findet, in der ein Mann explizit auf seinen Status als Witwer verweist. Häufig berichteten die Petentinnen davon, dass durch ihre soziale Situation, das heißt durch ein Leben allein und ohne familiären Schutz, die Gier von Verwandten und Nachbarn geweckt worden sei, gegen die sie sich nicht allein zur Wehr setzen konnten.

In einem Fall beklagten sich beispielsweise drei Frauen, dass ausgerechnet der verantwortliche Beamte für die Verteilung der Pensionen ihnen betrügerisch die Pension ihres verstorbenen Vaters weggenommen und sie an den eigenen Sohn weitergegeben habe.

Anders als die historiographische Literatur bieten die Petitionen Einblick in das Leben der unteren Schichten des Volkes, in die Nöte und Klagen der einfachen Leute nicht nur in der Stadt, son-

Ein Blick in die Geschichte 211

dern auch auf dem Land. Nur fünf Prozent der Eingaben aus der untersuchten Sammlung sind allerdings von Frauen eingereicht worden. Dabei zeigen einige Formulierungen in den Petitionen durchaus die Kenntnis des Rechtsweges und ein selbstbewusstes Eintreten für die eigenen Rechte, reflektieren zugleich jedoch auch die ausweglose Situation der Willkür, der sich diese Frauen ausgeliefert sahen:

> Diese Sklavinnen (d. h. ergebene Frauen, nicht rechtliche Sklavinnen, IS) haben einen kleinen Besitz geerbt, von dem sie ihren Lebensunterhalt fristen und der für ihr Überleben unverzichtbar ist. Hādjdjī Āqā Ridā, Sohn von Hādjdjī Mullā Mīrzā Hasan, hat ohne jedes Recht diesen Besitz an sich genommen. Ein bestimmter Teil ist nun zerstört, und das hat uns in sehr schwierige Umstände gebracht und uns arm gemacht. Wir fordern einen Befehl (des Herrschers, IS), dass er dann, wenn er einen scharia-rechtlichen Anspruch oder einen Anspruch nach Gewohnheitsrecht gegen uns hat, diesen vor Gericht geltend machen soll und dann das Urteil anwenden soll. Vorher (d. h. ohne ein solches Urteil, IS) soll er aufhören, uns zu belästigen.[7]

Dem Schreiben kann entnommen werden, dass der geerbte Besitz, vermutlich ein Stück Land oder ein Gebäude, die Lebensgrundlage der Frauen war, dass sie sich bisher nicht gegen die Übergriffe des Beamten wehren konnten und keinen anderen Weg sahen, als sich an den Herrscher direkt zu wenden.

Viele alleinstehende, verwitwete oder geschiedene Frauen lebten wahrscheinlich von solchen kleinen Besitztümern und waren vor dem Hintergrund einer noch stark durch die Strukturen von Großfamilien geprägten Gesellschaft mehr oder weniger schutzlos den Übergriffen von Verwandten und Fremden, sogar von Beamten ausgeliefert. Dennoch hat die Gütertrennung im islamischen Eherecht Frauen einen gewissen finanziellen und wirtschaftlichen Spielraum gegeben.

212   *Bildung und Beruf*

Emanzipation durch Bildung?

Der Kampf gegen den Analphabetismus

Bildung und Ausbildung sind für die Chancengleichheit von Männern und Frauen in einer modernen Gesellschaft eine grundlegende Voraussetzung. Alphabetisierung und Bildung für Mädchen und Frauen gehörte deshalb zu den ersten und wichtigsten Forderungen der Frauenbewegung in den islamischen Ländern.

Nach dem Arabischen Entwicklungsbericht (engl. Arab Human Development Report) von 2005 lag die Rate weiblicher Analphabeten in der arabischen Region immer noch bei fünfzig Prozent. Der Zugang von Mädchen und Frauen zu Bildung ist weiterhin schwierig, viele Kinder werden nicht eingeschult. Dies widerspricht der allgemeinen Wahrnehmung in diesen Ländern, dass Bildung eigentlich auch Mädchen zukommen sollte.[8]

Wie in Ägypten hat sich auch im Maghreb die Kolonialmacht – in diesem Fall Frankreich – nicht um den Aufbau eines Bildungssystems bemüht, schon gar nicht für den weiblichen Teil der Bevölkerung. Am Vorabend der Unabhängigkeit in der Mitte des 20. Jahrhunderts waren 90 Prozent der Frauen Analphabetinnen. In den Jahren 2000 bis 2004 konnten in Marokko 63 Prozent der Männer lesen und schreiben, aber nur 38 Prozent der Frauen. In Algerien lag die Rate bei 79 zu 60 Prozent, in Libyen bei 92 zu 71 Prozent und in Ägypten bei 67 zu 44 Prozent.

Obwohl die nordwestafrikanischen Staaten durch ihre koloniale Vergangenheit stärker säkular geprägt sind, ist islamische religiöse Erziehung ein Schwerpunkt in den nationalen Curricula. So wurden zu Beginn des 21. Jahrhunderts in den ersten sechs Jahren der Grundschule in Marokko 12 Prozent der Zeit auf Religionsthemen verwendet. Der Anteil von Frauen in den nationalen Komitees für Bildung und Erziehung, die unter anderem für das Unter-

Emanzipation durch Bildung? 213

richtsmaterial und die Organisation pädagogischer Aktivitäten zuständig sind, sowie in den Ministerien, vor allem in führenden Positionen, war zunächst nicht hoch, stieg aber stetig an. Untersuchungen zeigten, dass die nationalen Lehrpläne immer noch patriarchalische Werte ausdrückten und Stereotypen über die Fähigkeiten und Rollen von Männern und Frauen reproduzierten. Während Männer häufig in einem beruflichen Umfeld als versiert und kompetent dargestellt wurden, wurden Frauen vor allem als Mütter und in Pflege- und Lehrberufen abgebildet. Selten erschienen sie als aktive Teilnehmerinnen am ökonomischen, gesellschaftlichen und politischen Prozess.

Frauenorganisationen bemühten sich darum, diese gerade in Nordafrika, aber auch in Ländern wie Libanon und Syrien nicht mehr der Realität entsprechenden Rollenbilder in den Schulbüchern zu korrigieren, und übten Druck auf Ministerien und Komitees aus. Dabei kam es immer wieder zu Kontroversen mit dem konservativen Gelehrtenestablishment. So konnte das marokkanische Erziehungsministerium sich nicht mit seinem Vorschlag, islamisch-religiöse Themen aus dem Oberstufenlehrplan herauszunehmen, gegen die Kritik islamischer Gelehrter durchsetzen, die sich im Gegenteil um eine stärkere «Islamisierung» des Lehrmaterials bemühten. In Marokko wurden Ende des 20. und zu Beginn des 21. Jahrhunderts bürgerliche Prinzipien und demokratische Normen in das Curriculum eingegliedert. Die tunesische Regierung gab bekannt, dass nach einer Reform des Erziehungswesens von 1991 Geschlechterstereotypen aus den Textbüchern eliminiert worden seien, wofür sie von der UN-Kommission, die die Umsetzung der Richtlinien der Frauenkonvention in den jeweiligen Ländern überprüft und einfordert, 1995 gelobt wurde. Der Regierung in Algerien empfahl die Kommission 1999 hingegen weitere Anstrengungen.

Schon im Jahr 1838 gründeten die amerikanischen Presbyterianer im Nordwesten Irans eine Schule. Besucht wurde diese wie auch weitere solcher Schulen in Teheran und anderen Großstäd-

214 Bildung und Beruf

ten jedoch nur von Kindern der armenischen Minderheit. Erst 1907 erfolgte die Einführung der Grundschulerziehung, wobei die erste öffentliche Schule für Mädchen in Teheran schon 1906 durch Bībī Khānom Astarābādī eingerichtet wurde. Bībī Khānom war die Tochter einer Privatlehrerin namens Khadīdja, die im Harem Nāsir ad-Dīn Schahs gearbeitet hatte. Während des Verfassungsstreits von 1906–1911 publizierte sie in Zeitungen und Zeitschriften Artikel über Frauenrechte, vor allem über Frauen- und Mädchenerziehung. Ihre Mädchenschule wurde bald nach heftigen Protesten aus den Reihen der Geistlichkeit geschlossen und ein paar Jahre später mit der Auflage, nur Mädchen zwischen vier und sechs Jahren zu unterrichten, wieder geöffnet. Eine andere Mädchenschule mit dem bezeichnenden Namen *Nāmūs*, «Ehre», wurde 1907–1908 von Tuba Azmudeh (Tūbā Āzmūdeh) in Teheran gegründet.

Während der Pahlavi-Zeit (1926–1979) entwickelte sich das Erziehungssystem am französischen Vorbild, das durch eine starke Zentralisierung geprägt war. 1935 wurden die ersten gemischten Schulen in Teheran eröffnet. Der Schah unterstützte nachdrücklich die Ausbildung von Frauen, reformierte die Kleiderordnung und befahl im Jahr 1934 Lehrerinnen und Schülerinnen, unverschleiert zu erscheinen. 1940 gab es 670 Grundschulen für Jungen, 117 für Mädchen und 1524 gemischte Schulen. Die Schulpflicht wurde 1943 gesetzlich verankert. Das Ziel des öffentlichen Erziehungswesens, das in der Pahlavi-Zeit säkular ausgerichtet war, bestand darin, die Iraner für Berufe in Verwaltung, Management, Lehre und Wissenschaft auszubilden. Erst 1939 gab es auch höhere staatliche Schulen für Mädchen. Der Inhalt der Erziehung und Bildung änderte sich: Der Schwerpunkt lag nun nicht mehr auf religiösen Themen allein, vielmehr sollten Frauen nun in Haushaltsführung, Kindererziehung, Hygiene, Kochen und Handarbeiten unterrichtet werden, Aufgaben, die man zu jener Zeit als typisch weiblich empfand. 1976, am Vorabend der Islamischen Revolution, waren 28 Prozent aller Studenten an den iranischen

Emanzipation durch Bildung? 215

Universitäten Frauen. Die weibliche Alphabetisierungsrate betrug im Jahr 1976 35 Prozent, 2006 lag sie für Männer bei 88,7 und für Frauen bei 80,3 Prozent.

Mit der islamischen Revolution von 1979 begann auch die von Chomeini proklamierte «islamische Kulturrevolution», die eine Islamisierung des Schulwesens anstrebte. Die Schulen wurden vorübergehend geschlossen, Lehrerinnen und Lehrer, die als unislamisch galten, entlassen und das Lehrmaterial auf unislamische Inhalte durchsucht. Die Islamisierung betraf auch die Schuluniformen, Mädchen müssen seitdem ab der Grundschule ein genähtes Kopftuch tragen, das Kopf und Schultern bedeckt, das Gesicht aber freilässt, dazu Kleidung mit langen Ärmeln und dunklen Strümpfen. Untersuchungen des iranischen Lehrmaterials zeigen, dass die Geschlechterrollen in den Abbildungen und Texten traditionell geprägt sind, das heißt Männer in der Ausübung von Berufen oder im Zusammenhang mit Technik dargestellt werden und Mädchen bei Haushaltstätigkeiten. Im Religionsunterricht haben der Koran und die arabische Sprache einen hohen Stellenwert, in der Oberstufe nimmt die Religion ungefähr ein Drittel des Unterrichtsinhalts ein. Sport für Mädchen wurde nach der Revolution aus den Schulen zunächst verbannt, allerdings später wieder eingeführt. Seit Beginn des 21. Jahrhunderts gilt Sport an den Mädchenschulen – iranische Schulen sind strikt geschlechtergetrennt – als wichtig für Körper und Gesundheit.

In Ägypten hatte es erste Bemühungen um Mädchenbildung schon vor der Zeit des englischen Protektorats gegeben. 1832 war eine Schule zur Ausbildung von Hebammen gegründet worden,[9] und im selben Jahrzehnt begannen religiöse Gesellschaften aus England, Frankreich und den USA, Mädchenschulen einzurichten. Die erste ägyptische Mädchenschule rief der koptische Erzbischof 1853 ins Leben. 1873 wurde Tscheschme Khanim, die Frau des Khediven Ismāʿīl (reg. 1867–1879), Patronin der ersten staatlichen Schule für Mädchen. Nach der Jahrhundertwende entstand dann eine Ausbildungsstätte für Lehrerinnen. Da die englische Verwal-

216 Bildung und Beruf

tung unter Lord Cromer das Thema Bildung eher vernachlässigte, bemühten sich ägyptische Nationalisten um zahlreiche Schulgründungen. Nabawīya Mūsā (1890–1951), Tochter eines Offiziers, besuchte die ʿAbbās-Schule in Kairo, die 1895 eingerichtet worden war, und legte dort 1903 das Abitur ab. Danach schrieb sie sich im Lehrerausbildungsprogramm ein und wurde mit ihrem Abschluss 1906 selbst Lehrerin der Mädchenabteilung der ʿAbbās-Schule. In ihrem Buch *Die Frau und die Arbeit* aus dem Jahr 1920 rief sie, damals Direktorin des staatlichen Lehrerinnenseminars in Alexandria, zu einer Reform der mädchentypischen Bildung in Ägypten auf. Sie sprach sich für den Zugang der Mädchen zu einer höheren Bildung, zum Abitur und zum Studium aus, damit sie Ärztinnen, Rechtsanwältinnen und Lehrerinnen werden könnten, bemühte sich um Sponsoren für weitere Schulgründungen und eröffnete zwei Privatschulen.

Viele Aktivistinnen rechtfertigten die Notwendigkeit der Bildung mit islamischen Vorstellungen und Regeln und verwiesen deshalb auf den Koran. Ihsān al-Qūsī etwa hielt 1925 einen Vortrag an der Amerikanischen Universität in Beirut, in dem sie betonte, dass der Koran die Bildung von Frauen befürworte. Dabei beschwor sie die Bilder früher Musliminnen und verwies insbesondere auf ʿĀʾischa als die Überlieferin von Prophetenaussagen und auf Zainab, die Enkelin des Propheten. 1923 forderte die ÄFU unter der Führung von Hudā Schaʿrāwī den Staat auf, höhere Schulen für Mädchen zu gründen. Tatsächlich wurde 1925 im Kairoer Stadtteil Zamālik eine höhere Mädchenschule eröffnet, die als progressiv galt und unter anderem Psychologie als Fach anbot. Huda Schaʿrāwī zeigte ihre Zustimmung, indem sie ihre beiden jüngeren Nichten auf diese Schule schickte, die 1929 16 Lehrerinnen und 80 Schülerinnen vorweisen konnte. 1930 schlossen einem Bericht zufolge Mädchen die Schule erfolgreicher ab als Jungen: Die Abschlussprüfung bestanden 43,3 Prozent der Jungen im Vergleich zu 52,9 Prozent der Mädchen. Zugleich indes wurde die Forderung nach einer spezifisch weiblichen Ausbildung für Hausarbeit und Kindererziehung laut, der in den folgenden Jahren mit der Eröffnung solcher Schulen Rechnung getragen wurde.

Nach der Erlangung der Unabhängigkeit in den fünfziger Jahren und der Einführung der allgemeinen Schulpflicht für Jungen und Mädchen sank die Analphabetenrate kontinuierlich, 2003 konnten 68,3 Prozent der Männer und 46,9 Prozent der Frauen lesen und schreiben.

Die Eroberung der Hochschulen

Bestrebungen zur Verbesserung der Bildung im vormodernen Islam beschränken sich nicht auf Grundschulen und Korankurse. Die Geschichte des Islams weist hier, wie dargelegt, durchaus bedeutende gelehrte Frauen und Wissenschaftlerinnen auf. Typischerweise unterrichteten Frauen in privaten Zirkeln, sie hatten Medresen gestiftet, hatten an denselben jedoch nicht studieren, geschweige denn unterrichten können. Ein prägnantes Beispiel dafür ist, dass eine Frau, Fatima bt. Muhammad al-Fihrī, 859 die älteste Universität der islamischen Welt, die traditionsreiche Qarawiyīn im marokkanischen Fes, gründete. Aber erst 1947, mehr als eintausend Jahre später, konnte die erste Frau diese Hochschule mit einem Abschluss verlassen. Zu Beginn des 21. Jahrhunderts stehen Frauen höhere Bildung und Hochschulabschlüsse als Voraussetzung der Berufstätigkeit offen, und an vielen Universitäten der islamischen Welt studieren, jedenfalls in bestimmten Fächern, gleich viel Frauen wie Männer. Heute stellen die Frauen in den arabischen Ländern etwa fünfzig Prozent der Studierenden. Da zugleich weniger Mädchen eingeschult werden als Jungen, bezeugt dies den außerordentlichen weiblichen Erfolg im Bildungssystem, selbst von benachteiligter Position aus.[10]

Diese Entwicklung nahm ihren Anfang jedoch erst nach dem Ersten Weltkrieg. In Istanbul gab es zwar seit 1899 Studentinnen der Medizin. Dahinter stand freilich noch die Vorstellung einer

218 Bildung und Beruf

von Geschlechtersegregation geprägten Gesellschaft, in der Frauen möglichst nur von weiblichen Ärzten behandelt werden sollten. Erst 1921 wurde an der Universität Istanbul die Koedukation eingeführt, in Iran erhielten 1928 einige junge Frauen Stipendien für ein Auslandsstudium, und 193 Studentinnen wurden bei der Gründung der Universität Teheran (1935) zugelassen.

Im Ägypten der dreißiger Jahre war der Anblick von Studentinnen noch sehr ungewohnt. 1929 hatte der Rektor der Kairoer Universität erstmals Frauen erlaubt, sich zu immatrikulieren. Die Universität trennte zwar nicht generell nach Geschlecht, fühlte sich jedoch verpflichtet, den Frauen eigene Aufenthaltsräume zur Verfügung zu stellen. Nach und nach wurden Frauen zu den verschiedenen Fakultäten zugelassen. 1936 erhielt die erste Frau einen Abschluss an der medizinischen Fakultät. Mit der Revolution von 1952 und der sozialistisch-panarabisch geprägten Politik Nassers zielte die Bildungspolitik verstärkt auf die Förderung junger Frauen an den Universitäten. An der traditionellen theologischen al-Azhar-Hochschule wurden Mitte der dreißiger Jahre Frauenkurse eingeführt und 1962 eine Frauenfakultät etabliert. Mitte der neunziger Jahre betrug die Anzahl der Frauen mit Hochschulabschluss in der ägyptischen Gesellschaft 3,8 Prozent, im Vergleich zu 7,2 Prozent bei den Männern. Der Prozentsatz von weiblichen Studenten stieg erheblich und betrug 1997 40,4 Prozent, was die Zahl der Studienanfänger betraf. Allerdings zeigte sich eine typische Aufteilung von Frauen auf sozial- und Männern auf naturwissenschaftlich-technische Fächer.[11] Der Prozentsatz männlicher Universitätsabsolventen im öffentlichen Dienst betrug in den neunziger Jahren 67,8 Prozent im Vergleich zu 85,7 Prozent bei den Frauen. Diese Zahl wird mit den guten Arbeitsbedingungen – kurze Arbeitszeiten und Anspruch auf soziale Leistungen – in Verbindung gebracht.

Auch in Iran ist der Anteil der Studentinnen nicht so gering, wie oft vermutet wird. Von 1991 bis 1992 betrug er mehr als 50 Prozent in den Fächern der Wirtschaftswissenschaften und 35 Prozent

Emanzipation durch Bildung? 219

in den Fächern der Lehrerausbildung. 1983 hatte der Hohe Rat der Kulturrevolution (pers. *schūrā-ye ʿālī-ye enqelāb-e farhangī*) zwar beschlossen, Frauen nicht zum Studium der Ingenieurswissenschaft, Technik und Agrarwissenschaften zuzulassen, diese Regelung wurde jedoch 1989 auf Druck der Frauenorganisationen wieder gelockert. Im Jahr 2010 standen Frauen alle Fächer zum Studium offen.

In Saudi-Arabien, einem weiteren traditionell-islamischen Land, haben Frauen die Männer im Hochschulbereich inzwischen überholt. An den Universitäten bilden die Studentinnen mit 58 Prozent die Mehrheit, und 55 Prozent der Absolventen sind Frauen. Ein Problem ist die eingeschränkte Berufswahl nach dem Studium. Denn saudi-arabische Frauen sind noch in den meisten Bereichen darauf angewiesen, einen getrenntgeschlechtlichen Arbeitsplatz zu finden. Deshalb wollen Frauen häufig Krankenschwestern, Ärztinnen oder Lehrerinnen werden, wobei die Schwierigkeit besteht, geschlechtergetrennte Praktikumsplätze zu finden.[12] Es gibt acht Universitäten und 65 Colleges, 17 davon sind Frauen vorbehalten; Bildungseinrichtungen sind mithin entweder nur für Männer oder nur für Frauen konzipiert, oder Vorlesungen von männlichen Dozenten verfolgen die weiblichen Studierenden an einem Bildschirm. Von den Professoren sind inzwischen 60 Prozent weiblich, von den Lehrern 56 Prozent.

Seit 2009 studieren an der King Abdullah University of Science and Technology (KAUST) Männer und Frauen gemeinsam. Die Regierung stellte eine 36 Quadratkilometer große Insel für den Bau dieser internationalen Universität zur Verfügung, sicher auch, um damit internationales Renommee zu gewinnen und die internationale wissenschaftliche Zusammenarbeit zu fördern. Das auf der Scharia basierende Rechtssystem soll mit Ausnahme des Alkoholverbots auf der Insel nicht gelten, Frauen soll im Gegensatz zum sonstigen Königreich das Autofahren erlaubt sein. Es bleibt abzuwarten, wie sich dieses Großprojekt in den Gesamtzusam-

220 Bildung und Beruf

menhang der saudi-arabischen Bildungslandschaft einfügt und
vor allem, welche Impulse sich daraus für Frauen im ganzen Land
ergeben.

Der schwierige Weg in die Arbeitswelt

Im Unterschied zur Bildung hat die Berufstätigkeit von Frauen
bisher nicht die entsprechende gesellschaftliche Anerkennung
und praktisch-politische Umsetzung durch gesetzliche Maßnahmen erreichen können. Die Vorstellung des Haushaltsvorstands,
der allein das Geld verdient, ist noch prägend. Dazu kamen un-
günstige wirtschaftliche Entwicklungen. Besonders in Ägypten
hatte die Frauenbewegung schon früh begonnen, die Berufstätigkeit von Frauen in die öffentliche Diskussion zu bringen. In den
dreißiger Jahren, nachdem die Institutionalisierung von Schulen
für Mädchen erfolgreich angelaufen war, erhielt die Kampagne für
bezahlte Arbeit einen zentralen Stellenwert auf der Agenda der
ÄFU. Die ersten Frauen hatten einen Abschluss erhalten und
waren nun auf der Suche nach Arbeit. Frauen aus den Unterschichten der Stadt und auf dem Land, die immer gearbeitet hatten, eröffnete sich nun die Perspektive auf bezahlte Tätigkeiten
beispielsweise in den Textilfabriken. Dabei war bezahlte Arbeit
von Frauen der Mittelschicht aufgrund der immer noch patriarchalischen Familienstrukturen eine größere Herausforderung,
konnten sie doch damit aus der Privatheit der Familie ausbrechen,
die Grenzen der Häuslichkeit überschreiten und sich aus der
Abhängigkeit vom Ehemann lösen. Dadurch, dass sie auf den
Arbeitsmarkt strömten, machten sie allerdings Männern die
Arbeitsplätze streitig. Als ein Autor in der Zeitschrift *Die ägyptische Frau* (arab. *al-marʾa al-misrīya*) dies bereits im Jahr 1920
thematisierte, fühlte sich der Herausgeber genötigt, sich von dieser Position abzugrenzen.[13]

Die Modernisierung zu Beginn des 20. Jahrhunderts verän-

Emanzipation durch Bildung? 221

derte vor allem die Situation von Frauen aus der Unterschicht. Der
Staat versuchte, sie insbesondere in die neuen produktiven Rollen
in den Bereichen des Gesundheitswesens und der Erziehung ein-
zubeziehen. Großbritannien als Einfluss- und Protektoratsmacht
verzögerte diese Entwicklung jedoch und machte sie teilweise
sogar wieder rückgängig, denn es wurde nicht nur die Ausbildung
der Frauen beschnitten, sondern vielfach besetzten Engländerinnen die Arbeitsstellen in genau den Gebieten des Gesundheitswesens und der Bildung und Erziehung, in denen sich ägyptische
Frauen gerade zu etablieren begannen. Hier stießen die Briten auf
die Zustimmung konservativer ägyptischer Kreise, die den Platz
der ägyptischen Frau am Herd und bei den Kindern sahen.
Nabawīya Mūsā hat diese Entwicklung deshalb treffend die
«zweite Kolonisierung» genannt. Nach der Unabhängigkeit im
Jahr 1922 gerieten Frauen noch weiter in die Marginalität, weil sich
nun die ägyptischen Männer mit aller Macht in die beruflichen
Karrieren drängten. Noch in den dreißiger Jahren waren sogar
liberale Vertreter an der Universität in Kairo wie Tāhā Husain, der
sich durchaus für die Möglichkeit der Zulassung von Studentinnen eingesetzt hatte, der Meinung, der eigentliche Arbeitsbereich
der Frau liege in der Familie. Sollte sie gezwungen sein, außer
Haus zu arbeiten, war man allerdings großmütig bereit, ihnen dies
zuzutrauen.[14]

Die Situation für Frauen besserte sich erheblich unter der Präsidentschaft Nassers. Artikel 32 der Verfassung von 1956 garantierte
Frauen politische Rechte, und Artikel 4 des Gesetzes Nr. 73 aus
demselben Jahr gab ihnen das aktive Wahlrecht bei Eintrag in das
Wählerverzeichnis. Die Verfassung von 1971 bestätigte die politischen Rechte der Frau, legte aber in Artikel 11 fest, dass der Staat
die Vereinbarkeit von Beruf und Familie in der Gesellschaft garantiert.

1978 wurden Arbeitsgesetze erlassen, die vor allem Frauen und
Männern, die im Öffentlichen Dienst arbeiteten, helfen sollten,
die familiären und gesellschaftlichen Pflichten zu vereinbaren.

222 *Bildung und Beruf*

Beiden Ehegatten wurde das Recht auf unbezahlten Urlaub zugestanden, zum Beispiel für die Kindererziehung. Nach dem statistischen Jahrbuch von 1991 arbeiteten nur 15 Prozent der ägyptischen Frauen, sie machten aber 33 Prozent der Universitätsabsolventen aus. Auch in Ägypten fällt damit die Partizipation in der Produktion zurück. Die Gerichtsbarkeit steht den Ägypterinnen erst seit 2007 offen, wohingegen die erste marokkanische Richterin bereits 1961 ernannt wurde und der Anteil von Richterinnen in Libanon im Jahr 2010 zwischen 50 und 60 Prozent betrug.

Seit den neunziger Jahren wurde in Ägypten vor dem Hintergrund wirtschaftlicher Schwierigkeiten verstärkt eine Debatte geführt, der zufolge Frauen in das eigene Heim und an den Herd zurückkehren sollen. Das neue Arbeitsgesetz von 1994 sah Einschränkungen von der Art vor, dass zum Beispiel zwischen 8 Uhr abends und 7 Uhr morgens Frauen ohne spezielle Erlaubnis des Arbeitsministeriums nicht arbeiten dürfen (Art. 90). Und Art. 91 warnt davor, Frauen in Gebieten zu beschäftigen, die ihrer Gesundheit und Moral abträglich seien, zudem sollten sie keine «harte» Arbeit übernehmen. Diese arbeitsrechtlichen Regelungen dienten weniger dem Schutz der Frauen, vielmehr waren sie Ausdruck einer deutlichen Geschlechterpolitik, der zufolge Frauen aus dem Berufsleben zurückgedrängt werden sollten. Im Bereich der kleineren Unternehmen sind Ägypterinnen im Jahr 2011 zwar präsent, aber zahlenmäßig den Männern unterlegen. Geschäftsfrauen sind im Allgemeinen älter: 34,6 Prozent sind zwischen 55 und 60 Jahre, 23 Prozent zwischen 40 und 45 Jahre alt.

Obwohl es keine gesetzlichen Hindernisse gibt, ist es für Frauen in Ägypten nicht selbstverständlich, eine offizielle Genehmigung für ein Geschäft zu erhalten. Auch hier gilt, dass Frauen als Unternehmerinnen dann angesehen und respektiert sind, wenn sie allein leben, das heißt in der Regel geschieden oder verwitwet sind. Die Art des «passenden» Geschäfts ist dabei noch weitgehend durch kulturelle Vorgaben bestimmt. Unpassend scheint es immer noch zu sein, wenn Frauen einen Coffeeshop betreiben

Emanzipation durch Bildung? 223

oder Autozubehör verkaufen. Eher finden sie sich im Bereich der Kleidungs- und Modebranche oder als Friseurinnen.

In den im Golf-Kooperationsrat zusammengefassten Staaten[15] sind Frauen im Arbeitsleben nach einem Amnesty-Bericht weitgehend unterrepräsentiert oder – vor allem in Saudi-Arabien – davon fast völlig ausgeschlossen. Die Regierungen haben allerdings Frauen als Mitglieder in den Konsultativräten ernannt. Pensionierungsgesetze legen es hier, wie in Ägypten, Frauen nahe, sich früh aus dem Arbeitsleben zurückzuziehen. Mit dieser scheinbaren Sozialfürsorge entgeht ihnen die Möglichkeit, wichtige Positionen zu erlangen.

Vor allem in Saudi-Arabien haben Frauen mit einer schwierigen Situation zu kämpfen. 2005 gab es zwischen 20 000 und 40 000 Unternehmen in weiblichem Besitz. Saudi-arabische Frauen gelten, wie Männer, mit 16 Jahren als Geschäftsperson und genießen dieselben ökonomischen Rechte. Infolge der Geschlechtertrennung erfordert die soziale Praxis jedoch die Einstellung eines männlichen Managers, um ein Geschäft nach außen zu vertreten. Denn der Gang einer saudi-arabischen Unternehmerin zum Wirtschaftsministerium oder ihre Teilnahme an Geschäftsverhandlungen ist zwar nicht verboten, entspricht aber nicht gängiger Praxis. Während Frauen im politischen Bereich nicht wählen dürfen, haben sie im wirtschaftlichen Bereich das aktive und passive Wahlrecht in relevanten Gremien. 2005 wurden erstmals zwei Frauen in die Handelskammer von Dschidda gewählt.[16] Soraya Obaid war 1963 die erste Frau aus Saudi-Arabien, die mit einem staatlichen Stipendium in den USA studierte. Seit 2001 ist sie Untergeneralsekretärin bei den Vereinten Nationen.

Insgesamt ist die Anzahl der berufstätigen einheimischen Frauen in diesen Ländern gering (29 Prozent). Migrantinnen aus Ländern wie Pakistan und Indonesien stellen einen hohen Prozentsatz arbeitender Frauen in den erdölreichen Ländern, nämlich zwischen 20 und 40 Prozent. Tätig sind sie im Gesundheitsbereich, in der Erziehung, vor allem aber in Privathaushalten.

224 Bildung und Beruf

Nach Amnesty International fallen sie nicht unter die nationale Arbeitsgesetzgebung, stehen unter dem erhöhten Risiko sexueller Gewalt und Ausbeutung und haben oft keinerlei Zugang zu Rechtshilfe. Am 15. Februar 2005 räumte das saudi-arabische Arbeitsministerium ein, dass Arbeitsmigranten und -migrantinnen häufig von ihren Arbeitgebern ausgebeutet und missbraucht würden, und erstmals wurden Maßnahmen zu ihrem Schutz ergriffen.

Insgesamt verzeichnete die arabische Region nach dem arabischen Entwicklungsbericht von 2005 in den Jahren 1990 bis 2003 eine größere Zunahme weiblicher Berufstätigkeit als alle anderen Regionen der Welt. Dennoch ist die wirtschaftliche Beteiligung von Frauen mit 33,3 Prozent die niedrigste in der Welt, im Weltdurchschnitt liegt sie bei 55,6 Prozent. Neben der Landwirtschaft arbeiten Frauen vor allem in dem meist niedrig bezahlten Dienstleistungssektor. Als Gründe gibt der Entwicklungsbericht nicht nur eine männerdominierte Gesellschaft an, in der weder aus der Perspektive der Familie Berufstätigkeit erwünscht ist, noch Frauen gerne von Arbeitgebern eingestellt werden, sondern auch zahlreiche Arbeitsgesetze, die, wie am ägyptischen Beispiel oben aufgezeigt, scheinbar zum Schutz der Frauen erlassen, tatsächlich die Berufs- und Karrieremöglichkeiten der Frauen einschränken.[17]

Bei dem Treffen der «Dubai Organisation für Frauen» im Dezember 2009, dem 94 Frauen in führenden Positionen aus 14 arabischen Ländern (u. a. Tunesien, Qatar, Bahrain, Libanon, Ägypten, aber auch Araberinnen aus Großbritannien) angehören, konstatierte die Vorsitzende Munā al-Marrī denn auch: Frauen in der arabischen Welt sind trotz eines erheblichen Fortschritts in den vergangenen Jahren, was ihre Repräsentation in den lokalen und transnationalen Organisationen betrifft, ökonomisch und politisch in einer deutlich schlechteren Lage als Frauen in anderen Gegenden der Welt.[18]

Frauen in der Politik

Als erstes Land in der Region gab der Libanon 1925 den Frauen das Wahlrecht, in den meisten Ländern wurde es ihnen in den sechziger Jahren zuerkannt. Quoten für das Parlament wurden zwar in etlichen Ländern eingerichtet, dennoch ist der Anteil der Parlamentarierinnen insgesamt in den arabischen Ländern nach dem Entwicklungsbericht von 2005 mit 10 Prozent niedrig. Im Gesetz Nr. 41 von 1971 in Ägypten wurden Frauen mindestens 30 Sitze im Parlament garantiert. Das Gesetz erlegte es allen Bürgern auf, sich in die Wählerlisten einzuschreiben, womit die Einschreibung auch für Frauen nun obligatorisch wurde. Jedoch zeigte sich 1986, dass nur 18 Prozent der Wählerinnen sich tatsächlich registrieren ließen. Das Gesetz wurde ohnedies im selben Jahr vom Verfassungsgericht als verfassungswidrig bezeichnet. Im November 2010 wurde in Ägypten auf der Basis eines ein Jahr zuvor erlassenen Gesetzes gewählt, welches Frauen im Parlament 64 Sitze garantierte. Die Quote wurde allerdings bis 2020 begrenzt.

Hikmat Abū Zaid (geb. 1922), Ägyptens erste Ministerin, konnte, unterstützt von ihrem Vater, Erziehungswissenschaften studieren und erhielt 1940 ihren Abschluss an der Kairo-Universität. 1950 beendete sie ihr Studium an der Universität London mit dem Magistergrad, und nach ihrer Rückkehr lehrte sie 1955 an der 'Ain-Schams-Universität in Kairo. Über ihre politischen Aktivitäten wurde Nasser auf sie aufmerksam und ernannte sie – wie sie sagt, für sie selbst überraschend – im Jahr 1962 zur Ministerin für Soziales. In einem Interview schilderte sie ihre Aufgaben und Erfolge als Ministerin im Bereich der Familie und Erziehung: bei der Vereinbarkeit von Beruf und Haushalt, bei der Errichtung von Kinderkrippen und der Schaffung von Arbeitsplätzen für Frauen.[19]

Die erste Ministerin in Oman war Scharīfa bt. Khalfān, die 2004 das Ministerium für Soziales übernahm. In Bahrain wurde 2008 Schaikha Mayy bt. Muhammad al-Khalīfa zur Kulturminis-

226 Bildung und Beruf

terin ernannt, sie ist zudem Vorsitzende des Komitees der Vereinten Nationen zum Weltkulturerbe. Im selben Jahr trat in den Vereinigten Arabischen Emiraten Maʿālī Rīm al-Hāschimī ihr Amt als Staatsministerin an. In Jordanien wurde 1999 eine Frau stellvertretende Premierministerin.

In Iran, wo verfassungsmäßig das Amt des Präsidenten für Frauen ausgeschlossen ist, ist erstmals unter Ahmadīnejād eine Frau in der Islamischen Republik Ministerin geworden: Marzīyeh Vahīd Dastgerdī (geb. 1959) wurde 2009 zur Gesundheitsministerin ernannt und ist die dritte Ministerin in der iranischen Geschichte nach Pārsā und Afkhamī. In ihrer Zeit als Parlamentarierin hatte sie sich gegen die Unterzeichnung der Frauenrechtskonvention, CEDAW, ausgesprochen.

In Iran ist aufgrund der Verfassung eine Präsidentschaft einer Frau bislang ausgeschlossen, jedoch gilt ein solcher expliziter Ausschluss nicht durchgehend für die islamisch geprägten Länder. Dennoch sind gerade in der arabisch-islamischen Kernregion Frauen bisher nicht in das höchste Staatsamt aufgestiegen, Ausnahmen waren in der ohnehin säkular geprägten Türkei Tansu Çiller, Ministerpräsidentin von 1993 bis 1996, Benazir Bhutto, Premierministerin von Pakistan von 1988 bis 1990 und von 1993 bis 1996 sowie Khaleda Zia, Premierministerin von 1991 bis 1996 und von 2001 bis 2006 in Bangladesh.

In vielen Ländern des Nahen Ostens und Nordafrikas ist inzwischen die Bewegung für Demokratie und Rechtsstaatlichkeit nicht mehr zu übersehen. An der Revolution vom 25. Januar 2011 in Ägypten beteiligten sich auch zahlreiche Frauen. Margot Badran, eine Wissenschaftlerin, die sich aus feministischer Perspektive seit mehreren Jahrzehnten mit Ägypten und seiner Frauenbewegung beschäftigt, war bei Ausbruch der Revolution in Kairo. Überwältigt schrieb sie:

> Seite an Seite haben Frauen und Männer in Kairo gegen Mubaraks Regime gekämpft, für Freiheit, Gleichheit, Gerechtigkeit und vor

Emanzipation durch Bildung? 227

allem für Demokratie. Aus den Tiefen der Revolution kündigt sich ein Feminismus an, der sich in frische Worte und Sätze kleidet. Wird die Jugend, die den autoritären Staat gestürzt hat, jetzt noch das autoritäre Familiengesetz akzeptieren?[20]

Andererseits sind die etwa fünfzig ägyptischen Frauenrechtsgruppen, vor allem kleine Nichtregierungsorganisationen, uneins, wie sie auf die Stärkung ihrer Rechte hinweisen sollen. In dem Gremium, das nach der Revolution die Verfassung überarbeitete, war keine einzige Frau vertreten. Es wurde dominiert von Männern, die dem alten Regime nahestanden. Nawāl as-Saʿdāwi äußerte sich deshalb kritisch, und im Gegensatz zu anderen zögerlichen Gruppen forderte sie, den Islam in der neuen Verfassung Ägyptens nicht mehr als Staatsreligion zu verankern, da das islamische Recht sich gegen die Frauen richte und das Gebot der Gleichberechtigung konterkariere.[21] Zwar bekennt sie sich damit einmal mehr zu ihrer Säkularität, ob sie jedoch die Mehrheit in der neuen Bewegung repräsentiert, ist fraglich.

7. Musliminnen in Deutschland

Der Islam ist angekommen

Identität durch Religiosität?

Katajun Amirpur schreibt in ihrem Artikel «Die Muslimisierung
der Muslime» (2011):

> Der Islamwissenschaftler Aziz al-Azmeh hat vor einigen Jahren den
> Begriff der *Islamisierung des Islam* geprägt. Gemeint war, dass sich der
> Westen seinen eigenen Islam konstruiere: eine angeblich absolut
> fremdartige, aber in sich seit jeher einheitliche Mentalität der islami-
> schen Welt ... In ähnlicher Weise möchte ich von der Muslimisierung
> der Muslime sprechen. Denn die in Europa geführte Diskussion
> suggeriert, Muslim zu sein und an eine freiheitlich-demokratische
> Grundordnung zu glauben, sei nicht kompatibel. Dies geht nicht nur
> an der Lebensrealität der meisten in Europa lebenden Muslime vor-
> bei. *Die Muslime* werden zudem auch als einheitliche Gruppe kons-
> truiert – was zu ihrer Muslimisierung führt.[1]

Amirpurs Artikel findet sich in dem von Hilal Sezgin herausgegebenen Buch *Deutschland erfindet sich neu. Manifest der Vielen,* das
als Gegenposition zu dem im Sommer 2010 erschienenen Buch
Deutschland schafft sich ab von Thilo Sarrazin konzipiert ist und
eine Sammlung kurzer Artikel muslimischer Intellektueller enthält. Amirpur verweist auf die Vielfalt islamischer Religiosität
und wehrt sich dagegen, dass die unterschiedlichen Gruppen
von Menschen, die sich als Muslime definieren, gleichermaßen
als nicht integrierbare und potentiell antidemokratische «An-

230 Musliminnen in Deutschland

dere» in der bundesdeutschen Gesellschaft stigmatisiert würden.

Für eine Debatte um die Frage des religiösen Miteinanders in der Bundesrepublik ist es grundlegend, sich dieser Vereinheitlichung, der «Essentialisierung» des Islams, zu enthalten und dagegen die Vielheit religiöser und politischer Äußerungen von Menschen, die sich selbst als Muslime bezeichnen, wahrzunehmen.

Im Jahr 2011 ist der Islam nach den beiden großen christlichen Kirchen die größte religiöse Gemeinschaft in Deutschland. Allerdings sind die Musliminnen und Muslime vor dem Hintergrund der verschiedenen Ursprungsländer, der inzwischen in Deutschland geborenen jungen Generationen, die eigene religiöse Vorstellungen entwickeln, und einer ansteigenden Zahl von Muslimen ohne Migrationshintergrund (Konvertiten) eine sehr inhomogene Gruppe. Ihre Präsenz in Europa ist sichtbar und prägt die Öffentlichkeit seit dem ausgehenden 20. Jahrhundert auch durch verstärkten Moscheebau, durch Kopftuch tragende Musliminnen – voll verschleierte Frauen sind die Ausnahme im deutschen Städtebild – und durch Geschäfte, die besondere Produkte für Muslime wie beispielsweise Fleisch und Wurstwaren anbieten.

In seiner Rede zum 20. Jahrestag der deutschen Einheit am 3. Oktober 2010 in Bremen wollte Bundespräsident Christian Wulff die Zugehörigkeit zu Deutschland dezidiert nicht auf einen Pass, eine Familiengeschichte oder einen Glauben eingeengt wissen. Christentum und Judentum als religiöse Bekenntnisse zählten dazu, und, so fuhr er fort, «... der Islam gehört inzwischen auch zu Deutschland».[2] Wulffs Aussagen sind in der Folgezeit allerdings nicht unwidersprochen geblieben, es entspann sich im Gegenteil eine heftige Debatte um seine Äußerungen zum Islam als Teil Deutschlands.

In der Bundesrepublik haben Religionsgemeinschaften nach dem Grundgesetz (GG Art. 4) ein verbrieftes Recht auf freie Religionsausübung. Eine zentrale Frage besteht darin, wer die Musliminnen und Muslime juristisch und gesellschaftlich vertritt: etwa im Hinblick auf den geplanten und in Form von Schulversuchen auch schon praktizierten islamischen Religionsunterricht an deutschen Schulen. Auch geht es um die Ausbildung von Imamen, die vom Wissenschaftsrat in seiner Stellungnahme vom 29. Januar 2010 gefordert wird. Die Bundesregierung hatte bereits 2006 die Deutsche Islam Konferenz (DIK) ins Leben gerufen, an der Muslime und Vertreter des Staates wie auch der Wissenschaft teilnehmen. Ziel ist es, das Miteinander von Islam und anderen Religionen auszuloten.

Die Staatsbürgerschaft ist in Deutschland traditionell auf die Abstammung gegründet. Erst seit 2000 bekommen in Deutschland geborene Kinder von ausländischen Eltern automatisch die deutsche Staatsbürgerschaft, wenn ein Elternteil mindestens seit acht Jahren in Deutschland gewohnt hat und ein unbefristetes Aufenthaltsrecht besitzt. Die Studie *Muslimisches Leben in Deutschland* geht von einer Gesamtzahl von etwa 4 Millionen. Muslimen in Deutschland aus, von denen 47,5 Prozent Frauen sind. Diese Untersuchung umfasst jedoch nicht nur die Migrantinnen und Migranten selbst, sondern auch Angehörige der zweiten Generation. Die Herkunft dieser Gruppe gliedert sich nach der zitierten Studie wie folgt:[3]

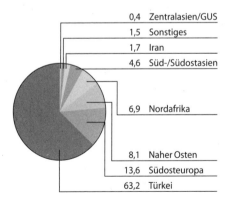

232 Musliminnen in Deutschland

Generell kommt die Studie von Haug, Müssig und Stichs zu dem Ergebnis, dass Muslime ein niedrigeres Bildungsniveau als Angehörige anderer Religionsgemeinschaften, die ebenfalls in die Bundesrepublik immigriert sind, aufweisen. Zudem gibt es Unterschiede bei den religiösen Ausrichtungen und der ethnischen Herkunft wie auch der gesellschaftlichen Schicht. So ist das Bildungsniveau der Aleviten am niedrigsten, das der Schiiten am höchsten. Neben iranischstämmigen Muslimen ist auch der Standard von Einwanderern aus den GUS-Staaten und aus Südostasien vergleichbar hoch. Es gibt einen deutlichen Geschlechterunterschied, denn Frauen sind weniger gut ausgebildet als Männer, am schlechtesten ausgebildet sind Frauen, die aus der Türkei immigriert sind. Diese Abweichungen müssen aber mit der sozialen Situation im Herkunftsland in Verbindung gebracht werden. So stammen viele Arbeitsmigranten aus der Türkei aus ländlichen Regionen und bildungsfernen Schichten. Iraner gehören hingegen häufiger der Mittel- oder Oberschicht beziehungsweise akademischen Haushalten an.

Nach Aussage der Studie lässt sich eine beträchtliche Dynamik feststellen: Migrantinnen, die eine Schule in Deutschland absolviert haben, weisen ein höheres Bildungsniveau auf als ihre Muttergeneration und haben auch gegenüber den Männern aufgeholt. Der Schulbesuch gibt Frauen mithin eine Chance, ihre soziale Position zu verbessern.

Die Integration in den Arbeitsmarkt hängt stark vom jeweiligen Bildungsstand ab. Das Niveau der Erwerbstätigkeit ist vergleichsweise niedrig. Es lag im Jahr 2005 bei 42 Prozent und damit 20 Prozent unter der Quote bei deutschen Frauen (63 Prozent). Die Berufswahl folgt stark geschlechtsspezifischen Mustern. Zudem zeigt sich, dass bei der Suche nach einer angemessenen Tätigkeit insbesondere Türkinnen sowie Araberinnen erheblichen ethnischen und geschlechtsbezogenen Benachteiligungen ausgesetzt sind.

Die Studie *Muslimisches Leben in Deutschland* kommt zu dem

Der Islam ist angekommen 233

Ergebnis, dass die Gebote und Vorschriften der Religion den All-
tag mit seinen verschiedenen Verpflichtungen, besonders aber das
Familienleben, prägen. Dies sei jedoch nicht unbedingt als Ausdruck besonderer Religiosität zu sehen, sondern eher als fester
Orientierungsrahmen in einer fremden Gesellschaft mit nicht
immer klar nachvollziehbaren Wertvorstellungen. Auch bei der
Suche nach einer eigenen Identität spielt Religion als identitäts-
stiftender Faktor eine große Rolle. Insgesamt bezeichnen sich
über 86 Prozent der in Deutschland lebenden Musliminnen als
sehr stark gläubig oder als eher gläubig, wobei aber auch hier
Unterschiede erkennbar sind. Beispielsweise sehen sich Iranerinnen und auch Iraner seltener als stark gläubig und häufiger als gar
nicht gläubig als Türkinnen und Türken.

Die religiöse Praxis bei Frauen beschränkt sich im Unterschied
zu Männern, die häufiger auch in der Moschee beten oder in Vereinen aktiv sind, in der Regel auf den privaten Raum. Die regel-
mäßige Ausübung des Gebets sowie die Einhaltung der Fasten-
vorschriften werden besonders oft genannt. Nur 26 Prozent der
muslimischen Frauen besuchen gelegentlich religiöse Veranstaltungen, bei den Männern sind es dagegen 43 Prozent. Auch hier
verweist die Studie auf unterschiedliche Ergebnisse für die
Herkunftsregionen.

In den Medien wird den Muslimen häufig vorgeworfen, ihren
Töchtern die Teilnahme am gemischtgeschlechtlichen Sportunterricht, an der Sexualkundeerziehung oder an Schulausflügen
zu verwehren. In diesem Punkt kommt die Studie zu einem anderen Ergebnis. So besuchen beispielsweise 87 Prozent der erfassten
muslimischen Schülerinnen und Schüler den gemischtgeschlechtlichen Sportunterricht, religiöse Motive werden in diesem und in
den anderen genannten Bereichen so gut wie nie genannt. Die
Studie folgert daraus, dass das Thema in der öffentlichen Debatte
überbewertet wird.

Die Kopftuchdebatte

Die Diskussion um das Kopftuch in der Öffentlichkeit führt zu einer geschlechtlich geprägten Wahrnehmung, sie konzentriert sich auf Frauen. Männliches Tragen von Bärten war nie Thema des öffentlichen Diskurses, ebenso wenig das jüdische Tragen der Kippa in Deutschland, in Frankreich allerdings wohl. Die Kopftuchdiskussion hat muslimische Frauen, die aufgrund ihres Glaubens ein Kopftuch tragen wollen, unter enormen Rechtfertigungsdruck gestellt. Häufig wurde ihnen beispielsweise unterstellt, das Kopftuch aus politischen Gründen, als Ausdruck des Islamismus, zu tragen. Die Gründe können jedoch vielfältig sein.

Das zeigt ein Beispiel aus den Niederlanden: Esmé Choho, zur Zeit ihrer Befragung in der Studie 24 Jahre alt, studiert und arbeitet als Schriftstellerin und Journalistin. Sie wurde in Marokko geboren und wuchs in den Niederlanden auf. Bevor sie sich entschloss, ein Kopftuch zu tragen, hatte sie sich aus Schamgefühl als Spanierin oder Indonesierin ausgegeben, weil «man in den Schulbüchern liest, dass Marokkaner unterentwickelte Analphabeten sind, mit einer Religion, in der Frauen unterdrückt werden …» Obwohl sie sich als «richtige» Niederländerin fühlte, wurde sie von ihren holländischen Freundinnen auf ihre kulturellen Wurzeln angesprochen. Nachdem sie sich mit ihrer «eigenen kulturellen Herkunft», wie sie es nennt, beschäftigt hatte, beschloss sie, als offenes Bekenntnis zum Islam ein Kopftuch zu tragen:

> Aber wenn man sich entscheidet, ein Kopftuch zu tragen, muss man darüber schon sehr, sehr gut nachdenken. Man muss sehr stark sein, um diese Entscheidung umsetzen zu können.[4]

Ihre Äußerung zeigt, dass Esmé sich aufgrund ihres Aussehens in der Mehrheitsgesellschaft verunsichert fühlte. Ihr Entschluss, ein Kopftuch zu tragen, zeigt einen Bewusstseinswandel und den Entschluss, sich nunmehr den Fragen zu ihrer Herkunft zu stellen.

Der Islam ist angekommen 235

Ihre Verschleierung kostet sie insofern Mut, als sie nun auf die von ihr genannten Vorurteile gegen Musliminnen eingehen muss. Sie kann auch als positiver Schritt hin zu einer Eingliederung in die Gesellschaft, in der sie lebt, verstanden werden und impliziert, dass Esmé für sich trotz aller Schwierigkeiten die Chance sieht, mit Kopftuch und als Muslimin in der europäischen Gesellschaft akzeptiert zu werden.

In der Bundesrepublik tragen Mädchen im Alter bis zu zehn Jahren meist keine Kopftücher, in der Zeit der Pubertät nimmt jedoch der Anteil der Kopftuch tragenden Frauen zu: auf 7 Prozent bei den 11–15-Jährigen, bei den 16–25-Jährigen ist es gut jede fünfte, bei den 26–65-Jährigen liegt der Anteil bei 40 Prozent. Die Entscheidung ist auch vom sozialen und ethnischen Hintergrund abhängig. Nach der Studie *Muslimisches Leben in Deutschland* trug keine der befragten Alevitinnen ein Kopftuch, den höchsten Anteil hatten wiederum die Türkinnen. Insgesamt trugen nur 28 Prozent der befragten Frauen das Kopftuch, insbesondere solche, die sich als eher religiös bezeichneten und tendenziell niedrigere Bildungsabschlüsse vorwiesen. Musliminnen mit Kopftuch bilden unter den sogenannten «Bildungsinländerinnen», das heißt unter denjenigen, die in Deutschland zur Schule gingen, das Schlusslicht, sie weisen selten mittlere oder hohe Schulabschlüsse auf. Dennoch wird weiter unten zu zeigen sein, dass es gerade bewusst zu ihrer Religion stehende junge Musliminnen gibt, die ein hohes Bildungsniveau aufweisen.[5]

Viele – die Studie spricht von jeder zweiten stark religiösen Frau – tragen kein Kopftuch. Das ist überraschend und bedarf der Erklärung, die in der Untersuchung nicht gegeben wird. Wie im Fall der oben genannten Esmé könnten dahinter Vermeidungsstrategien stehen, insofern als Frauen mit Kopftuch sich Fragen und Vorurteilen ausgesetzt sehen, denen sie im Interesse eines unauffälligen Lebens aus dem Weg gehen möchten. 90 Prozent der Frauen, die ein Kopftuch tragen, gaben allgemein an, es aus religiösen Gründen zu tun, ohne dass diese genauer spezifiziert sind. Nur wenige gaben an, Erwartungen oder Forderungen des Partners (6,7 Prozent) oder der Familie (5, 8 Prozent) erfüllen zu wollen. Zwang, so schlussfolgern die Verfasser der Studie, sei nicht erkennbar. Es ist jedoch fraglich, ob die Befragten einen solchen Zwang in ihrer Antwort zugegeben hätten.

Befragte Musliminnen im Alter ab 16 Jahren nach Häufigkeit des Kopftuchtragens und Generationenzugehörigkeit (in Prozent)

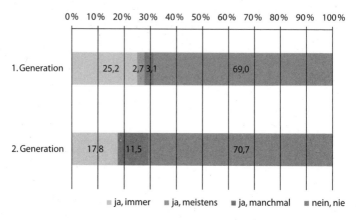

Die Gründe dafür, warum Frauen ein Kopftuch tragen, können vielfältig sein, und selbst in einer Person können sie variieren, nebeneinander bestehen oder auch im Laufe der Entwicklung sich verändern. Auch Musliminnen, die religiös orientiert sind und ehrenamtlich in Moscheen arbeiten oder als religiöse Expertinnen tätig sind bzw. dies anstreben, können nicht von vornherein als Kopftuch-Muslimin bezeichnet werden. Es gibt muslimische Frauen, die religiös orientiert sind und die religiösen Angebote in Anspruch nehmen, ohne je ihren Kopf zu bedecken. Es gibt Frauen, die ihr Haar nur dann bedecken, wenn sie eine Moschee betreten, und solche, die dies ausschließlich während des Fasten-

Der Islam ist angekommen 237

monats Ramadan tun. Andere tragen ständig eine Kopfbedeckung, die jedoch in Größe, Form und Farbe erheblich variieren kann. So verweist das kleine weiße oder geblümte Tuch, das im Nacken zusammengeknotet wird, eher auf die bäuerliche Herkunft anatolischer Landfrauen, das große Tuch, das an den Schläfen eingeschlagen wird und Kopf und Hals bedeckt hält, hingegen auf ein «offenes Bekenntnis» zum Glauben, es gilt unter deutsch-türkischen Frauen der zweiten Generation als «mutig».[6] Damit möchten sie ausdrücken, dass es ihnen schwer fällt, in der Bundesrepublik mit dieser Art des Kopftuches ihre Religion zu zeigen, vielleicht auch, dass es aus ihrer Sicht gegen die Mehrheitsgesellschaft gerichtet ist, gegen die sie sich damit positionieren, sicher jedoch, dass sie erwarten, dass die Mehrheitsgesellschaft ihnen kritisch gegenübertritt.

Neben dem traditionellen Kopftuch der Mütter der ersten Generation, die ihrer Herkunftsidentität verbunden bleiben wollen, und dem «mutigen» Kopftuch gibt es ein Kopftuch, das aufgrund elterlichen Drucks getragen wird, sowie ein «vorübergehendes» Kopftuch. Im letztgenannten Fall wollen Mädchen gleichzeitig zwei Pole ihrer Identität miteinander verknüpfen, denn traditionell denkende Eltern erlauben ihren Töchtern mit Kopftuch eher, sich in der Öffentlichkeit zu bewegen, so dass ihnen dadurch eine Bewegungsfreiheit möglich ist, die sie sonst nicht hätten. Das Kopftuch kann dann aber auch wieder aufgegeben werden. Darüber hinaus findet sich noch das Kopftuch, das von jungen Mädchen getragen wird, die ihre Religiosität aktiv neu definieren und sich dabei durchaus von den Glaubens- und Wertvorstellungen ihrer Eltern abwenden.[7] Zu beobachten – und auch belegt im Europa der letzten Jahrzehnte – ist, dass durch das Kopftuch eine Differenzkonstruktion erfolgt: als Identitätsmarker für eine Muslimin in einem säkularen Kontext und als Zeichen für ein davon abgeleitetes religiös begründetes Selbstbewusstsein.

238 Musliminnen in Deutschland

Unter dem rechtlichen Aspekt[8] ist der Schutz der Religionsfreiheit, den das deutsche Grundgesetz verleiht, grundlegend. Er umfasst auch das äußerlich sichtbare Bekenntnis und damit religiös begründete Bekleidungsvorschriften. Vor dem Hintergrund der auch in den islamischen Ländern unterschiedlichen gesetzlichen Regelungen und gesellschaftlichen Praktiken müssen die bundesdeutschen Muslime und Musliminnen sich entscheiden, wie sie in einem säkularen Staat mit den religiösen Vorschriften umgehen, wie sie sie interpretieren wollen. Was das Tragen des Kopftuchs angeht, so kann sich dahinter sowohl eine persönliche traditionell ausgerichtete Religiosität verbergen als auch ein politisch orientierter Islamismus. Auch wenn Religion als Ausdruck einer explizit politischen Sicht gewertet wird, ist sie jedoch nicht per se Ausdruck einer gewaltbereiten Haltung. Dies wird allerdings in den politischen Diskussionen häufig vermutet und in vielen Fällen sogar unterstellt. In diesem Zusammenhang wird vor allem die Frage diskutiert, ob Schülerinnen oder Lehrerinnen in der Schule ein Kopftuch tragen dürfen oder nicht.

Verschiedene Aspekte sind zu trennen: die rechtliche Erlaubtheit oder Verbotenheit einerseits und die Frage der gesellschaftlichen Konsequenzen, die aus dem Tragen des Kopftuches entstehen, andererseits. Wenn beispielsweise eine Muslimin als Lehrerin ein Kopftuch trägt, stellen sich bestimmte Fragen: Ist es rechtlich erlaubt, dass sie dies tut? Gehört es zu ihrer Freiheit der Religionsausübung, oder verstößt sie damit als Repräsentantin des Staates gegen das Neutralitätsgebot? Welche Auswirkungen hat dies auf die Kinder im Unterricht? Können Kinder ihre Lehrerin als eine Autoritätsperson wahrnehmen, die aus persönlichen Gründen ein Kopftuch trägt? Oder übt die Lehrerin damit indirekt Druck auf die muslimischen Mädchen aus, auch ein Kopftuch zu tragen, gerade weil sie in der Position der Autoritätsperson ist? In Deutschland dürfen Schülerinnen ein Kopftuch tragen, wenn sie das wollen. Die Befürchtung, Mädchen könnten dadurch zu Außenseiterinnen werden, ist nicht von der Hand zu weisen, ist jedoch ein gesellschaftliches und kein rechtliches Problem. Anders sieht es aber im Hinblick auf Lehrerinnen an staatlichen Schulen aus, denn hier geht es darum, ob eine Übernahme in den Schuldienst bei sonstiger Eignung allein daran scheitern darf, dass die Kandidatin ein Kopftuch auch in der Schule tragen möchte. Zum Kopftuch in der Schule verwies das Bundesverfassungsgericht 2003 die Entscheidung weitgehend an die jeweiligen Länder zurück, die nun Regelungen finden mussten. Dabei sind aus juristischer Sicht für ein Verbot des Kopftuches – je nach Kontext – tragfähige Gründe anzuführen, die insgesamt schwerer wiegen müssen als das Recht auf Religionsfreiheit. Auch beamtete Lehrer genießen dieses Recht, das allerdings durch die beamtenrechtliche Sonderstellung und das staatliche Neutralitätsgebot begrenzt ist. Der Fall der Fereshta Ludin (geb. 1972), einer Deutschen afghanischer Herkunft, zeigte diese Problematik. Frau Ludin wurde seit 1998 vom Land Baden-Württemberg die Einstellung als Lehrerin verweigert, weil sie aus religiösen Gründen nicht auf das Kopftuch verzichten wollte. Nach dem Urteil unterrichtete sie an einer staatlich anerkannten islamischen Grundschule in Berlin.

Das Tragen des Kopftuchs in den über den Schuldienst oder Staatsdienst hinausgehenden Fällen aus traditionellen Gründen, aufgrund persönlicher Religiosität oder auch als offenes Bekenntnis zum Islam ist gleichermaßen erlaubt. Rechtswidrigkeit ist dort festzustellen, wo Frauen unter Druck gesetzt werden, gegen ihren Willen ein Kopftuch zu tragen oder sich in einer bestimmten Art und Weise zu kleiden.[9]

Engagement in Organisationen

Die Forderung nach Repräsentanz ist ein wichtiges Stimulans geworden für das öffentliche Agieren islamischer Vereine und die Koalitionsbildung unter ihnen. Die Selbstorganisation der Muslime in Deutschland und Europa ist in vollem Gange, und zwar

240 Musliminnen in Deutschland

sowohl auf der Ebene lokaler Moscheevereine, regionaler, überregionaler und teilweise nationaler Verbände und Organisationen
als auch auf der Ebene einer aus Vereinen und Einzelpersonen
bestehenden «muslimischen Zivilgesellschaft».

Die Verbände beanspruchen Rechte, welche die Kirchen und
die wesentlich kleinere jüdische Gemeinschaft bereits haben, darunter den Status einer Körperschaft, um bestimmte Interessen
der Gläubigen wahrnehmen zu können: Moscheebau und Gebets-
ruf, islamischer Religionsunterricht an staatlichen deutschen Schulen, das Schächten von Tieren und die Einhaltung von Speisevor-
schriften, Bestattungswesen sowie die Präsenz in den öffentlich-
rechtlichen Medien. Es gibt in der Bundesrepublik eine Vielzahl
muslimischer Vereine. Die Selbstorganisation der Muslime spie-
gelt die religiöse Vielfalt wider: Sunniten, Schiiten, Aleviten, Sufis
(Mystiker), nationale Gruppen wie etwa Marokkaner oder Bosni-
aken gründen eigenständige Vereinigungen. Als einer der größten
Vereine ist die DITIB (Dachverband Türkisch-Islamische Union
der Anstalt für Religionen e.V.) mit einer starken Verbindung zur
Türkei zu nennen, daneben weitere türkische, arabische und iranische Verbände. 1986 wurde der Islamrat für die Bundesrepublik
Deutschland gegründet, in dem u. a. die türkische – nichtstaat-
liche – Vereinigung Millî Görüş Mitglied war,[10] 1994 der Zentralrat
der Muslime in Deutschland, und 2007 wurde der Koordinations-
rat der Muslime in Deutschland (KMD) als Dachorganisation der
großen Islamverbände ins Leben gerufen. Insgesamt sind in den
großen muslimischen Organisationen der Bundesrepublik Frauen
unterrepräsentiert, sie haben kaum Führungspositionen.

Für Berlin, das insofern eine Besonderheit darstellt, als hier in
den sechziger Jahren vor allem Arbeiter aus Ost- und Südost-Ana-
tolien angeworben wurden, entstand eine Untersuchung über die
weiblichen Aktivitäten in Moscheen.[11] Ähnlich wie im Falle christlicher Kirchengemeinden stellen auch die islamischen Gemeinden nur einen kleinen Ausschnitt der Bevölkerung, für den sie
allerdings den Stellenwert einer wichtigen sozialen Infrastruktur

Der Islam ist angekommen 241

besitzen. Der religiöse Unterricht findet im Allgemeinen nach Geschlechtern getrennt statt. Die Mehrheit der untersuchten Moscheen gab an, dass unter den Besuchern vor allem Männer waren, die sich trafen, um gemeinsam das Gebet zu verrichten, sich auszutauschen und Geschäfte zu regeln, während die Frauen zu Hause beteten. Die Präsenz von Frauen in den Moscheen ist relativ neu. 36 von 51 befragten Moscheen hatten eigene Räume für Frauen eingerichtet, andere gaben an, dass bestimmte Räume abwechselnd von Frauen und Männern genutzt würden. In den meisten türkischen Moscheen stellen Frauen ein Fünftel bis ein Drittel der Besucher, drei gaben an, dass sich die Besucherschaft zu gleichen Teilen aus Männern und Frauen zusammensetze. In drei weiteren Gebetshäusern ist die Anzahl der weiblichen Besucher höher als die der männlichen.

Den höchsten Grad an Organisation findet man in den Moscheen des VIKZ (Verein Islamischer Kulturzentren), wo auch Frauen theologisch ausgebildet werden. Die Ausbildung qualifiziert sie für eine ehrenamtliche Tätigkeit in einer Moschee. Besonders Fähige absolvieren ein zweites Ausbildungsjahr, nach dessen Abschluss sie als Geistliche (türk. *hoca*) religiöse Aufgaben in weiblichem Kreis übernehmen können. Seit etwa 1990 gibt es ein Mädcheninternat, das im Jahre 1999 300 Studentinnen beherbergte. Das Alter der Mädchen liegt zwischen 17 und 20 Jahren, die Ausbildung stellt somit eine Phase zwischen Schule und Berufseintritt oder -ausbildung dar. In dieser Einrichtung können Frauen relativ umfangreich am religiösen Leben der Moschee teilnehmen, allerdings sind sie organisatorisch streng von den Männern getrennt. Die Studentinnen sind in ihren eigenen Räumen autonom und sorgen durch den Verkauf von Handarbeits- und Backwaren für ihr Budget, wobei die symbolische Repräsentation allerdings in Männerhand liegt. Die hier engagierten Frauen zeigen weitgehend das Bild eines «traditionellen» Islams, wie er in diesen Organisationen vermittelt wird.[12]

Das türkische Amt für Religionsangelegenheiten (DIB) in

Gestalt der europäischen Vertretung (DITIB) wurde häufig dafür kritisiert, nicht auf die Ansprüche und Bedürfnisse der türkischen Nachwuchsgeneration in Europa zu reagieren. Imame, das heißt Vorbeter, wurden aus der Türkei nach Deutschland entsandt und blieben meist nur eine kurze Zeit. Diese reichte nicht aus, sich mit Sprache und Kultur der deutschen Gesellschaft bekannt zu machen und das Umfeld, in dem sich die türkische Klientel der Moscheen bewegt, kennenzulernen. Zwar können in der Türkei auch Frauen die staatliche Imam-Hatip-Schule (Gymnasium mit Schwerpunkt auf religiösem Wissen) absolvieren, und es existiert für sie die Möglichkeit, daran anschließend die Ausbildung zum Imam zu durchlaufen. Die Ausbildung eröffnet ihnen jedoch keinen Zugang zum immer noch Männern vorbehaltenen Amt des Imams, sondern lediglich zum Beruf des *hoca*.

Der Unterricht in den Moscheen wird häufig verdächtigt, Gewalttätigkeit zu fördern, konservative Lernmodelle wie das Auswendiglernen und Wiederholen statt kritischem Denken anzuwenden sowie traditionelle Geschlechterrollen zu vermitteln. Eine Untersuchung des an einer Göttinger Moschee verwendeten Lernmaterials ergab indes, dass die Vermittlung der Ritualpraxis im Zentrum des Unterrichts steht, dass also vor allem gelehrt wird, wie zu beten ist und welche moralischen Anforderungen an Musliminnen und Muslime gestellt werden. Geschlechterrollen lassen sich, wenn überhaupt, über die Abbildungen herausarbeiten, in denen Frauen mit Kopftuch und langem Gewand bekleidet sind, aber andererseits durchaus nicht nur als Mutter, sondern auch als Lehrerin, mithin zwar in einem Beruf, der wiederum geschlechtstypisch ist, dargestellt werden. Darüber hinaus wird den Kindern ethisches Verhalten mit Hilfe der frühen Geschichte des Islams durch Beispiele des Propheten nahegebracht. Darin allerdings ist auch das Problem zu sehen: Denn Moral, Ethik und Verhalten jener Zeit sind nur begrenzt mit der Umwelt der Kinder in einem säkularen Staat im 21. Jahrhundert vereinbar.[13] Die Frage bleibt, wie diese Beispiele konkret von den Lehrern aufgegriffen, wie in

den Texten ignorierte Kollisionspunkte mit der Mehrheitsgesellschaft gerade unter dem Geschlechteraspekt von ihnen behandelt
werden. Dazu fehlt bisher die Grundlagenforschung, so dass man
es in der öffentlichen Diskussion weitgehend mit Vermutungen
und Vorurteilen zu tun hat.

Wünsche und Restriktionen

Scharia in Deutschland?

Ein weiterer Bereich, in dem Vermutungen und Vorurteile ins
Kraut schießen, ist der Bereich des Rechts. Die Meinung, an deutschen Gerichten werde die Scharia angewandt, wird gelegentlich
geäußert, ist aber nicht zutreffend, da unter Scharia das nicht kodifizierte vormoderne beziehungsweise moderne Recht verstanden
wird, das in zahlreichen unterschiedlichen Auslegungen der
Rechtsschulen vorliegt. Aufsehen erregte der Fall einer Richterin
in Frankfurt, die 2007[14] mit Verweis auf den Koran eine deutsche
Staatsbürgerin marokkanischer Herkunft, die die sofortige Scheidung von ihrem gewalttätigen Ehemann beantragt hatte, abwies
und ihr auferlegte, das Trennungsjahr abzuwarten, da dies keine un-
zumutbare Härte für eine Frau aus Marokko bedeute. Einmal abge-
sehen davon, dass sich die Richterin damit in den Rang einer Koraninterpretin erhob, vermutlich ohne Arabisch zu können, zeigte
sich an diesem Fall und übrigens auch an der daraus resultierenden
Diskussion eine frappierende Unkenntnis der Rechtslage in den islamischen Ländern. Der Richterin war offenbar entgangen, dass in
Marokko im Jahr 2007 nicht der Koran als Grundlage der Recht-
sprechung galt, sondern dass es dort seit 1957 (reformiert 2004) ein
Personalstatut gibt, das Frauen im Fall der «Schädigung» sehr
wohl ein Scheidungsrecht einräumt (Art. 98). Es zeigt, auch wenn

244 Musliminnen in Deutschland

es sich um einen bedauerlichen Irrtum handelte, für den sich die Richterin entschuldigte, wie wenig die Anstrengungen der Frauenbewegung in den islamischen Ländern, die Verse des Korans vor dem Hintergrund der sich ändernden Gesellschaft neu zu interpretieren sowie die Gesetzgebung Schritt für Schritt mehr in Richtung Geschlechtergleichheit anzupassen und Frauen diskriminierende Gesetze zu beseitigen, in der Bundesrepublik wahrgenommen werden. Vielmehr wird das Bild eines frauenfeindlichen und gewalttätigen Islams immer wieder selbstverständlich und unhinterfragt propagiert.

In der bundesdeutschen Rechtsordnung ist für Ausländer, die in Deutschland leben, die Möglichkeit vorgesehen, in bestimmten Fällen nach ihrem Heimatrecht behandelt zu werden. Zugleich liegt es im Interesse der Rechtsgemeinschaft, dass in ausgemachten Angelegenheiten dasselbe Recht für jeden gilt. Die Frage, ob inländisches oder ausländisches Sachrecht anzuwenden ist, bestimmt sich nach den Vorschriften des Internationalen Privatrechts (Kollisionsrecht), die in Deutschland zum großen Teil im Einführungsgesetz zum Bürgerlichen Gesetzbuch enthalten sind (Art. 3 ff. EGBGB). Diese Vorschriften treffen eine Abwägung zwischen den beiden Interessen. Wenn deutsche Gerichte auf die jeweils existierenden Gesetzbücher zum Personenstandsrecht zurückgreifen, so kann das allerdings bedeuten, dass es zur Anwendung islamrechtlich geprägter Rechtsregeln kommt, wenn diese in den «Heimatrechten», beispielsweise im Familienrecht der jeweiligen Länder, verankert sind. Das gilt nicht für die Türkei, jedoch für alle islamisch geprägten Länder des Mittleren Ostens und Nordafrikas, beispielsweise für Ägypten und Marokko, Iran und Afghanistan. Mithin können Regelungen zum Brautgeld oder zur Scheidung von den betroffenen deutschen Gerichten in bestimmten Fällen angewendet werden. Ob dies geschehen soll, muss jeweils vom zuständigen deutschen Gericht entschieden werden. Hier sei ein diffiziler Fall exemplarisch für die dafür notwendigen Abwägungen geschildert:[15]

Wünsche und Restriktionen 245

Die marokkanischen muslimischen Eheleute M. und F. leben seit vielen Jahren in Deutschland. Sie hatten in Marokko geheiratet und dabei eine Brautgabe in Höhe von umgerechnet 10 000 € vereinbart, die trotz erfolgten Ehevollzugs noch nicht ausgezahlt wurde, aber schuldbrieflich abgesichert ist. M. hatte in Deutschland für einen Autozulieferer gearbeitet, aber seinen Arbeitsplatz verloren. Als Langzeitarbeitsloser verfügt er weder über ein nennenswertes Einkommen noch über Vermögen. F. hatte sich vor Jahren mit einem Frisiersalon selbständig gemacht und betreibt mittlerweile mehrere Filialen. Sie verfügt über ein recht hohes Einkommen und hat ein nicht unerhebliches Vermögen anhäufen können. Aufgrund der unterschiedlichen Lebensverhältnisse ist die Ehe in die Brüche gegangen und wurde in Deutschland geschieden. F. klagt nun gegen M. auf Herausgabe der noch nicht geleisteten Brautgabe. Gegen die Anwendung marokkanischen Rechts unter dem Gesichtspunkt des deutschen ordre public drängen sich Bedenken im Hinblick auf das Gleichberechtigungsgebot und das geschlechtliche Differenzierungsverbot auf, weil die Brautgabe eine einseitige Verpflichtung des Mannes darstellt. Die gerichtliche Zuerkennung des Brautgabeanspruchs würde M. unangemessen benachteiligen, da nicht nur ein formaler Gleichheitsverstoß vorläge, sondern dieser auch seine materielle Entsprechung durch massive wirtschaftliche Benachteiligung des Mannes fände. Rechtsfolge ist, dass die den Brautgabeanspruch gewährende marokkanische Norm ersatzlos nicht zur Anwendung kommt.

Der Fall zeigt: In Bezug auf die islamisch geprägten Personalstatuten wird es dann schwierig, wenn es bei der Anwendung des «Heimatrechts» zur Kollision mit den Grundsätzen des deutschen Rechts, einschließlich der Grundrechte, kommt. Im vorliegenden Fall wäre der Mann benachteiligt, müsste er, der sehr viel weniger verdient als seine Frau, auch noch das Brautgeld bezahlen. Allgemein kann festgehalten werden, dass nur dann nichtdeutsches Recht angewandt wird, wenn dieses dasselbe Ergebnis zeitigen würde wie das deutsche Recht oder wenn nicht grundlegende Rechte verletzt werden.

Aus europäischer Sicht anstößig sind etwa auch Rechtsregelungen, die eine Eheschließung oder Erbnachfolge aus Gründen

246 Musliminnen in Deutschland

der Religionsverschiedenheit verbieten. So besteht nach den meisten Personalstatuten und nach vormodernem islamischem Recht ein Eheverbot für Musliminnen mit Nichtmuslimen. Solche religiös begründeten Eheverbote verstoßen nach deutschem Recht gegen Art. 6 GG.[16] Die Ehe kann also dennoch geschlossen werden. Untersuchungen haben allerdings gezeigt, dass solche Ehen wesentlich seltener vorkommen als Ehen von Muslimen mit europäischen Frauen. Dies ist aber nicht durch das einheimische Recht begründet, sondern perpetuiert ein traditionelles Muster.

Ehrenmorde

Der traditionelle Ehrbegriff war und ist in vielen heutigen islamischen, aber auch südeuropäischen Ländern noch stark mit der Familien- und Geschlechtszugehörigkeit verbunden.

Immer wieder erschüttern Meldungen von «Ehrenmorden» vor allem in den Kreisen von türkischen und kurdischen Immigranten die Öffentlichkeit. Ein solcher Fall war der von Hatun Aynur Sürücü (1982–2005), die an einer Berliner Bushaltestelle durch mehrere Kopfschüsse getötet wurde. Tatverdächtig waren ihre drei Brüder. Sie selbst, eine Deutsche mit kurdischem Migrationshintergrund, hatte sich gegen eine arrangierte Heirat aufgelehnt, ihren solcherart von der Familie bestimmten Mann verlassen und ein eigenständiges und unabhängiges Leben mit einer Ausbildung zur Elektroinstallateurin in Berlin begonnen. Als Auslöser des Mordes wurde der «freie» Lebensstil von Hatun Aynur vermutet, der die Familienehre verletzt habe.

Angeregt durch diesen Fall gab das Bundeskriminalamt eine «Presseinformation zu den Ergebnissen einer Bund-Länder-Abfrage zum Phänomenbereich ‹Ehrenmorde in Deutschland›» heraus. Dabei ging man von folgender Arbeitsdefinition eines Ehrenmordes aus:

Wünsche und Restriktionen 247

Bei Ehrenmorden handelt es sich um Tötungsdelikte, die aus vermeintlich kultureller Verpflichtung heraus innerhalb des eigenen Familienverbands verübt werden, um der Familienehre gerecht zu werden.[17]

Die Bewertung der Motivlage ist jedoch schwierig, vor allem in der Abgrenzung zur «Blutrache», aber auch zu Beziehungstaten generell. Die Polizeiliche Kriminalstatistik in Deutschland enthält deshalb keine gesonderte Erfassung von «Ehrenmorden», da dies wegen Definitionsproblemen als nicht möglich gesehen wird.

Es steht außer Frage, dass es unter Migranten vor allem aus den ländlichen Bereichen der Türkei und aus den arabischen Ländern sehr traditionelle und patriarchalisch geprägte Familienverhältnisse gibt, in denen die oben skizzierten Vorstellungen von Ehre vorherrschen, Frauen in die Ehe gezwungen und in ihrer Sexualität kontrolliert werden. Die Rechtsanwältin Seyran Ateş (geb. 1963) beschreibt in ihrer Autobiographie *Große Reise ins Feuer. Die Geschichte einer deutschen Türkin* sehr eindringlich ihre Erfahrungen mit einer typisch «weiblichen» Erziehung, den Autoritätsbezügen in der Familie und der untergeordneten Rolle des Mädchens. Ihr selbst gelang es schließlich, aus dieser Situation auszubrechen. Ateş hat die Ermordung Sürücüs zum Anlass genommen, auf entsprechende Fälle aufmerksam zu machen.

Zu schnell wird allerdings oft vor allem in den Medien das Etikett des «Ehrenmordes» einer weit komplexeren sozialen Realität aufgeklebt, häufig werden Taten in das gängige Raster eingefügt, ohne dass die Gründe und Ursachen wirklich nachgewiesen sind. Andere Faktoren wie beispielsweise eine drohende Abschiebung oder familiäre Konflikte, die in einem ganz anderen Kontext stehen, können eine Rolle spielen. Beispielsweise bestätigt sich in der polizeilichen Kriminalstatistik von 1996–2004 die gängige Auffassung nicht, dass immer ein jüngeres Familienmitglied beauftragt werde, den Mord auszuführen, da dieses keine Versorgungspflichten habe und auch noch meist unter das Jugendstrafrecht falle. Der Sozialwissenschaftler Schiffauer argumentiert,[18]

Ehre sei in den Berliner türkischen Familien auch deshalb nicht mehr unbedingt handlungsleitend, weil gerade in den unteren Schichten sehr viele Scheidungen und straffällige Kinder das Verständnis dieser handlungsleitenden Vorstellung unterminiert hätten. Schon aus diesem Grund werde der Druck der Gemeinschaft auf die Familie überschätzt. Eine Lösung des Problems liegt deshalb nicht nur in der Verurteilung der überführten Täter, sondern auch in einem Ansatz, der schon im Vorfeld greift. Umfassende Beratung und die Einrichtung von Zentren für die entsprechend bedrohten Frauen sind dabei ebenso notwendig wie der Blick auf die jungen Männer, die potentiell Ehrenmörder werden könnten.

Wie sehr gesellschaftliche Vorstellungen von Geschlechtsehre, die Bewertung von Jungfräulichkeit und Männlichkeit, patriarchalische Familienstrukturen und sozial schwierige Verhältnisse verbunden sind, lässt sich am Beispiel eines jungen Mannes ablesen, den der Sozialwissenschaftler Ahmet Toprak in seiner Studie *Das schwache Geschlecht – die türkischen Männer* interviewt hat. Dies ist ein Fall, der jedoch in dieser Tragik keinesfalls als übliches Muster gelten kann.

Der erschütternde Bericht von Orhan zeigt nicht nur einen versuchten und letztendlich glücklicherweise gescheiterten Ehrenmord, sondern die enge Verquickung von kulturell bedingten Vorstellungen von Männlichkeit und Weiblichkeit und repressiver und gewalttätiger Erziehung. In diesem konkreten Fall liegt ein Beweis vor, dass Orhan als jüngster Sohn der Familie beauftragt worden war, seine Schwester, die sich von ihrem brutalen und sie schlagenden Ehemann getrennt hatte, zu töten. Dies misslang 1994, weil Orhan Schwierigkeiten hatte, seine Lieblingsschwester zu töten. Er wurde verhaftet und zu zwei Jahren Jugendhaft auf Bewährung verurteilt, wobei seine Schwester mit ihrer Aussage zu der milden Haftstrafe beitrug. Orhan schilderte den Druck, die Ehre der Familie zu schützen, da der Schwager, der wegen gefährlicher Körperverletzung im Gefängnis saß, dies nicht habe tun können und dann überdies in die Türkei abgeschoben worden sei.

Die von Toprak analysierte Beziehung der einzelnen Familienmitglieder zueinander zeigte eine große Distanz zwischen den Generationen und Geschlechtern. Autorität und Respekt vor den Eltern, besonders dem Vater, und feste weibliche und männliche Rollen waren Erziehungsziele, Raum für die Entwicklung eigener Vorstellungen vom Leben gab es kaum. Eine Auseinandersetzung mit der Tat begann Orhan erst viel später, als er von seiner Schwester erfuhr, dass diese jahrelang von ihrem gemeinsamen Vater missbraucht worden war und sie deshalb von ihrem Ehemann angegriffen und beleidigt worden war: weil sie eben bei der Eheschließung keine Jungfrau mehr gewesen war.[19]

Die für diesen Fall bezeichnende unselige Verquickung der kriminellen Handlung des Vaters mit einem allgemein feststellbaren autoritären Erziehungsstil und der Vermittlung der traditionellen Rollenerwartung an den Mann als Verantwortlichen für die Familienehre und an die Frau zur Bewahrung der Keuschheit beziehungsweise Jungfräulichkeit führte zu einem immensen Druck auf die Jugendlichen und Heranwachsenden, dem sie nicht gewachsen waren. Diese Erziehungsmuster und -strukturen aufzubrechen ist notwendig, um zukünftigen Gewalttaten vorzubeugen.

Wer sind sie, was wollen sie?

Zwischen traditionellen Familienstrukturen und einem für Frauen immer noch schwer zugänglichen Bildungssystem ist eine Orientierung für junge Musliminnen nicht einfach. Trotzdem ist zu beobachten, wie eine Schicht selbstbewusster junger Frauen, die sich zu ihrer Religion bekennen, außerhalb der oben beschriebenen islamischen Organisationen hervortritt.[20] Vor dem Hintergrund einer immer noch patriarchalischen Struktur der meisten islamischen Vereine, die, wenn sie weibliche Beteiligung überhaupt akzeptieren, traditionelle Muster der Geschlechtersegregation und Hierarchien perpetuieren, sind türkisch-muslimische Frauen der

250 Musliminnen in Deutschland

zweiten und dritten Generation zu ihrem Religionsverständnis befragt worden. Der neue weibliche Islam, der dabei zutage trat, ist abseits der Organisationen im privaten Rahmen angesiedelt. Es zeigte sich eine Entwicklung hin zu einem neuen Islamverständnis, das durch eine Ablösung von Strukturen und eine stärkere Betonung der Spiritualität vor allem auf der Basis des Korans geprägt ist; eine «Islamisierung», die vor dem Hintergrund der persönlichen sozialen Situation der Frauen und ihrer Identitätsfindung zu verstehen ist und zu den in den Moscheen bestehenden Machthierarchien im Gegensatz steht.

Diese Frauen fügen sich – so die Studie von Sigrid Nökel – in die Strukturen und Ideengefüge der deutschen Mehrheitsgesellschaft ein. Sie versuchen, mit Bezug auf ihre kulturelle und ethnische Herkunft neue Formen eines Islams für sich zu finden, tragen das Kopftuch und bedecken bestimmte Körperteile als offensichtliches Zeichen ihrer islamischen Frömmigkeit, wobei dieselbe selbstbewusst als Zeichen der persönlichen Identität präsentiert und zu einem augenfälligen Phänomen gemacht wird. Diese Frauen sind keine «traditionellen» Musliminnen, sondern versuchen, ihre verschiedenen kulturellen Prägungen für sich selbst nutzbar zu machen und ihre Positionen in der Gesellschaft neu zu verhandeln.

Sie sehen sich als Teil der deutschen Gesellschaft, während ihnen ihre Herkunftsländer mehr oder weniger fremd sind. Viele von ihnen zeichnen sich durch perfekte Beherrschung der deutschen Sprache aus, durch hohe Bildungsaspirationen, deutsche Schulabschlüsse trotz der Herkunft aus einfachen Arbeiterfamilien, modische Orientierung und dennoch islamisch korrekte Erscheinung. Bildung gilt generell im Islam als ein hohes Gut und wird vor allem von der Einwanderergeneration für ihre Kinder, auch die Töchter, erstrebt. Das Verhältnis der Geschlechter wird rationalisiert und anhand von islamischen Quellen neu ausgelegt, wobei ein zentraler Aspekt in der Absage an die Hausfrauenrolle und in der Forderung des Rechts auf Berufstätigkeit liegt. An

Männer werden die gleichen Anforderungen gestellt wie an Frauen. Bei der Partnerwahl definiert man eigene Ansprüche, dabei legen die jungen Frauen den Entscheidungsspielraum selbst fest. Dies trifft auch auf Beziehungen zu männlichen Kollegen zu, die nicht völlig ausgeblendet, sondern so weit wahrgenommen werden, wie sie es sich selbst erlauben. Die Begründung lautet, sie seien nicht verboten, solange keine erotischen Implikationen damit verbunden seien. Damit verschiebt sich auch die Machtbalance zwischen den Generationen. In traditionell geprägten Familienstrukturen, in denen der Respekt und der Gehorsam gegenüber den Eltern noch sehr positiv bewertet werden, erkämpfen sich diese jungen Frauen auf der Basis ihrer Islamizität Freiräume, die ihnen mit einem offen gegen die Traditionen verstoßenden Verhalten nicht zugestanden würden.

Neben diesen Einzelpersonen kommen zunehmend zivilgesellschaftliche Organisationen ins Spiel, von denen einige exemplarisch genannt und dargestellt werden sollen:

In einer Publikation aus dem Jahr 2005 *Ein einziges Wort und seine große Wirkung: eine hermeneutische Betrachtungsweise zu Qur'an sūra 4, Vers 34, mit Blick auf das Geschlechterverhältnis im Islam* meldete sich das Zentrum für Islamische Frauenforschung und Frauenförderung (ZIF) zu Wort. Darin versuchen sich die Theologinnen in der Auslegung des für die Gleichstellung der Geschlechter schwierigsten Verses im Koran, dem zufolge die Männer über den Frauen stehen. Das ZIF ging um 1990 aus einem Round-Table-Gesprächskreis von Islam-Wissenschaftlerinnen, Theologinnen, Pädagoginnen und Studentinnen hervor, die in gemeinsamen Diskussionen seit 1995 die Situation muslimischer Frauen einer grundsätzlichen Analyse unterzogen. In den Augen des genannten Kreises sind es vor allem bestimmte patriarchalisch geprägte Theologien, die für die gegenwärtige Situation muslimischer Frauen verantwortlich zeichnen und denen nur durch eine entsprechende Grundlagenforschung beizukommen ist. Daher ist einer der Schwerpunkte des ZIF die kontinuierliche

252 Musliminnen in Deutschland

Arbeit an einer frauenzentrierten islamischen Theologie auf der Basis klassischer und allgemein akzeptierter Methoden der Textinterpretation. Die Ergebnisse werden über Publikationen und Tagungen sowie im Rahmen von Vorträgen und Schulungen bekannt gemacht.

Neben der wissenschaftlichen Arbeit fühlt sich das ZIF auch der aktiven Förderung von Frauen und Mädchen verpflichtet und bietet in diesem Zusammenhang eine Reihe von Programmen an, die gezielt unterstützend wirken. Darunter fallen Selbstbehauptungstraining, Beratung zur Überwindung von frauenfeindlichen und Frauen marginalisierenden Strukturen und Gesprächskreise. Die Arbeit des ZIF soll damit Frauen und Mädchen, die die religiöse Komponente ihrer Identität nicht verleugnen möchten, zu einem selbstbestimmten Leben in der heutigen deutschen Gesellschaft verhelfen. Gleichzeitig gelingt es dem ZIF, eine innerislamische Diskussion über die Rolle der Frau in Gang zu setzen. Einige der Initiatorinnen kommen aus dem traditionellen bis konservativen Umfeld der Millî Görüş.

Eine weitere Einrichtung, die sich einem zeitgemäßen Islam verpflichtet fühlt, ist das 1993 errichtete Institut für Internationale Pädagogik und Didaktik (IPD). Bei diesem Institut liegt der Schwerpunkt nicht auf der Frauenarbeit, sondern auf der religiösen und interreligiösen Bildung allgemein. Zielsetzung ist, «Beiträge zu inhaltlichen und strukturellen Fragen zum Thema Bildung und Erziehung» zu leisten. Diese Beiträge sollen wissenschaftlich erarbeitet werden und handlungsorientiert sein. Es wird nach eigener Darstellung bewusst auf Belehrung verzichtet. Die vom IPD erarbeiteten Materialien, die sowohl für den Gebrauch in der Schule als auch für die Erwachsenenbildung konzipiert sind, sollen die Lernenden motivieren, sich selbstständig Wissen zu erarbeiten und dieses in Beziehung zum eigenen Lebensumfeld zu setzen. Erreicht werden soll eine Bildung, die nicht nur Faktenwissen vermittelt, sondern den Schüler in die Lage versetzt,

Wünsche und Restriktionen 253

notwendige Regulative und tradierte Muster (neu zu durchdenken, damit die) jungen Menschen (...) ihren Platz in der Gemeinschaft finden können und dialogfähige PartnerInnen werden.[21]

Um an dieses Ziel zu kommen, verfolgt das Institut bewusst einen offenen Ansatz, der vor allem den interreligiösen Diskurs pflegt. In den Unterrichtsmaterialien finden sich immer wieder Hinweise auf und Vergleiche mit anderen Religionen, wobei das Gespräch mit den abrahamitischen Religionen im Vordergrund steht. Für seine Arbeit wurde dem IPD der INTRA-Projektpreis für die Komplementarität der Religionen im Jahr 2001 verliehen. Politisch steht auch dieses Institut in der Kritik wegen seiner Nähe zur konservativen Millî-Görüş-Bewegung. Inhaltlich beschränken die Wissenschaftlerinnen des ZIF und des IPD die Anwendung der historisch-kritischen Methode auf die Texte von Thora und Bibel, lassen sie aber nicht für den Koran zu. Damit ist der Ansatz von IPD und ZIF keineswegs so modern und liberal, wie er vorgibt.[22]

Die Zeitschrift HUDA, die sich an Frauen richtet, Männer aber nicht ausgrenzt, wird vom «HUDA-Netzwerk für muslimische Frauen» herausgegeben. Das arabische Wort *hudā* bedeutet Rechtleitung. Die Herausgeberinnen bezeichnen sich als einen Zusammenschluss politisch und national unabhängiger muslimischer Frauen in der Bundesrepublik. HUDA informiert über die Grundlagen des Islams. Sie bietet Musliminnen ein Forum, ihren Bedürfnissen und Nöten in einer nichtislamischen Umwelt Ausdruck zu verleihen und sich an oft sehr kontrovers geführten und dadurch fruchtbaren Diskussionen zu beteiligen. HUDA stellt einen Informationspool für die Selbstorganisation muslimischer Frauenprojekte dar. Das Netzwerk will die muslimische Frau in ihrer Persönlichkeitsentwicklung innerhalb der islamischen Gesellschaft und auch in einem nichtislamischen Umfeld stärken sowie einen Beitrag zur Entwicklung und Praktizierung islamischer Erziehungskonzepte liefern. Neben der Zeitschrift gibt es eine Anlaufstelle für Anfragen von Muslimen und Nichtmuslimen, Hilfe bei per-

sönlichen Problemen durch eine qualifizierte Familientherapeu-
tin und Mitarbeiterinnen im Frauenhaus sowie einen Sorgen-
briefkasten und ein Sorgentelefon. HUDA bietet Beratung zum
Thema «Ehe im Islam», Tipps für bi-kulturelle Ehen, aber auch
Berufsberatung und Unterstützung für muslimische Frauen bei
Schwierigkeiten in der Arbeitswelt. Eine eigene Schriftenreihe
vertieft einzelne Bereiche. Auf der Webseite der Organisation finden sich beispielsweise kritische Auseinandersetzungen mit dem
Geschlechterverhältnis in islamischen Epochen und mit der Genitalverstümmelung, die von HUDA auch so benannt wird. Explizit verwahrt sich die Redaktion gegen die verharmlosende Benen-
nung «weibliche Beschneidung». Die Zeitschrift und das Netzwerk haben einen selbstkritischen Ansatz, Fragestellungen werden unter den verschiedensten Aspekten beleuchtet, und Problemen weicht man nicht aus.[23]

   «Wir Muslime in Deutschland stehen in der Öffentlichkeit
schlecht da.» So beginnt Lamya Kaddor ihr Buch *Muslimisch –*
weiblich – deutsch!. Diese sehr persönliche Auseinandersetzung
mit ihrem Muslim-Sein in einem säkularen Umfeld ist eine inter-
essante und lesenswerte Darstellung. Kaddor war eine der ersten
Lehrerinnen für islamische Religion an deutschen Schulen und ist
studierte Islamwissenschaftlerin. In ihrer Selbstverortung beklagt
sie eine undifferenzierte und diffamierende Islamkritik einerseits
und dogmatische Ansichten übereifriger Muslime andererseits,
die – Hand in Hand – das fundamentalistische Zerrbild eines
gefährlichen und rückständigen Islams zeichneten. Als Ziel ihres
Buches gibt sie an, aus einer liberalen, weltoffenen muslimischen
Perspektive eine ihrer Meinung nach zu wenig wahrgenommene
Form muslimischen Lebens in Deutschland vorstellen zu wollen.
In einer Analyse der Islamkenntnisse ihrer Schülerinnen und
Schüler (Hauptschule 10. Klasse) findet sie ein Spiegelbild dessen,
was sie beklagt: «Der» Islam wird als ein Grundstock an Geboten
aufgefasst, wobei Dimensionen wie Ethik, Spiritualität und Le-
bensfreude weitgehend fehlen. Für die Entwicklung einer eigenen

Wünsche und Restriktionen 255

Religiosität sieht sie vor allem den islamischen Religionsunterricht an deutschen Schulen, der als Schulversuch bereits in einigen Bundesländern läuft, als zentral an. Die Frage allerdings, «was für ein» Islam dort unterrichtet wird, ist ebenso bedeutsam. Kaddor schwebt, das geht aus ihren Ausführungen hervor, ein moderner, liberaler, toleranter, in ein weitgehend säkulares Staatsgebilde eingepasster Islam vor.

Ausgehend von ihrer eigenen Erfahrung und Haltung – sie trägt kein Kopftuch –, begründet sie ihre Position auch als Frau, die sich innerhalb der muslimischen Gemeinde in Deutschland oftmals nicht frei bewegen kann:

> Ich fing an, noch stärker darauf zu achten, was man zur Arbeit mit «gebildeten» Männern (gemeint sind «muslimische» Männer, IS) anzog. Auch Treffen mit frommen Funktionären wurden von mir so geplant, dass ich mit meinem Outfit auf keinen Fall provozieren konnte. Aber das hinderte einige trotzdem nicht daran, einen Blick in meine Bluse zu riskieren und einen zweiten und dritten … Wie verhält man sich als Frau und gläubige Muslimin in so einer Situation? Fange ich an, ein Kopftuch zu tragen, damit ich mich «unsichtbar» mache …? Gewiss nicht … Also habe ich mich entschlossen, denjenigen, die mir keinen *halal*-Blick, also keinen reinen Blick, zuwerfen, einen wenig kollegialen und sehr verurteilenden islamischen Blick zurückzuschicken. Das brachte die «Täter» meist relativ schnell dazu, sich wieder auf ihre Frömmigkeit zu besinnen.[24]

Kaddor steht dem organisierten Islam in Deutschland kritisch gegenüber. Sie verweist die Kopftuchdebatte in die ihr zustehenden Schranken: Die Diskussion erwecke den Anschein, als sei das Stück Stoff der Dreh- und Angelpunkt des Glaubens. Die «politischen» Kopftuchträgerinnen und die Ausübung von Zwang auf Frauen, es zu tragen, kritisiert sie jedoch und meint, dass diese Form des Zwangs gerade der Religion und der Kultur, der dieser entstammt, großen Schaden zufüge. Ihre persönliche Position entwickelt sie durch eigene Interpretation des Korans und hinterfragt die traditionellen Auslegungen kritisch. Göttliche Gebote müsse man im Spiegel der jeweiligen Gegenwart betrachten, um den Willen Gottes zu ermitteln, der ihrer Meinung nach beim Kopftuch darin lag, Frauen in der damaligen, frühislamisch-arabischen Gesellschaft zu schützen. Diese Aufgabe könne das Kopftuch heute nicht mehr übernehmen, argumentiert sie. Aus ihrer Erfahrung als Lehrerin ist ihr das Machoverhalten türkischer Jungen gut bekannt, sie beschreibt es als Kompensation für andere Mängel wie schlechte Noten, Armut und das Fehlen einer fürsorglichen Familie. Vor allem beklagt sie den autoritären Erziehungsstil in vielen Familien. Ihrer Beobachtung nach äußert sich die zu Hause aufgestaute Wut der Kinder über diesen Erziehungsstil in provozierendem Verhalten in der Schule, das dann von den Lehrerinnen und Lehrern korrigiert werden muss.

In einem Buch mit dem bezeichnenden Titel *Wir haben Erfolg* stellen sich dreißig Frauen aus islamisch geprägten Ländern vor, die in der deutschen Berufswelt Erfolg haben, sei es als Parlamentsmitglied, Unternehmerin, Professorin, Rechtsanwältin oder Lehrerin. Die Herausgeberin, Kerstin Finkelstein, wollte mit diesem Buch den Blickwinkel auf muslimische Frauen verändern, dem Klischee der untergeordneten, dem Mann hinterherlaufenden, Plastiktüten schleppenden und Kinder an der Hand ziehenden Frau widersprechen.

Die Sammlung, die nur eine Auswahl vorstelllt, ist dazu angetan zu zeigen, dass beruflicher Aufstieg und – wie bei vielen – Loslösung aus der traditionellen Familienstruktur mit erfolgreicher Eingliederung in die deutsche Gesellschaft einhergehen können. Lale Akgün beispielsweise hat Medizin und Psychologie studiert und ist Bundestagsabgeordnete der SPD, Nafia Alkan ist Unternehmerin. Während Lamya Kaddor sich in ihrem Buch als Muslimin und Vertreterin eines modernen Islams bezeichnet, sieht Lale Akgün aus der Perspektive der Politikerin auf den Islam: Sie möchte nicht so viel über den Islam sagen, sondern vielmehr den Muslimen und Musliminnen helfen, die gleichen Rechte zu genießen wie die Angehörigen der Mehrheitsgesellschaft – unter der

Wünsche und Restriktionen 257

klaren Voraussetzung, dass das Monopol des Staates akzeptiert
wird und Religion eine Privatsache ist. Ebenfalls engagiert in dieser
Richtung ist Ezhar Cezairli. 1962 in Antakya geboren, kam sie mit
ihrer Familie nach Deutschland, machte das Abitur und studierte
Zahnmedizin. 2005 gründete sie mit Gleichgesinnten die «Initiative der säkularen und laizistischen Bürger aus islamisch geprägten Herkunftsländern in Hessen». Einige Frauen, wie beispielsweise die Journalistin Azza Hassan, bezeichnen Religion als ihre
wichtige Privatsache, wollen jedoch über die Stellung des Islams
in Deutschland nicht diskutieren. In anderen Biographien spielt
die Religion keine Rolle wie beispielsweise bei der Palästinenserin
und Kampfsportlehrerin Myriam Hamad. Die meisten der genannten Frauen wurden in ihrem beruflichen Werdegang von
ihren Eltern, häufig auch den Vätern, ermutigt und unterstützt.

Es dürfte deutlich geworden sein, dass die weibliche muslimische Präsenz in Deutschland viele Facetten hat. Sie reicht von
weiblicher Beteiligung in den Vereinen und Organisationen über
junge Frauen, die den Islam für sich als Identität entdeckt haben,
ihn persönlich leben, bis hin zu intellektuellen Ansätzen und
Überlegungen auf den Gebieten der Pädagogik, der Theologie
und des Religionsverständnisses. Bildung und Ausbildung sind,
wie in den islamischen Ländern auch, eine unverzichtbare Voraussetzung dafür, dass junge Frauen ihr Leben selbstbestimmt gestalten und konservative patriarchalische Familienstrukturen aufge-
brochen werden können. Das deutsche Bildungssystem, dem die
PISA-Studie von 2010 immer noch eine Benachteiligung von
Schülerinnen und Schülern aus sozial schwachen Familien be-
scheinigte, ist hier aufgerufen zu handeln.

Anmerkungen

1. Die Anfänge

1. Ibn Ishâq: Das Leben des Propheten, S. 27.
2. Ebd., S. 45.
3. Es wurde, wenn nichts anderes angegeben ist, die Übersetzung von Rudi Paret: Der Koran herangezogen. Die zahlreichen Klammern, die sich in Parets Übersetzung finden, zeigen die Schwierigkeiten einer Übersetzung und machen deutlich, dass eine Übersetzung stets auch schon immer ein Stück Interpretation ist.
4. Sahīh al-Bukhārī: Nachrichten von Taten und Aussprüchen des Propheten Muhammad, S. 342 f.
6. Die Quellen zeichnen ein widersprüchliches Bild in Bezug auf die Frage, ob Frauen in den Kampf ziehen konnten oder nur für die Versorgung der Verwundeten da waren. Die Historikerin Asma Afsaruddin kommt zu dem Ergebnis, dass vor dem Fall Mekkas im Jahr 630 ein kriegerischer Einsatz der Frauen möglich war: Asma Afsaruddin: Reconstituting women's lives, S. 471.
7. Die Abkürzung bt. steht für *bint*, «Tochter», während b. als Abkürzung für *ibn*, «Sohn», steht.
8. Asma Afsaruddin: Reconstituting women's lives, S. 465.
9. Ruth Roded: Women in Islamic biographical collections, S. 15–43.
10. Fatima Mernissi: Der politische Harem, S. 152ff., hierzu S. 157.
11. Ruth Roded: Umm Salama Hind bt. Abī Umayya, in EI². Andere Quellen allerdings berichten für diesen Fall, dass der Prophet um ihre Hand anhielt.
12. Sahīh al-Bukhārī: Nachrichten von Taten und Aussprüchen des Propheten Muhammad, S. 361.
13. Laura Veccia Vaglieri: Fatima, in EI².

260 Anmerkungen

2. Theologie und Recht

1 Sahīh al-Bukhārī: Nachrichten von Taten und Aussprüchen des Propheten Muhammad, S. 337.

2 Ebd., S. 327.

3 Leila Ahmed: Women and gender in Islam, Kapitel 3 und 4. Leila Ahmed geht von einer zwar nicht rechtlichen, aber ethisch-moralischen Gleichheit in den koranischen Versen aus, die es allerdings zu beweisen gälte.

4 Ebd., S. 42.

5 Irene Schneider: Kinderverkauf und Schuldknechtschaft, S. 188 f., 317–326.

6 Ebd., S. 386.

7 Sahīh al-Bukhārī: Nachrichten von Taten und Aussprüchen des Propheten Muhammad, S. 82.

8 Zitiert bei Jane I. Smith, Yvonne Haddad: Women in the afterlife: the Islamic view as seen from Qur'ān and tradition, S. 44.

9 Ebd. Die Autorinnen betonen, dass die Sünden des Mannes gegenüber Gott in gewisser Weise den Sünden der Frau gegenüber dem Mann parallel gesetzt werden.

10 Abdelwahhab Bouhdiba: Sexuality in Islam, S. 72.

11 Angelika Neuwirth: Myths and legends in the Qur'ān, in: EQ.

12 Ebd.

13 Thomas Breuer: «Das ist wieder einmal eine List von euch Weibern...».

14 Laura Veccia Vaglieri: Art. Fāṭima: Auch die wissenschaftliche Beschäftigung mit Fatima kam zu unterschiedlichen Ergebnissen: der Orientalist Henri Lammens (gest. 1937) rekonstruierte aus den Quellen ein düsteres Bild von Fatima: ohne Anziehungskraft und von mittelmäßiger Intelligenz, völlig unbedeutend und wenig von ihrem Vater geliebt sei sie gewesen, wohingegen Louis Massignon (gest. 1962) sie als privilegierte, gastfreundliche Frau beschreibt, die vor allem den nichtarabischen Konvertiten gewogen gewesen sei.

15 Margret Smith: Rabia the mystic, S. 35 f.

16 S. o. S. 38.

17 At-Tabarī: Tafsīr, Bd. 5, S. 57; Al-Mahallī, Muhammad, As-Suyūtī, 'Abdarrahmān: Tafsīr al-Imāmain al-Djalālain, S. 110.

18 Muhammad 'Abdūh, Raschīd Ridā: al-Manār, Tafsīr al-Qur'ān, Band 5, S. 55.

Anmerkungen 261

19 Amina Wadud: Qur'an and woman: rereading the sacred text from a woman's perspective, S. 3.

20 Ebd., S. 3

21 Ebd. , S. 8.

22 Ebd., S. 21.

23 Ebd., S. 59.

24 Ebd., S. 71.

25 Kecia Ali: Sexual ethics and Islam, S. 131.

26 Raga' El-Nimr: Women in Islamic law, S. 93, 95.

27 S. o. 49.

28 Irene Schneider: Islamisches Recht zwischen göttlicher Satzung und temporaler Ordnung?, S. 140, für Ägypten s. S. 152 ff., für Iran s. S. 156 ff.

29 Kilian Bälz: The secular reconstruction of Islamic law. The Egyptian Supreme Constitutional Court and the «battle over the veil» in state-run schools, S. 229.

30 Ebd., S. 236.

31 Zu weiteren Länderbeispielen vgl. Mathias Rohe: Das islamische Recht, S. 206–233.

32 Dietrich Nelle: Marokko. Die Artikel werden nicht übersetzt, sondern zusammengefasst.

33 Zu Ägypten vergleiche eine gute Zusammenstellung in Andrea Büchler: Das islamische Familienrecht.

34 Rudolph Peters: Crime and punishment in Islamic law, S. 148–153, 169–181.

35 Vergleiche dazu Silivia Tellenbach: Strafgesetze der Islamischen Republik Iran. Das Strafgesetzbuch wurde mehrfach überarbeitet, es liegt ein neuer Entwurf im Parlament, der jedoch, soweit ersichtlich, die genannten Strafen nicht eliminiert hat.

36 Siehe dazu Michael J. Casimir und Susanne Jung: Honor and dishonor: connotations of a socio-symbolic category in cross-cultural perspective; Lynn Welchman, Sara Hossain: Honour. Crimes, paradigms, and violence against women.

37 Dazu und zur Rolle von Ehre ausführlich auch im europäischen Recht siehe Silvia Tellenbach (Hg.): Die Rolle der Ehre im Strafrecht.

38 Irene Schneider: Kindeswohl im islamischen Recht, S. 182–187.

39 Nagla Nassar: Legal plurality. Reflection on the status of women in Egypt.

40 Irene Schneider: Registration, court system and procedure in Afghan family law, S. 209, 212–217, 224–229 etc.

41 Ebd.

262   Anmerkungen

42   Shaheen Sardar Ali: Gender and human rights in Islam and international law: equal before Allah, unequal before man?, S. 187–190.

43   Aus einer politisch-praktischen Ebene behandelt das Thema Anna Würth: Dialog mit dem Islam als Konfliktprävention? Zur Menschenrechtspolitik gegenüber islamisch geprägten Staaten.

44   Die von den Staaten ratifizierten menschenrechtlichen Verträge und ihre Vorbehalte können eingesehen werden unter: http://treaties.un.org/Pages/ViewDetails.aspx?src=TREATY&mtdsg_no=IV-8&chapter=4&lang=en.

45   Shaheen Sardar Ali: Gender and human rights, Appendix 3, S. 311–313.

46   Ebd., Appendix 4, S. 315. Hier findet sich auch die Teheran-Erklärung.

3. Sexualität und Liebe

1   Ahmad Dallal: Sexualities: scientific discourses, premodern, in: EWIC, Bd. 3, S. 401–407.

2   Im Jahr 2006 beschlossen die Azhar-Gelehrten auf einer Konferenz, dass die weibliche Genitalverstümmelung als schädlich und unislamisch zu bezeichnen sei: «Wird die Genitalverstümmlung jemals aufhören?», in: NZZ vom 24.11.2006, http://www.nzz.ch/2006/11/24/vm/articleEOTFW.html.

3   Noor Kassamali: Genital cutting, in: EWIC, Bd. 3, S. 126–132.

4   Al-Ghazālī: Von der Ehe, S. 22.

5   Al-Ghazālī: Ihyā', Bd. 2, S. 28.

6   Bukhārī, Kap. an-nikāh Kap. 112.

7   Al-Ghazālī: Von der Ehe, S. 90; Ders. Ihyā', Bd. 2, S. 51.

8   Al-Ghazālī: Von der Ehe, S. 87.

9   Thomas Bauer: Liebe und Liebesdichtung, S. 166, insgesamt S. 165–174.

10   Ibn Hazm: Halsband der Taube, S. 18.

11   Ebd., S. 84–85.

12   S. o. S. 107.

13   Fatima Mernissi: Beyond the veil, S. 30–45.

14   Lisa Wynn: Courtship, in: EWIC, Bd. 3, S. 90 f.

15   Björn Bentlage, Thomas Eich: Hymen repair on the Arabic internet. ISIM Review 19 (spring 2007), S. 20–21.

16   S. o. S. 87.

17   Ali Mahdjoubi: Homosexualität in islamischen Ländern am Beispiel Iran.

18   Michael Bochow: Sex unter Männern, S. 113.

Anmerkungen 263

19 Andreas Ismail Mohr: Das Volk Lots und die Jünglinge des Paradieses. Zur Homosexualität in der Religion des Islam.

20 Unni Wikan: Behind the veil in Arabia. Women in Oman, S. 168–186.

21 S. o. S. 111 f.

22 Verschiedene empirische Untersuchungen sind zusammengefasst in: Lahoucine Ouzgane (Hg.): Islamic masculinities.

23 Don Conway-Long: Gender, power and social change in Morocco.

24 Lahoucine Ouzgane (Hg.): Islamic masculinities.

25 Daniel Monterescu: Stranger masculinities: gender and politics in a Palestinian-Israeli «third space».

26 Ebd. S. 129, 131, 135. Damit wurde bei einem Befragten beispielsweise begründet, warum die Tochter nicht andernorts studieren könne: «Weil wir Araber sind.» Damit enthält diese Form der Männlichkeit viele typisch patriarchalische Elemente.

27 Mohammed Baobaid: Masculinity and gender violence in Yemen, S. 176.

28 Ali Schariati: Fatima ist Fatima, S. 70.

29 Joumana Haddad: Wie ich Scheherazade tötete, S. 15 f.

30 Ebd., S. 78.

4. Literarische Reflexionen

1 Die folgenden Ausführungen stützen sich auf Fadwa Malti Douglas, die in ihrem Buch «Woman's body, woman's word» eine breite Auswahl von Literatur auf die darin dargestellten Frauenrollen und Geschlechterbeziehungen analysiert hat.

2 Joumana Haddad: Wie ich Scheherazade tötete, S. 113.

3 Zu einigen Dichterinnen der klassischen Zeit siehe Wiebke Walther: Die Frau im Islam, S. 118–128.

4 Al-Qālī: Al-Amālī, Bd. 1, S. 226. Den Hinweis auf dieses Gedicht verdanke ich Mohsen Zakeri.

5 Al-Khatīb al-Baghdādī: Tārīkh Baghdād, Bd. 4, S. 15–16. Den Hinweis auf dieses Gedicht verdanke ich Mohsen Zakeri.

6 Viele der Romane sind auch in Übersetzungen ins Deutsche zu haben, s. Margot Badran, Miriam Cooke (Hg.): Rowohlt Lesebuch der «Neuen Frau». Araberinnen über sich selbst. S. a. die allgemeine historische Einleitung.

7 Ebd., S. 20.

264 *Anmerkungen*

8 Wiebke Walther: Die Situation von Frauen in islamischen Ländern, S. 678.

9 Taj al-Saltana: Crowning anguish; Irene Schneider: «Der unglücklichste König der Welt» – Person und Politik des Qādjārenherrschers Nāsir ad-Din Schah (reg. 1848–1896) im Urteil seiner Tochter Tadj as-Saltana, S. 258–261.

10 Huda Shaarawi: Harem years. The memoirs of an Egyptian feminist, S. 39 ff.

11 Ebd., S. 50–52; S. 111.

12 Fatima Mernissi: Der Harem in uns, S. 7.

13 Aus: Fada Tuqan: Difficult journey, mountainous Journey, Nablus (Palästina) 1984, zitiert in: Margot Badran, Miriam Cooke (Hg.): Rowohlt-Lesebuch der «Neuen Frau», S. 7.

14 Verena Klemm: Sahar Khalīfas Bāb as-Sāha – eine feministische Kritik der Intifada.

15 Wiebke Walther: Die Situation von Frauen in islamischen Ländern, S. 677.

16 Assia Djebar: Die Schattenkönigin, S. 7.

17 Rajaa Alsanee: Die Girls von Riad, S. 11.

18 S. Artikel in http://www.iranica.com/articles/suvashun.

19 S. Artikel in: http://www.iranica.com/articles/farrokzad-forug-zaman.

5. Frauen und Macht

1 At-Tabarī: Tafsīr, Bd. 5, S. 57; Al-Mahallī, Muhammad, As-Suyūtī, ʿAbdarrahmān: Tafsīr al-Imāmain al-Djalālain, S. 110.

2 Māwardī: Adab al-qādī, S. 625–628; Irene Schneider: The position of women in the Islamic and Afghan judiciary, S. 88–90.

3 Ibn Ruschd: Bidāyat al-mudjtahid, Bd. 1, S. 145; Irene Schneider: Gelehrte Frauen des 5./11. bis 7./13. Jh.s nach dem biographischen Werk des Dhahabī (st. 748/1347), S. 115.

4 Fatima Mernissi, marokkanische Soziologin und engagierte Feminstin, schildert in ihrem Buch «Der politische Harem», das eher literarische Fiktion als historische Rekonstruktion der frühislamischen Zeit ist, eine Anekdote zur Frage von «Frau und Herrschaft»: Sie schreibt (S. 7): «‹Kann eine Frau die Muslime anführen?›, habe ich meinen Lebensmittelhändler gefragt, der, wie die Mehrzahl der Lebensmittelhändler Marokkos, ein wahres ‹Barometer› der öffentlichen Meinung

ist. <Allah stehe mir bei>, rief er entrüstet aus, trotz der Freundschaft, die uns verbindet. Starr vor Entsetzen beim bloßen Gedanken an diese Möglichkeit ließ er fast das halbe Dutzend frischer Eier fallen, das ich bei ihm kaufen wollte ... Ein zweiter Kunde ... ergriff das Wort ...: <Niemals wird das Volk zu Wohlstand gelangen, das seine Geschäfte einer Frau anvertraut!> ... Es trat Schweigen ein. Ich hatte das Spiel verloren. In der muslimischen Theokratie ist ein Hadith keine Kleinigkeit.»

5 Ibn Khaldūn: Muqaddima, S. 160–172.

6 Eine eher literarische Würdigung der Herrscherinnen hat Fatima Mernissi in ihrem Buch «Herrscherinnen unter dem Halbmond» vorgenommen.

7 Heinz Halm: Sitt al-Mulk, in: EI[2].

8 Ludwig Ammann: Shadjar al-Durr, in: EI[2].

9 Muhammad as-Sakhāwī: Ad-Dau'al-lāmi' li-ahl al-qarn at-tāsi', Bd. 12, S. 16.

10 M. Athar Ali: Radīyat, in: EI[2]; Wiebke Walther: Die Frau im Islam, S. 110.

11 S. u. S. 217 ff.

12 Siehe dazu Suraiya Faroqhi: Geschichte des Osmanischen Reiches, S. 69–71. Diese Zeit des Einflusses der Sultansmütter wird in der älteren Forschung abwertend als «Weiberherrschaft» bezeichnet und mit dem Niedergang des Osmanischen Reiches in Verbindung gebracht. Dass diese Sichtweise einer explizit misogynen Position der Forschung entspringt, ist evident. Frauen wie Suraiya Faroqhi in «Geschichte des Osmanischen Reiches» und Leslie Peirce in ihrem Buch «The imperial harem» haben hier die Quellenbelege gesammelt und unter dem Aspekt der Geschlechterrollen in der Machtpolitik neu bewertet.

13 Carl F. Petry: Custodians of property, S. 123.

14 M. Cavid Baysun: Kösem Wālide, in: EI[2].

15 Lord Cromer: Das heutige Ägypten, Bd. 2, S. 152.

16 Siehe dazu den Abschnitt «Die Kopftuchdebatte», s. u. S. 234 ff.

17 Mary W. Montagu: Briefe aus dem Orient, S. 196.

18 Edward Lane: An account of the manners and customs of the modern Egyptians, S. 159 f.

19 Einheimische Autorinnen haben ihre Kindheit und ihr Aufwachsen in einem Harem vielfach thematisiert. Tadj as-Saltana, eine iranische Prinzessin, schildert ihr Erleben im ausgehenden 19. Jahrhundert in Teheran in eindringlicher und sehr bedrückender Weise, ebenso Fatima Merinissi, die in einem großbürgerlichen Harem im Marokko

266 Anmerkungen

der 40er Jahre des 20. Jahrhunderts aufwuchs und die ägyptische Feministin Hudā Scha'rāwi: in ihrem Buch: Harem years.

20 Zitiert in Reina Lewis: Rethinking orientalism, S. 45.

21 S. dazu Angela Schwarz: They cannot choose but to be women.

22 Leila Ahmed: Women and gender, S. 153.

23 M. Raschīd Ridā: Tafsīr al-Qur'ān, Bd. 4, S. 285.

24 Ebd., S. 288.

25 Malak Hifnī: Nisā'īyāt, S. 76.

26 Rifāʿa al-Tahtāwī: Ein Muslim entdeckt Europa, S. 268 f.

27 S. u. S. 136 f.

28 Qasim Amin: The liberation of women, S. 37.

29 Malak Hifnī: Nisā'īyāt, S. 64–65.

30 Azza Karam: Women, islamisms and the state, S. 5.

31 Ebd., S. 9–14.

32 Margot Badran: Feminists, Islam, and nation.

33 Jehan Sadat: Ich bin eine Frau aus Ägypten, S. 295.

34 Karam: Women, islamisms and the state, S. 224.

35 Parvin Paidar: Women and the political process in twentieth-century Iran; Hamide Sedghi: Feminist movements in the Pahlavi movements, in: http://www.iranica.com/articles/search/keywords:feminist%20movements; s. a. Ziba Mir-Hosseini: Feminist movements in the Islamic republic, http://www.iranica.com/articles/feminist-movements-iv.

36 Taj Al-Saltana: Crowning anguish, S. 285.

37 Siehe den Artikel «Feminist movements», in: http://www.iranica.com/articles/feminist-movements-iii.

38 Irene Schneider: Civil society and legislation: development of the human rights situation in Iran 2008, S. 395–411.

39 Ebd.; Noushin Ahmadi Khorasani: Iranian women's one million signatures.

40 Léon Buskens: Recent debates on family law reform in Morocco: Islamic law as politics in an emerging public sphere.

41 Wendy Kristiansen: Der neue dynamische Dschihad der Frauen, in: le monde diplomatique vom 8.4.2004. http://www.monde-diplomatique.de/pm/2004/04/08.mondeText.artikel,a0094.idx,13.

42 Martina Sabra: Elisabeth-Norgall-Preis für Aicha Chenna. Inkarnation der Mütterlichkeit, in: al-Qantara vom 09.03.2005: http://de.qantara.de/webcom/show_article.php/_c-469/_nr-295/i.html.

6. Bildung und Beruf

1 Adh-Dhahabī: Siyar, Bd. 18, S. 233f.

2 Irene Schneider: Gelehrte Frauen des 5./11. bis 7./13. Jh.s nach dem biographischen Werk des Dhahabī (st. 748/1347), s. S. 109, 114–121.

3 Vgl. dazu die Untersuchung von Ruth Roded: Women in Islamic biographical collections. From Ibn Saʿd to Who is Who.

4 Carl F. Petry: Class solidarity versus gender gain. Women as custodians of property in later Medieval Egypt, S. 122–142.

5 Dazu eine Analyse aus feministisch-wissenschaftlicher Sicht: Huda Lutfi: Manners and customs of fourteenth-century Cairene women. Female anarchy versus male Sharʿī order in Muslim prescriptive treatises.

6 Ebd., S. 101.

7 Irene Schneider: Gender and gender relations in petitions to Nāsir al-Dīn Shāh (r. 1848–96).

8 The Arab Human Development Report von 2055, unter: http://hdr.undp.org/en/reports/regionalreports/arabstates/RBAS_ahdr2005_EN.pdf.

9 Margot Badran: Feminists, Islam, and nation, S. 38 ff. und 142 ff.

10 Ebd.

11 Auch in der Bundesrepublik studieren heute mehr Männer als Frauen naturwissenschaftliche und technische Fächer. Während Betriebswirtschaft in der Bundesrepublik im Jahr 2008/9 von Männern und Frauen gleichermaßen geschätzt wurde, ist Maschinenbau weiterhin fest in männlicher, Germanistik in weiblicher Hand: siehe: Die zehn beliebtesten Studiengänge nach Geschlechtern, in: http://www.studieren-im-netz.org/vor-dem-studium/orientieren/beliebte-studiengaenge.

12 Larissa Schmid: Symbolische Geschlechterpolitik in Saudi-Arabien.

13 Margot Badran: Feminists, Islam, and nation S. 165.

14 Ebd., S. 171.

15 Dazu gehören folgende Staaten: Bahrain, Qatar, Kuwait, Saudi-Arabien, Oman, Vereinigte Arabische Emirate: s. a. Amnesty International Document Gulf Cooperation Council, in: http://www.amnesty.org/en/library/asset/MDE04/004/2005/en/479f6a41-d507-11dd-8a23-d58a49c0d652/mde040042005en.html, abgerufen am 15.03.2011.

16 Larissa Schmid: Symbolische Geschlechterpolitik in Saudi-Arabien. S. 97.

17 The Arab Human Development Report 2005: http://hdr.undp.org/en/reports/regionalreports/arabstates/RBAS_ahdr2005_EN.pdf.

268 Anmerkungen

18 Dubai Women Establishment: http://www.dwe.gov.ae/eng/News-Details.aspx?page=N28120927d.
19 Tabea Worthmann: Dr. Hikmat Abu Zaid – die erste ägyptische Frau im Ministeramt.
20 Margot Badran: Ägyptens Revolution als Gender-Revolution, in: http://www.labournet.de/internationales/eg/inkota_badran.pdf.
21 Lena Bopp: Die Ruhe nach dem Sturm.

7. Musliminnen in Deutschland

1 Katajun Amirpur: Die Muslimisierung der Muslime, S. 197.
2 Christian Wulff: Vielfalt schätzen – Zusammenhalt fördern, FAZ vom 4.10.2010, S. 8.
3 Die folgenden Statistiken zu Muslimen und Musliminnen in der Bundesrepublik stützen sich auf die Studie von Sonja Haug, Stephanie Müssig, Anja Stichs: Muslimisches Leben in Deutschland, S. 96. Diese Studie ist die neueste Erhebung, und sie wurde im Auftrag der Deutschen Islam Konferenz, mithin des Innenministeriums, erstellt.
4 Helma Lutz: Anstößige Kopftücher, S. 37.
5 S. u. S. 249 ff.
6 Gerdien Jonker: Religiosität und Partizipation, S. 115.
7 Nancy Venel: Französische Muslimas, S. 83; s. u. S. 250.
8 Vgl. dazu Mathias Rohe: Der Islam – Alltagskonflikte und Lösungen, S. 143–165.
9 Siehe die Diskussion bei Mathias Rohe: Der Islam – Alltagskonflikte und Lösungen, S. 146–156.
10 Während DITIB in Deutschland mit dem Religionsministerium in der Türkei verbunden ist, ist Millî Görüş eine Vereinigung, die wegen ihrer islamistischen Tendenzen umstritten ist.
11 Gerdien Jonkier: Religiosität und Partizipation der zweiten Generation – Frauen in Berliner Moscheen.
12 Ursula Boos-Nünning: Beten und lernen. Eine Untersuchung der pädogogischen Arbeit in den Wohnheimen des Verbands der Islamischen Kulturzentren (VIKZ) bestätigt, dass die Geschlechtertrennung in den Wohnheimen selbstverständlich ist. Es ist jedoch nicht sicher, ob dies auf eine konservative Vorstellung zurückzuführen ist oder auf die Vorstellung, dass monoedukative Gruppen Mädchen eher zu fördern vermögen: ebd. S. 63.

Anmerkungen 269

13 Irene Schneider, Katrin Strunk: Islamische Erziehung an deutschen Moscheen – eine Bestandsaufnahme der Forschung.

14 «Richterin bedauert Koran-Vergleich» in: fokus vom 22.3.2007, http://www.focus.de/politik/deutschland/skandal-urteil_aid_51478.html.

15 Peter Scholz: Grundfälle zum IPR: Ordre-public-Vorbehalte und islamisch geprägtes Recht – Teil 2, S. 325–326, es handelt sich um eine Zusammenfassung, kein Zitat.

16 Mathias Rohe: Der Islam – Alltagskonflikte und Lösungen, S. 112–132; Mathias Rohe: Das islamische Recht, S. 349–366.

17 Bundeskriminalamt: Presseinformation zu den Ergebnissen einer Bund-Länder-Abfrage zum Phänomenbereich «Ehrenmorde in Deutschland».

18 Werner Schiffauer: «Eine Lust am Schaudern», Interview zum Ehrenmord, vom 17.10.2005.

19 Ahmet Toprak: Das schwache Geschlecht – die türkischen Männer, S. 151–171.

20 Sigrid Nökel: «Neo-Muslimas» – Alltags- und Geschlechterpolitiken junger muslimischer Frauen zwische Religion, Tradition und Moderne.

21 Zu diesen und anderen Gruppen in der Bundesrepublik vgl. Ina Wunn: Muslimische Gruppierungen in Deutschland.

22 Ebd., S. 187.

23 Zur Zeit ruhen die Aktivitäten der Huda-Zeitschrift, siehe http://www.huda.de/zeitschrift/.

24 Lamya Kaddor: Muslimisch – weiblich – deutsch!, S. 57–58.

Literatur

Abkürzungen:

EI² The encyclopaedia of Islam: 2. Aufl., Bearman, P. u. a. (Hg.), Leiden, Brill 2006. Onlineausgabe: http://www.brillonline.nl/subscriber/uid=3262/title_home?title _id=islam_islam .

EI³ The encyclopaedia of Islam: 3. Aufl., Gudrun Krämer (Hg.), Leiden, Brill 2007. Onlineausgabe: http://www.brillonline.nl/subscriber/uid=3262/title_home?title _id=ei3_ei3 .

EIr Encyclopaedia Iranica: Ehsan Yarshater (Hg.), London, Routledge & Paul 1982-; Onlineausgabe: http://www.iranica.com .

EQ Encyclopaedia of the Qur'ān: McAuliffe, Jane Dammen (Hg.), Leiden, Brill 2001–2006.

EWIC Encyclopedia of women & Islamic cultures: Suad, Joseph (Hg.), 6 Bände, Leiden, Brill 2003–2007.

'Abd ar-Rāziq, Aḥmad: La femme au temps des Mamlouks en Égypte, Kairo, L'Institut français d'archéologie orientale du Caire, 1973.

Afsaruddin, Asma: Reconstituting women's lives: gender and the poetics of narrative in medieval biographical collections, in: Muslim World 92 (2002), S. 461–480.

Ahmed, Leila: Women and gender in Islam, New Haven, London, Yale University Press 1992.

Ali, M. Athar: Radīyat, in: EI².

Ali, Kecia: Sexual ethics and Islam: feminist reflections on Qur'an, Hadith, and jurisprudence, Oxford, 2006.

Ali, Shaheen Sardar: Gender and human rights in Islam and international law: equal before Allah, unequal before man?, Den Haag, 2000.

Amirpur, Katajun: Die Muslimisierung der Muslime, in: Sezgin, Hilal

Literatur 271

(Hg.): Deutschland erfindet sich neu. Manifest der Vielen, Berlin, 2011, S. 197–203.

Ammann, Ludwig: Šaġarat-Durr, Wālidat Ḫalīl al-Ṣāliḥiyya, also called Umm Ḫalīl, in: EI².

An-Na'im, Abdullahi (Hg.): Human rights and religious values: an uneasy relationship?, Amsterdam, 1995.

Ateş, Seyran: Große Reise ins Feuer: die Geschichte einer deutschen Türkin, Berlin, 2005.

Badran, Margot / Cooke, Miriam (Hg.): Rowohlt-Lesebuch der »Neuen Frau«: Araberinnen über sich selbst, aus dem Engl. von Miriam Mandelkow, Reinbek bei Hamburg, 1992.

Badran, Margot: Feminists, Islam, and nation: gender and the making of modern Egypt, Kairo, The American University of Cairo Press 1996.

Bälz, Kilian: The secular reconstruction of Islamic law – The Egyptian Supreme Constitutional Court and the «battle over the veil» in state-run schools, in: Dupres, Badouin / Berger, Maurits / al-Zwaini, Laila (Hg.): Legal Pluralism in the Arab World, Den Haag, 1999, S. 229–243.

Baobaid, Muhammed: Masculinity and gender violence in Yemen, in: Ouzgane, Lahoucine (Hg.): Islamic masculinities, London, 2006, S. 161–183.

Bauer, Thomas: Liebe und Liebesdichtung in der arabischen Welt des 9. und 10. Jahrhunderts: eine literatur- und mentalitätsgeschichtliche Studie des arabischen Ġazal, Wiesbaden, 1998.

Belarbi, Aicha: Die organisierte Frauenbewegung in Marokko. Entstehung, Entwicklung und Perspektiven, in: Schöning-Kalender, Claudia u. a. (Hg.): Feminismus, Islam, Nation. Frauenbewegung im Maghreb, in Zentralasien und in der Türkei, Frankfurt am Main / New York, 1997, S. 125–136.

Bentlage, Björn / Eich, Thomas: Hymen repair on the Arabic internet. ISIM Review 19 (spring 2007), S. 20–21.

Bochow, Michael: Sex unter Männern oder schwuler Sex – Zur sozialen Konstruktion von Männlichkeit unter türkisch-, kurdisch- und arabischstämmigen Migranten in Deutschland, in: Bochow, Michael / Marbach, Rainer (Hg.): Islam und Homosexualität – Koran. Islamische Länder. Situation in Deutschland, Hamburg, 2004, S. 99–115.

Bopp, Lena: Die Ruhe nach dem Sturm, in: Frankfurter Allgemeine Zeitung vom 29. März 2011, S. 31.

Büchler, Andrea: Das islamische Familienrecht: eine Annäherung; unter besonderer Berücksichtigung des Verhältnisses des klassischen islamischen Rechts zum geltenden ägyptischen Familienrecht, Bern, 2003.

272 Literatur

Buḫārī, Abū ʿAbdallāh Muḥammad al-: Ṣaḥīḥ, Reprint der Ausgabe
Istānbūl 1896 in 8 Bänden, Beirut, 1981.

–: Ṣaḥīḥ al-Buḫārī. Nachrichten von Taten und Aussprüchen des Propheten
Muhammad. Ausgew., übers. von Dieter Ferchl, Stuttgart, 1991.

Bukhari: s. Buḫārī

Buskens, Léon: Recent debates on family law reform in Morocco: Islamic
law as politics in an emerging public sphere, in: Islamic Law and Society,
10, Nr. 1 (2003), S. 70–131.

Casimir, Michael J. / Jung, Susanne: Honor and dishonor: connotations of
a socio-symbolic category in cross-cultural perspective, in: Röttger-
Rössler, Birgitt / Markowitsch, Hans (Hg.): Emotions as bio-cultural
processes, New York, 2009, S. 229–280.

Conway-Long, Don: Gender, power and social change in Morocco, in: Ouzgane, Lahoucine (Hg.): Islamic masculinities, London, 2006, S. 145–160.

Ḏahabī, Muḥammad b. Aḥmad aḏ-; -siyar a ʿlām an-nubalāʾ, hg. v. S. ʿAraʾūṭ
u. a., 24 Bde., Beirut 1983–1988.

Dallal, Ahmad: Sexualities: scientific discourses, premodern, in: Joseph,
Suad: EWIC, Bd. 3, S. 401–407.

Dhahabī, adh- s. Ḏahabī, aḏ-

Cromer, Evelyn Baring: Das heutige Aegypten, autorisierte Übersetzung
von D. M. Plüddemann, Berlin, 1908.

Ebert, Hans-Georg: Das neue Personalstatut Marokkos: Normen, Methoden, Problemfelder, in: Orient. Deutsche Zeitschrift für Politik und
Wirtschaft des Orients, Baden-Baden, 46 (2005), S. 609–631.

Ebert, Hans-Georg: Das Personalstatut arabischer Länder: Problemfelder,
Methoden, Perspektiven. Ein Beitrag zum Diskurs über Theorie und
Praxis des islamischen Rechts, Frankfurt, 1996.

Eich, Thomas: Islam und Bioethik: eine kritische Analyse der modernen
Diskussion im islamischen Recht, Wiesbaden, 2005.

Faroqhi, Suraiya: Geschichte des Osmanischen Reiches, 4. Aufl. München,
2006.

Finkelstein, Kerstin E.: Wir haben Erfolg: 30 muslimische Frauen in
Deutschland, Köln, 2008.

Ġazālī, Abū Ḥāmid al-:Iḥyāʾ ʿulūm ad-dīn, 4 Bände, Kairo (um 1960).

–: Von der Ehe. Das 12. Buch von al-Ġazālī's «Neubelebung der Religionswissenschaften», übers. und erl. von Hans Bauer, Halle, 1917.

Haddad, Joumana: Wie ich Scheherazade tötete – Bekenntnisse einer zornigen arabischen Frau, Berlin / Tübingen, 2010.

Ḫaṭīb al-Baġdādī, Aḥmad ibn ʿAlī al-: Tārīḫ Baġdād au madīnat al-salām,
14 Bände, Kairo, 1931–1986.

Literatur 273

Haug, Sonja / Müssig, Stephanie / Stichs, Anja: Muslimisches Leben in Deutschland (Forschungsbericht im Auftrag der Deutschen Islam Konferenz), 1. Aufl., Nürnberg, Bundesamt für Migration und Flüchtlinge 2009.

Heller, Erdmute / Mosbahi, Hassouna: Hinter den Schleiern des Islam: Erotik und Sexualität in der arabischen Kultur, 2., durchges. Aufl., München, 1994.

Hoffmann, Valerie J.: An Islamic activist: Zaynab al-Ghazali, in: Fernea, Elizabeth W. (Hg.): Women and the family in the Middle East, Austin, University of Texas, 1994, S. 233–254.

Ibn Ḥaldūn s. Ibn Khaldūn

Ibn-Ḥazm, Abū-Muḥammad ʿAlī: Halsband der Taube: über die Liebe und die Liebenden, aus d. Arab. übers. von Max Weisweiler, Leiden, 1941.

Ibn Ishāq: Das Leben des Propheten. Aus dem Arab. übertragen und bearb. von Gernot Rotter, Tübingen, 1976.

Ibn Khaldūn: An introduction to history. The Muqaddimah, übers. von Franz Rosenthal, abridged by N. J. Dawood, London, 1978.

Ibn Rušd, Abū l-Walīd Muḥammad: Bidāyat al-muǧtahid wa-nihāyat al-muqtaṣid, 6. Aufl., Beirut, 1983.

Jonker, Gerdien: Religiosität und Partizipation der zweiten Generation – Frauen in Berliner Moscheen, in: Klein-Hessling, Ruth / Nökel, Sigrid / Werner, Karin: Der neue Islam der Frauen. Weibliche Lebenspraxis in der globalisierten Moderne. Fallstudien aus Afrika, Asien und Europa, Bielefeld, 1999, S. 106–123.

Kaddor, Lamya: Muslimisch – weiblich – deutsch! Mein Weg zu einem zeitgemäßen Islam, München, 2010.

Karam, Azza M.: Women, islamisms and the state: contemporary feminisms in Egypt, London, New York, 1998.

Khatīb, al- s. Ḫaṭīb

Khorasani, Noushin Ahmadi: Iranian women's one million signatures campaign for equality: the inside story, o. O., Women's Learning Partnership 2010.

Klemm, Verena: Saḥar Ḥalīfas Bāb as-Sāḥa: Eine feministische Kritik der Intifada, in: Die Welt des Islams 33 (1993), S. 1–22.

Koran, der, erschlossen und kommentiert von Khoury, Adel Theodor, Düsseldorf, 2006.

Koran, der, übersetzt von Paret, Rudi, 11. Auflage, Stuttgart, 2010.

Lane, Edward William: An account of the manners and customs of the modern Egyptians. Written in Egypt during the years 1833–1835, London, New York 1890.

274 Literatur

Lewis, Reina: Rethinking orientalism: women, travel and the Ottoman harem, London, 2004.

Lutfi, Huda: Manners and customs of fourteenth-century Cairene women. Female anarchy versus male Sharīʿa order in Muslim prescriptive treatises, in: Keddie, Nikki R./Baron, Beth (Hg.): Women in Middle Eastern history – shifting boundaries in sex and gender, New Haven, CT, Yale University Press 1992, S. 99–121.

Lutz, Helma: Kopftuch-Debatten in den Niederlanden, in: Klein-Hessling, Ruth / Nökel, Sigrid / Werner, Karin: Der neue Islam der Frauen. Weibliche Lebenspraxis in der globalisierten Moderne. Fallstudien aus Afrika, Asien und Europa, Bielefeld, 1999, S. 35–61.

Maḥallī, Muḥammad al- / As-Suyūṭī, ʿAbdarraḥmān: Tafsīr al-Imāmain al-Ǧalālain, Beirut, o. J.

Mahdjoubi, Ali: Homosexualität in islamischen Ländern am Beispiel Iran, in: Bochow, Michael / Marbach, Rainer (Hg.): Islam und Homosexualität – Koran. Islamische Länder. Situation in Deutschland, Hamburg, 2004, S. 85–98.

Malti-Douglas, Fedwa: Woman's body, woman's word: gender and discourse in Arabo-Islamic writing, Princeton NJ, Princeton University Press 1991.

Māwardī, ʿAlī Ibn-Muḥammad: al-Adab al-qāḍī, 2 Bde., hg. von: Muḥyī Hilāl as-Sarḥān, Baġdād, 1971.

Mernissi, Fatima: Beyond the veil: male-female dynamics in modern Muslim society, Bloomington, Indiana University Press 1987.

–: Der Harem in uns: Die Furcht vor dem anderen und die Sehnsucht der Frauen, Freiburg i.Br., 2005.

–: Herrscherinnen unter dem Halbmond: Die verdrängte Macht der Frauen im Islam, Freiburg i.Br., 2004.

Montagu, Mary Wortley: Briefe aus dem Orient, bearb. von Irma Bühler nach der Ausg. von 1784 in der Übers. von Prof. Eckert, Frankfurt a. M., 1991.

Monterescu, Daniel: Stranger masculinities: gender and politics in a Palestinian-Israeli «third space», in: Ouzgane, Lahoucine (Hg.): Islamic masculinities, London, 2006, S. 123–142.

Musallam, Basim F.: Sex and society in Islam: birth control before the nineteenth century, Cambridge, Cambridge University Press 1983.

Nāṣif, Malak Ḥifnī Bāḥiṭat al-Bādiya: an-nisāʾīyāt, Teil 1 und 2, Kairo 1998.

Nassar, Nagla: Legal plurality: reflection on the status of women in Egypt, in: Dupret, Bauduoin / Berger, Maurits / Al-Zwaini, Laila (Hg.): Legal pluralism in the Arab world, Den Haag, 1999, S. 191–204.

Literatur 275

Nelle, Dietrich: Marokko, in: Bergmann, Alexander/Ferid, Murad/Henrich, Dieter (Hg.): Internationales Ehe- und Kindschaftsrecht, Frankfurt a. M., 186. Lieferung, 2010.

Neuwirth, Angelika: Myths and legends in the Qur'ān, in: EI³.

Nökel, Sigrid: «Neo-Muslimas» – Alltags- und Geschlechterpolitiken junger muslimischer Frauen zwische Religion, Tradition und Moderne, in: Wensierski, Hans-Jürgen von / Lübcke, Claudia (Hg.): Junge Muslime in Deutschland. Lebenslagen, Aufwachsprozesse und Jugendkulturen, Leverkusen Opladen / Farmington Hills 2007, S. 135–154.

–: Die Töchter der Gastarbeiter und der Islam: zur Soziologie alltagsweltlicher Anerkennungspolitiken – eine Fallstudie, Bielefeld, 2002.

Noor Kassamali: Genital cutting, in: EWIC, Bd. 3, S. 126–132.

Ouzgane, Lahoucine (Hg.): Islamic masculinities, London, 2006.

Paidar, Parvin: Women and the political process in twentieth-century Iran, Cambridge, Cambridge University Press 1997.

Peirce, Leslie P: Seniority, sexuality, and social order: the vocabulary of gender in early modern Ottoman society, in: Zilfi, Madeine C. (Hg.): Women in the Ottoman Empire – Middle Eastern women in the early modern era, Leiden, 1997, S. 169–196.

–: The imperial harem: women and sovereignty in the Ottoman Empire, New York, Oxford University Press 1993.

Peters, Rudolph: Crime and punishment in Islamic law: theory and practice from the sixteenth to the twenty-first century 2, Cambridge, Cambridge University Press 2005.

Petry, Carl F.: Class solidarity versus gender gain: women as custodians of property in later medieval Egypt, in: Keddie, Nikki R. / Baron, Beth (Hg.): Women in Middle Eastern history – shifting boundaries in sex and gender, New Haven, Yale University Press 1992, S. 122–142.

Qālī, Abū 'Alī Ismā 'īl Ibn-al-Qāsim al-: Kitāb al-Amālī, 4 Bde, Beirut 1926.

Rahnema, Touradj: Frauen in Persien, Erzählungen, München, 1994.

Riḍā, Muḥammad Rašīd: Tafsīr al-qur'ān al-ḥakīm, 12 Bde, Beirut, 1999.

Roded, Ruth: Islamic biographical dictionaries – 9th to 10th century, in: EWIC, Bd. 1, S. 29–31.

–: Women in Islamic biographical collections: from Ibn Sa'd to Who is who, Boulder, 1994.

–: Umm Salama Hind bt. Abī Umayya, in: EI².

Rohe, Mathias: Der Islam – Alltagskonflikte und Lösungen: rechtliche Perspektiven, 2. Aufl., Freiburg i.Br., 2001.

Rohe, Mathias: Das islamische Recht. Geschichte und Gegenwart, München, 2009.

276 Literatur

Sadat, Jehan: Ich bin eine Frau aus Ägypten, 15. Aufl., München, 1987.

Saḥāwī, Muḥammad Ibn ʿAbd-ar-Raḥmān as-: Aḍ-ḍau' al-lāmiʿ fī ahl al-qarn at-tāsiʿ, Bd. 12, Kairo, 1936.

Schariati, Ali: Fatima ist Fatima, Bonn, Botschaft der Islamischen Republik Iran, Presse- und Kulturabteilung 1981.

Schmid, Larissa: Symbolische Geschlechterpolitik in Saudi-Arabien, in: Freitag, Ulrike (Hg.): Saudi-Arabien – ein Königreich im Wandel?, Paderborn, 2010, S. 89–105.

Schneider, Irene: Civil society and legislation: development of the human rights situation in Iran 2008, in: Elliesie, Hatem (Hg.): Beiträge zum Islamischen Recht 7, Islam und Menschenrechte, Frankfurt a. M., 2010, S. 387–414.

–: Der unglücklichste König der Welt – Person und Politik des Qād-schärenherrschers Nāṣir ad-Dīn Šāh (reg. 1848–1896) im Urteil seiner Tochter Tadsch as-Salṭana, in: Saeculum 48 (1997), S. 254–274.

–: Gelehrte Frauen des 5./11. bis 7./13 Jh. nach dem biographischen Werk des Dhahabi (st. 748/1347), in: Vermeulen, Urbain / Smet, Daniel de (Hg.): Philosophy and arts in the Islamic world, proceedings of the eighteenth congress of the Union Européenne des Arabistants et Islamisants held at the Katholieke Universiteit Leuven September 3– September 9, 1996, Leuven, 1998, S. 107–121.

–: Gender and gender relations in petitions to Nāṣir al-Dīn Šāh (reg. 1848–1896), in: Marzolph, Ulrich (Hg.): Festschrift Werner Diem, Köln (erscheint 2011).

–: Islamisches Recht zwischen göttlicher Satzung und temporaler Ordnung? Überlegungen zum Grenzbereich zwischen Recht und Religion, in: Langenfeld, Christine / Schneider, Irene (Hg.): Recht und Religion in Europa – zeitgenössische Konflikte und historische Perspektiven, Göttingen, 2008, S 138–191.

–: Kindeswohl im islamischen Recht, in: Recht der Jugend und des Bildungswesens 54 (2006), S. 181–196.

–: Registration, court system and procedure in Afghan family law, in: Yearbook of Islamic and Middle Eastern Law 12 (2005/6), S. 209–234.

–: The petitioning system in Iran: state, society and power relations in the late 19th century, Wiesbaden 2006.

–: The Position of women in the Islamic and Afghan judiciary, in: Yassari, Nadjma (Hg.): The Sharīʿa in the constitutions of Afghanistan, Iran and Egypt: implications for private law, Tübingen, 2005, S. 83–101.

Peter Scholz: Grundfälle zum IPR: Ordre-public-Vorbehalte und islamisch geprägtes Recht – Teil 1 (Allgemeiner Teil) in Zeitschrift für das Juris-

Literatur 277

tische Studium, 2 (2010), S. 185–197 und Teil 2 (Besonderer Teil) in Zeitschrift für das Juristische Studium, 3 (2010), S. 325–339.

Schwarz, Angela: They cannot choose but to be women: stereotypes for femininity and ideals of womanliness in late Victorian and Edwardian Britain, in: Jordan, U. / Kaiser, W. (Hg.): Political reform in Britain, 1886–1996, Bochum, 1997, S. 131–150.

Sezgin, Hilal (Hg.): Deutschland erfindet sich neu. Manifest der Vielen, Berlin, 2011.

Shaarawi, Huda: Harem years: the memoirs of an Egyptian feminist (1879 – 1924), hg. von Margot Badran, New York, 2001.

Smith, Jane I. / Haddad, Yvonne Y.: Women in the afterlife: the Islamic view as seen from Qur'ān and tradition, in: Journal of the American Academy of Religion 43 (1975), S. 39–50.

Smith, Margaret: Rābi'a the mystic and her fellow-saints in Islam, Cambridge, Cambridge University Press 1928.

Stowasser, Barbara: Women in the Qur'an, traditions, and interpretation, New York, Oxford University Press 1994.

Ṭabarī, Abū Ǧa'far M. aṭ-: Ǧāmi' al-bayān 'an ta'wīl āy al-Qur'ān, 15 Bde, Beirut, 1984.

Tādj as-Salṭana s. Taj Al-Salṭana

Ṭahṭāwī, Rifā'a aṭ-: Ein Muslim entdeckt Europa: Bericht über seinen Aufenthalt in Paris 1826–1831, hg., aus d. Arab. übersetzt und kommentiert von Karl Stowasser, München, 1989.

Taj Al-Salṭana: Crowning anguish – memoirs of a Persian princess from the harem to modernity 1884–1914, hg. von Abbas Amanat, Waldorf 1996.

Talhami, Ghada Hashem: Women, education and development in the Arab Gulf countries, Occasional papers of the United Arab Emirates, Abu Dhabi, The Emirates Centre for Strategic Studies and Research 2004.

Taufiq, Suleman (Hg.): Frauen in der arabischen Welt: Erzählungen, München, 2004.

Tellenbach, Silivia (Hg.): Die Rolle der Ehre im Strafrecht, Schriftenreihe des Max-Planck-Instituts für Ausländisches und Internationales Strafrecht, Strafrechtliche Forschungsberichte 111, Berlin, 2007.

Toprak, Ahmet: Das schwache Geschlecht – die türkischen Männer: Zwangsheirat, häusliche Gewalt, Doppelmoral der Ehre, Freiburg i. Br., 2007.

Vasmaqī, Ṣadīqa: Zan, fiqh, Islam, Teheran, 2008.

Veccia Vaglieri, Laura: Fāṭima, in: EI².

Venel, Nancy: Französische Muslimas – Glaubensbiographien von Studen-

278   Literatur

tinnen mit Kopftuch, in: Klein-Hessling, Ruth / Nökel, Sigrid / Werner, Karin: Der neue Islam der Frauen. Weibliche Lebenspraxis in der globalisierten Moderne. Fallstudien aus Afrika, Asien und Europa, Bielefeld, 1999, S. 81–105.

Wadud, Amina: Qur'an and woman: rereading the sacred text from a woman's perspective, New York, Oxford University Press 1999.

Walther, Wiebke: Die Frau im Islam, 3. überarb. Aufl., Leipzig, 1997.

–: Die Situation von Frauen in islamischen Ländern, in: Steinbach, Udo/ Ende, Werner (Hg.): Der Islam in der Gegenwart, 5. Aufl., München 2005, S. 635–680.

Watt, W. Montgomery: Muhammad at Medina, Karachi, Oxford University Press 2000.

Welchman, Lynn / Hossain, Sara: Honour crimes, paradigms, and violence against women, London, New York, 2005.

Wikan, Unni: Behind the veil in Arabia – women in Oman, Chicago, London, The University of Chicago Press 1982.

Worthmann, Tabea: Dr. Hikmat Abu Zaid – die erste ägyptische Frau im Ministeramt. Unveröff. BA-Arbeit, Göttingen.

Wunn, Ina: Muslimische Gruppierungen in Deutschland: ein Handbuch, in Zusammenarbeit mit Hamideh Mohaghegh, Stuttgart, 2007.

Würth, Anna: Dialog mit dem Islam als Konfliktprävention? Zur Menschenrechtspolitik gegenüber islamisch geprägten Staaten, Berlin, Deutsches Institut für Menschenrechte 2003.

Wynn, Lisa: Courtship, in: EWIC, Bd. 3, S. 90 f.

Zentrum für Islamische Frauenforschung und Frauenförderung (Hg.): Ein einziges Wort und seine große Wirkung: eine hermeneutische Betrachtungsweise zu Qur'an Sūra 4, Vers 34, mit Blick auf das Geschlechterverhältnis im Islam, Köln, ZIF – Zentrum für Islamische Frauenforschung und Frauenförderung 2005.

Wulff, Christian: Vielfalt schätzen – Zusammenhalt fördern, FAZ vom 4.10.2010, S. 8.

Literatur im Internet:

Amnesty International: Document Gulf Cooperation Council 2005, in: http://www.amnesty.org/en/library/asset/MDE04/004/2005/en/47 9f6a41-d507-11dd-8a23-d58a49c0d.652/mde040042005en.html (abgerufen am 15.03.2011).

Literatur 279

Ateş, Seyran: http://de.wikipedia.org/wiki/Seyran_Ate%C5%9F (abgerufen am 08.03.2011).

Badran, Margot: Ägyptens Revolution als Gender-Revolution, in: http://www.labournet.de/internationales/eg/inkota_badran.pdf (abgerufen am 15.03.2011).

Boos-Nünning, Ursula (2007): Beten und lernen. Abrufbar auf der Seite des VIKZ, s. http://www.vikz.de/index.php/publikationen.html (abgerufen am 15.03.2011).

Breuer, Thomas (22.05.2003): «Das ist wieder einmal eine List von euch Weibern... » – Josef und die Frau des Potifar in jüdisch-christlicher und islamischer Tradition, s. http://www.theophil-online.de/vielf%E4lt/mff%E4ltig2.htm (abgerufen am 31.04.2011).

Bundeskriminalamt: Pressemitteilung zur Ehre: http://www.bka.de/pressemitteilungen/2006/060519_pi_ehrenmorde.pdf (abgerufen am 07.03.2011).

Die zehn beliebtesten Studiengänge nach Geschlechtern in Deutschland: http://www.studieren-im-netz.org/vor-dem-studium/orientieren/beliebte-studiengaenge (abgerufen am 15.03.2011).

Dubai Women Establishment: «Arab women leadership outlook report»: http://www.dwe.gov.ae/eng/NewsDetails.aspx?page=N28120927d (abgerufen am 14.03.2011).

Hanno, Nahla: Arab women writers: http://www.arabwomenwriters.com (abgerufen am 14.03.2011).

Huda, Netzwerk für muslimische Frauen e. V.: http://www.huda.de (abgerufen am 08.03.2011).

Internetseite mit Kurzporträts herausragender Akteurinnen und Akteure der marokkanischen Zivilgesellschaft: http://www.telquel-online.com/138/couverture3_138_1.shtml (abgerufen am 14.03.2011).

Kristiansen, Wendy: Der neue dynamische Dschihad der Frauen, in: le monde diplomatique vom 8.4. 2004: http://www.monde-diplomatique.de/pm/2004/04/08.mondeText.artikel,a0094.idx,13 (abgerufen am 15.03.2011).

Mir-Hosseini, Ziba: Feminist movements in the Islamic Republic, in: http://www.iranica.com/articles/feminist-movements-iv (abgerufen am 15.03.2011).

Richterin bedauert Koranvergleich, in: Focus vom 22.03.200: http://www.focus.de/politik/deutschland/skandal-urteil_aid_51478.html (abgerufen am 29.03.2011).

Sabra, Martina: Elisabeth-Norgall-Preis für Aicha Chenna. Inkarnation der

Mütterlichkeit, in: Qantara, 09.03.2005: http://de.qantara.de/webcom/ show_article.php/_c-469/_nr-295/i.html (abgerufen am 15.03.2011).

Schiffauer, Werner: Interview in der tageszeitung zum Thema <Ehrenmord>: «Eine Lust am Schaudern»: http://www.taz.de/1/archiv/archiv/?dig=2005/10/17/a0186 (abgerufen am 07.03.2011).

Sedghi, Hamide: Feminist movements in the Pahlavi movements, in: http://www.iranica.com/articles/search/keywords:feminist%20movements (abgerufen am 15.03.2011).

The Arab human development report 2005: http://hdr.undp.org/en/ reports/regionalreports/arabstates/RBAS_ahdr2005_EN.pdf (abgerufen am 15.03.2011).

Vorbehalte einzelner Staaten gegen Menschenrechtsabkommen: http:// treaties.un.org/Pages/ViewDetails.aspx?src=TREATY&mtdsg_no=IV -8&chapter=4&lang=en (abgerufen am 15.03.2011).

Yassine, Nadia: www.nadiayassine.net (abgerufen am 14.03.2011).

Yassine, Nadia: Interview mit Alfred Hackensberger: «Die Rolle der Frau muss sich ändern», vom 17.05.2006: http://www.heise.de/tp/r4/arti kel/22/22587/1.html (abgerufen am 15.03.2011).

Glossar

abū: Vater
adab: gutes Benehmen, modern: Literatur
'adam al-infāq: fehlende Unterhaltsleistung
'aib: Makel
amrad: junger bartloser Mann
anṣār: Helfer, medinensische Muslime
asbāb an-nuzūl: Anlässe der Offenbarung
āya, pl. *āyāt:* Vers
čādor: Tschador, Ganzkörperschleier
ḍaraba: wörtl. «er hat geschlagen»
ḍarar: Nachteil
dustūr: Verfassung
fiqh: Rechtswissenschaft
fitna: Aufruhr, Chaos, Bürgerkrieg
fiṭra: grundlegende Eigenschaften
ǧāhilīya: vorislamische Zeit der Unwissenheit
ǧasad: Körper
ḥiǧāb: Vorhang, Schleier, Kopftuch
hiǧra: Auswanderung Muhammads von Mekka nach Medina i. J. 622
ḥabs: Gefängnisstrafe
ḥadd, pl. *ḥudūd:* wörtl. «Grenze», im Koran festgelegte Strafe
ḥadīṯ, pl. *aḥādīṯ:* Tradition, Überlieferung (von Taten und Aussprüchen des Propheten)
ḥadīṯ al-ifk: Lügengeschichte
ḥaḍāna: Personensorge
ḥalāl: für die Ehe erlaubt, allg. erlaubt
ḥarām: verboten, heilig, tabu
ḥūr: Paradiesjungfrauen
ḫalīfa: Kalif, Herrscher, wörtl. Stellvertreter
ḫalīfat Allāh: Stellvertreter Gottes
ḫāṭirāt: pers. Erinnerungen
ḫitān: Beschneidung

282 Glossar

hitba: Verlobung
hul': Loskauf der Frau
'idda: Wartezeit
iğāza: Diplom
iğtihād: eigenständige Textinterpretation
imām: Vorbeter, auch Leiter der Gemeinde
inkāh, tazwīğ: Eheschließung
isnād: Überlieferungskette
kaid: List
kalām: Theologie
kutub ar-riğāl: Männerbücher, biographische Lexika
Allāh: der Gott
liwāt: Homosexualität
madrasa, pl. *madāris:* Hochschule, Medrese
mafqūd: Verschollener
mahr: Brautgeld
mahram: für die Ehe verboten
mubāra'a: Scheidung bei gegenseitiger Übereinkunft
muhannat, pl. *muhannātūn:* wörtl. «zweigeschlechtlich», effeminiert
mut'a: Zeitehe
nafaqa: Unterhalt
nasīb: Anfangsteil der Dichtung
nāmūs: pers. Ehre
nāšiza: Ungehorsame
niqāb: Gesichtsschleier
nisā'īyāt: Frauenfragen
nušūz: widerspenstig, Aufsässigkeit
qadf: falsche Beschuldigung
qasīda: frühe arabische Dichtung
qawwāmūna 'alā: Stehende über
qānitāt: gehorsame Frauen
qisās: Widervergeltung
rāqid: schlafend
ruğūla: Männlichkeit
siyāsa: Lenkung des Gemeinwesens zum Wohle der Gesellschaft durch den
    Herrscher, modern: Politik
sunna: Brauch, üblich
sunnat an-nabī: Brauch des Propheten, seine zu gesetzlich verbindlichen
    Präzedenzfällen erhobenen Aussagen und Handlungen
šaiha: Professorin

Glossar 283

šaraf: Ehre
šarīf, pl. *šurafā':* Scherifen, prophetische Abkömmlinge
tafrīq: Scheidung durch richterlichen Beschluss
tafrīq qaḍā'ī: gerichtliche Scheidung
tafsīr: Koraninterpretation
taḥayyur: Auswahl
tašbīb: Abhandlung über die Geliebte
taṭlīq bi-ḥukm al-qaḍā': gerichtliche Scheidung
tauḥīd: Einheit
tazwīğ: Eheschließung
ta'addud az-zauğāt: Polygynie
ṭahāra: Reinheit
ṭalāq: Verstoßung
ṭalāq amām al-qaḍā': gerichtliche Scheidung
'ūd: Laute
umm: Mutter
'unna: Impotenz
walī: gesetzlicher Vertreter, Vormund
waqf, pl. *auqāf:* Stiftung
wa-ḍribū hunna: schlagt sie!
wa-hğurū hunna: meidet sie!
wāğib: notwendig
wālidat as-sulṭān: Mutter des Sultans
wilāya: Vormundschaft, Herrschergewalt
az-Zahrā: die Scheinende
zan, pl. *zanān:* pers. Frauen
zauğ: Paar
zinā': unerlaubter Sexualverkehr

Personenregister

'Ā'ischa (Ehefrau Muhammads)
21 f., 27 f., 30–32, 36, 39, 41, 43, 46,
201, 216
'Ā'ischa bt. Hasan 149, 204 f.
'Abdallāh (Vater Muhammads)
15–17
'Abdarrahmān, 'Ā'ischa
(= Bint asch-Schāti') 60
'Abdūh, Muhammad 60, 162, 165
Abraham 48
Abū Bakr 28, 30, 124, 149
Abū Bakr ar-Rāzī 112
Abū Hanīfa 148
Abū l-Ghanā'im 204
Abū Sa'īd al-Khudrī 49, 51
Abū Schaiba as-Sūfī 133
Abū Tālib 16, 19
Abū Zaid, Djihān 186
Abū Zaid, Hikmat 225
Abū Zaid, Nasr Hāmid 66
Adam 48, 53 f., 62, 111
Afkhamī, Mahnāz 191, 226
Aflātūn, Indjī 179
Afsaruddin, Asma 259
Ahmadīnejād, Mahmūd 193, 226
Ahmed I. (Herrscher) 155
Ahmed, Leila 43, 165
Aibak (Herrscher) 151
Akgün, Lale 256
'Alī b. Abī Tālib (Schwiegersohn
Muhammads) 19, 131

Ali, Kecia 65
Ali, Shaheen Sardar 97, 99
Āliyā, Fātima 195
Alkan, Nafia 256
Alsanee, Rajaa 142
Alāsvand, Farībā 196
Amīn, Qāsim 115, 162, 165 f., 168,
170, 176
Āmina (Mutter Muhammads) 15 f.
Amirpur, Katajun 229
al-'Anbarīya, Safīya 28
Āsiya (Mutter Moses') 55 f.
Astarābādī, Bībī Khānūm 214
Ateş, Seyran 247
al-'Azīz (König) 150
al-Azmeh, Aziz 229
Azmudeh, Tuba 214

al-Bādiya, Bāhithat 134, 166
Badran, Margot 226
Ba'lbakī, Lailā 136
Baring, Evelyn (= Lord Cromer)
157, 163 f., 170, 216
Barmaki, Hamideh 96
Beauvoir, Simone de 136
Ben Jelloun, Tahar 142
Bhutto, Benazir 226
Bouhdiba, Abdelwahhab 52
Bourguiba, Habib 74
Boutaleb, Abdelhadi 198
al-Bukhārī 18

Personenregister 285

Cezairli, Ezhar 257
Chenna, Aicha 199 f.
Choho, Esmé 234 f.
Chomeini, Ruhollah (Ayatollah) 215
Çiller, Tansu 226

Dānischwar, Sīmīn 143
Darwin, Charles 163
Daulatschāhī, Mehrangīz 190
adh-Dhahabī 201 f., 204 f.
al-Djāhiz 106, 129 f.
Djebar, Assia 141 f.
Djibrān, Khalīl 134
Djāmī (Mystiker) 55

Ebadi, Schirin 195 f.
Ellison, Grace 161
El-Nimr, Raga' 67 f.
Eskandarī, Mohtaram 189
Eva 53 f., 62

Fadlūn (Prophetengenosse) 131
Fahmī, Kamāl 118
Fairūz (= Nuhād Haddād) 146
Farrokhzād, Forūgh 144
Farsaie, Fahimeh 144
Fatima (Tochter Muhammads) 19, 27, 30, 32, 55, 123 f.
Fatima bt. al-Baghdādī 149
Fatima bt. Muhammad al-Fihrī 217
Fazlur Rahmān 61
Finkelstein, Kerstin 256
Fīrūz (Herrscher) 152
Fīrūz, Safiya 190

Gérôme, Jean-Léon 160
al-Ghazālī 107–111, 113, 115 f., 164
al-Ghazālī, Zainab 183–187, 194

Haddad, Joumana 124–128
Hafsa (Ehefrau Muhammads) 28
al-Hākim (König) 150
Hamad, Myriam 257
Hasan (Enkel Muhammads) 19, 30
al-Hasan al-Basrī 56 f., 110
Hassan, 'Azza 257
al-Hāschimī, Rīm 226
Hifnī Nāsif, Malak 162, 166
Hippokrates 103
Hurrem (Sultanin) 154
Husain (Enkel Muhammads) 19, 30
Husain, Tāhā 221

Ibn al-Batanūnī 131
Ibn al-Djauzī 129, 131
Ibn al-Hādjdj 164, 207–209
Ibn ar-Rūmī 132
Ibn Bābūya 18
Ibn Djarīr 148
Ibn Hazm 113 f.
Ibn Hischām 18
Ibn Ishāq 15, 18, 20, 24, 104
Ibn Kamāl Bāschā 131
Ibn Khaldūn 149
Ibn Mandah 204 f.
Ibn Qutaiba 129
Ibn Ruschd 149
Ibn Sa'd 24
Ibn Sīnā 104, 112
Ibrāhīm I. (Sultan) 155
Iltutmisch (Sultan) 152
Ingres, Jean-Auguste-Dominique 160
Ismā'īl (Khedive) 215

Jakob 48
Josef (Sohn Jakobs) 54 f., 127
Justinian (Kaiser) 44

286 Personenregister

Kaddor, Lamya 254–256
Kār, Mehrangīz 192
Karam, Azza 171 f.
Karīma bt. Ahmad al-Marwazīya,
 Umm al-Kirām 202–204
Khadīdja (Ehefrau Muham-
 mads) 19–21, 25, 27 f., 30, 43, 46
Khalīfa, Sahar 140 f.
Khamlichi, Ahmed 198
Khanim, Tscheschme 215
al-Khatīb al-Baghdādī 202
Khoury, Adel Theodor 58 f.
al-Khūlī, Amīn 60
Kösem Māhpeykār 155
Ku'aiba bt. Sa'd 27

Lāhīdjī, Schahlā 192
Lammens, Henri 260
Lane, Edward William 159
Le Brun Rushdi, Eugenie 134
Lot 51
Ludin, Fereshta 239
Ludwig IX. (franz. König) 151

al-Mahallī, Djalāl ad-Dīn 59, 147
Mahdjoubi, Ali 119 f.
Al-Malik as-Sālih (Herrscher) 151
al-Māwardī, Abū l-Hasan 'Alī
 147–149
Maria (Konkubine Muham-
 mads) 28
Maria (Mutter Jesu, arab. Maryam)
 53, 55, 57
al-Marrī, Munā 224
Massignon, Louis 260
M'Daghri, Alaoui 198
Mehmet IV. (Sultan) 156
Mernissi, Fatima 27, 108, 115 f., 138,
 140
Montagu, Edward Wortley 158

Montagu, Lady Mary 158 f.
Moses 48, 56
Muhammad der Prophet 9, 15, 17–32,
 43, 47–50, 53, 55, 124, 149, 201, 204
Muhammad 'Alī (Vizekönig) 162,
 167
Muhammad V. (König) 138
Muhammad VI. (König) 85
Murād IV. (Sultan) 155
Mūsā, Nabawīya 134, 216, 221
Muslim (Gelehrter) 18
Mustafā (Sultan) 155

an-Na'im, Abdullahi 26
Nasser, Gamal Abdel 179 f., 183,
 190, 218, 221, 225
Nāsir ad-Dīn Schāh Qādjār 137,
 188, 209, 214
Naufal, Hind 135
Noah 48, 51
Nökel, Sigrid 250

Obaid, Soraya 223

Pahlavi, Aschraf (Prinzessin) 190
Pahlavi, Mohammed Reza
 Schah 190
Pahlavi, Reza Schah 189
Paret, Rudi 58 f., 62, 108
Pārsā, Farrokhrū 191
Potiphar (der Ägypter) 54

Qaitbay (Sultan) 207
al-Qāsim, Samīh 140
al-Qūsī, Ihsān 216
Qutlugh Turkā (Herrscherin) 153
Qurrat al-'Ain 188

Ra'ūf, Hiba 185 f.
Rābi'a al-'Adawīya 56 f.

Personenregister 287

Radīya ad-Dunyā (Sultanin) 152
Raihāna (Ehefrau o. Konkubine
Muhammads) 28
Rhiwi, Leila 199
Ridā, Raschīd 60, 162, 165 f.
Rifaʿat, Alīfa 135
Rouissi, Khadija 199
Ruqaiya (Tochter Muhammads)
19
Rushdie, Salman 20
Ruskin, John 163

Saba, Königin von 53, 56
Sadat, Anwar 180, 182
Sadat, Jehan 85, 180
as-Saʿdāwī, Nawāl 181–183, 186
Safīya bt. Huyayy (Ehefrau
Muhammads) 28
Sahnūn (Rechtsgelehrter) 75
as-Sakhāwī, Muhammad 152
Salma (Prinzessin) 200
Salomon, König 56
as-Sammān, Ghāda 136
Sāneʿī (Ayatollah) 176
Sara (Mutter Ishāqs) 55
Sarif, Shamim 145
Sarrazin, Thilo 229
Sauda (Ehefrau Muhammads) 28
Schadjarat ad-Durr (Herrscherin)
150 f.
Schafīq, Duria 179
Schāh Walad 152
Schaikha Mayy bt. Muhammad
al-Khalīfa 225
Schaʿrāwī, Hudā 134, 138, 172, 178,
183, 216
Schariati, Alī 123–125
Scharīfa bt. Khalfān 225
Schiffauer, Werner 247
Scherkat, Schahlā 192

Schuhda 204
Sezgin, Hilal 229
Sitt al-Mulk (Prinzessin) 150
Süleyman I. (Sultan) 154
Sürücü, Hatun Aynur 246 f.
as-Suyūtī, Djalāl ad-Dīn 52, 59, 147

at-Tabarī 59, 147 f.
at-Tahtāwī, Rifāʿa 167
Tadj as-Saltana, 137, 188
Taimūr, ʿĀʾischa 135 f.
Tāleqānī, Aʿzam 191
Tandū (Herrscherin) 151
Tarbiyat, Hadjar 189
at-Tīfāschī 131
Toprak, Ahmet 248 f.
Tūqān, Fadwā 140

ʿUmar (Kalif) 23, 28, 30 f., 111, 124
Umm Aiman 24
Umm ʿAtīya al-Ansārīya 106
Umm Kulthūm (ägypt. Sängerin)
145 f.
Umm Kulthūm (Enkelin
Muhammads) 30
Umm Kulthūm (Mekkanerin) 26
Umm Salama Hind bt. Abī Umaiya
(Ehefrau Muhammads) 28
ʿUthmān (Kalif) 19, 32
al-ʿUthmān, Lailā 141

Vahīd Dastgerdī, Marzīyeh 226
Vasmaqī, Sedīqeh 66 f.
Victoria (engl. Königin) 164

Wadud, Amina 52, 60–62, 65, 120,
147
Waraqa 15
Wikan, Unni 120 f.
Wulff, Christian 230

288 Personenregister

Yahyā b. Aktham 112
Yassine, Abdessalam 199
Yassine, Nadia 199
al-Yāzidjī, Warda 135

Zāhida Khātūn (Herrscherin) 153
az-Zāhir Barqūq (Sultan) 152
Zainab (Tochter Muhammads) 19

Zainab (Enkelin Muhammads)
    30, 216
Zia, Khaleda 226
Ziyāda, Mayy 134
az-Zuhrī (Rechtsgelehrter)
    44 f.
Zulaikha (Ehefrau Potiphars)
    54 f., 57